人　文　书　托　邦

流动的现代性

LIQUID MODERNITY

[英]齐格蒙特·鲍曼　著

欧阳景根　译

中国人民大学出版社

·北京·

目录

2012 年版序

再论流动的现代性

2012年版序　再论流动的现代性

当十多年前我试图分析“流动性”这一隐喻应用于当今生活形态的意义之际，其中一个让我久久挥之不去和坚决抗拒揭开神秘面纱的谜团，是流动-现代的人类状况之地位：它是行将到来的事物的一种宣告、一个雏形、一个凶兆还是一种征象？或者毋宁说，这只是一个暂时性的、转瞬即逝的——也是未竟的、不完整的、不一致的——过渡性安排，一个介于两种应对人类和睦相处亲密无间之挑战的截然不同却又可行、持久、完整、一致的答案之间的过渡地带？

迄今为止，我对解开这一谜团还毫无进展。不过，我还是日趋倾向于这样推测：我们现今发觉自己还处于“过渡时期”——在这个时期，处理事情的老办法不再奏效，过去习得和沿袭的生活方式不再适合于当今的人类状况，而应对挑战的新方式和更加适合于新情况的新生活方式又尚未发现、就位和发挥作用……我们还不清楚现存的哪种方式和背景需被“液化”与替代，尽管没有一种方式和背景似乎可以免于批评，尽管（几乎）所有方式都曾在某一时刻被打上了待弃标记。

最为重要的是，与我们的先辈们不同，对于我们正欲抵达的“目的地”，我们缺乏清晰的认识，而对这种图景的认识，必将成为

全球化社会、全球化经济、全球化政治、全球化管辖权的一个模型……相反，对于最近这个大麻烦，我们却只能在黑暗中试验和摸
viii 索。通过关闭火力发电厂并代之以核电站我们努力减少二氧化碳的污染，只是又使切尔诺贝利和福岛的核泄漏幽灵再度在我们头顶盘旋……我们已经感觉而非知晓（只是我们许多人拒绝承认），能力（即做事情的能力）已经远离政治（即决定必须做哪些事、先做哪些事的能力），而且我们除了对要“做什么事情”感到困惑之外，现在还对“谁应去做这些事情”感到迷茫，对此我们同样只是感觉而非知晓。考虑到我们所面临问题在范围、成因及结果诸方面的全球性，先辈们传给我们执行集体的有目的的行动的专门机构既受到民族－国家边界的束缚，而且数量也明显不足……

我们当然一如从前那样现代。不过，这些现代的“我们”近年来在数量上却有了惊人的增长。我们完全可以说，到现在为止这个星球上每一个部分或者几乎每一个部分的我们每一个人，都已经变为现代人。这也意味着今天与一二十年前不同，这个星球的每一片土地，除了鲜有的几个例外，都在顺应一场现今被称为“现代化”的急切的、强迫性的、不可阻挡的变迁，并被迫接受与之俱来的一切事物，包括持续扩大的人口过剩和它必将导致的社会紧张。

现代生活方式可能会在很多方面有所不同——但是，把它们联合在一起的恰恰是脆弱性、暂时性、易伤性以及持续变化的倾向。成为“现代”意思是指急切地、强迫性地去进行现代化；不只是“成为”，更别说使其身份保持不变，而且是要永远处于“变化”之中，避免完成，保持未定状态。旧结构一被宣告落伍或一过

有效期就失效，取而代之的每一个新结构，都只是另一次被承认为暂时性的、“有待进一步通知”的短暂安排。在任何阶段和任何时间，一直处于“事后”(post-something) 状态这也是现代性一个不可或缺的特点。随着时间流逝，“现代性”以传奇海神普罗透斯(Proteus) [①] 的方式变换着自己的形态……前些时间被（错误地）称为“后现代性”而我则更加切中要害地称之为“流动现代性”的东西，是对变化就是恒久而不确定性就是确定性的更大确信。一百年前“成为现代”意指追求“最终的完美状态”——现在却是指永无休止的改进，既没有“终极状态”也别无所求。 ix

无论是早些时候还是现在，我都不认为“固定性 vs. 流动性”之难题是一个一分为二的问题。我把这两种状态视为一对由辩证关联性联结在一起的不可分离的组合（当利奥塔研究指出，如果人们没有先成为后现代就不可能成为现代之时，可能他心里所指的那种关联性……）。毕竟，正是对事物和状态固定性的追求，通常引起、维持和指引着液化；流动性并非一个对手而只是追求固定性引发的效应，它并没有其他的家族渊源，甚至（即使）它的家族都可能拒绝承认这一子孙后代的正统性。相应地，正是其渗流、渗漏和流动的变动不居状态在推动着冷却、阻尼、铸模的诸种努力。如果说还有什么东西可以将现代性区分为“固态的”和“流动的”两个阶段的话（即是指，按连续性的次序来安排它们），那么就是这种努力背后或隐或显的目的之变化。

瓦解传统最初并非因为对传统的怨愤，而是由于对现存和沿

① 普罗透斯，希腊神话中的海神，具有预言能力，但只向逮到他的人预言未来。他会变换各种形状以逃避回答问题。——译注

袭下来的传统之固化程度的不满：简单纯粹地说，根据痴迷秩序和强迫建构秩序的现代权力标准，馈赠的传统并不足够固化（不足以抗拒和免除变革）。然而随后，（在我们今天的这个世界）传统就开始被视为是短暂的，液态岩浆冷凝成了“有待进一步通知”的形态，暂时性的安排取代了最终的解决。灵活性也已经取代固定性成了事物和事情要追求的理想状态。所有传统（包括那些暂时可欲的传统）只有在需要瓦解之时还能有望保持易于瓦解和服从瓦解的状态才能得到容忍。甚至在将一个持久结构进行安装、加固和固化之前，我们就必须充分掌握一种能将其再度瓦解的技术。必须在建筑结构的工作认真开始之前，就对拆解固定结构的权利和能力提供可靠保障。能充分“生物降解”的、开始对其聚合时刻进行分解的结构，现在才是理想的结构，而且即使不是所有也是大多数结构，现在必须努力去迎合这一标准。

x 简而言之，如果在“固态的”阶段现代性的核心是对未来的控制和固定，那么在“流动的”阶段其首要关注就变成了确保未来不被抵押，并且防范别人对机会进行任何先下手为强的利用，而这些机会是未来希望要带来并注定要带来的机会，是依然没有公开、既不为人所知也不可知晓的机会。在对这种人类状况的期望中，尼采的代言人查拉图斯特拉（Zarathustra）悲叹“现今时刻的阴魂不散”，而这种阴魂不散的现今时刻又威胁要使身背过去成就与罪恶沉重负担的强力意志（Will）气得咬牙切齿，抱怨消沉，并被其重量压得粉碎……担忧事物因过于固定而无法被取消，担忧事物超过了它们的受欢迎期限，担忧事物捆住了我们的手脚，担忧因为他犯下希望抓住美好时刻而使之化为永恒这一错误而跟随浮士德(Faustus)[①]下地狱，让-保罗·萨特（Jean-Paul Sartre）[②]把所有这些担忧都追溯为我们对接触黏滑的或半流体物质之发自内心的、毫无准备的、与生俱来的仇恨；然而有代表意义的是，这种担忧只是被确定为流动现代性时代到来之际人类历史的最初提出者。实际上，这种担忧昭示着现代性的即将到来，而且我们可以把它的出现视为完全真正具有范式意义的历史分水岭……

当然，正如我已多次表明的，现代性整体因其强迫的、急切的现代化而从之前的时代凸显出来——而且现代化意味着液化、溶解和熔炼。不过——不过！最初，与其说现代智力主要着迷于熔炼技术（大多数明显的固态结构因其本身无法被提取出来而需被溶解），还不如说着迷于设计将被熔化金属倾注于其中的模具以及使之保持这种形态的技术。现代智力追求的是完美——而且它希望实现的完美状态最终意指的是紧张和辛勤工作的结束，因为下一步的一切变化只能变得越来越糟。在早期，改变被视为初步的、临时性的措施，寄望于它的是能带来一个稳定祥和的时代——因而还给人们带来舒适与悠闲。在从旧的、锈迹斑斑的、部分腐烂的、支离破碎的，并因而不可依靠和劣质的结构、框架和安排，向定制的、终极的完美替代品（防风、防水，而且事实上还防历史）转变的时代中，改变被视为仅限于这一时代的必需品。这也即是说，改变是一场迈向壮丽景象指日可待的运动。这是一种秩序井然的景象，或者 xi

① 浮士德是德国著名作家歌德在其戏剧代表作《浮士德》中刻画的主人公。——译注

② 萨特（1905—1980），法国哲学家、作家，存在主义代表人物，他拒绝接受1964年诺贝尔文学奖，主要作品有《存在与虚无》。——译注

是（回想起塔尔科特·帕森斯对现代追求的精妙概括）一个“自我平衡的系统”，这一系统能够从每一个想象得到的紊乱中胜出，并顽强地、不可改变地回归其既定状态。这是一种源自彻底的、不可改变的“概率不对称”的秩序（一些事情的概率最大化，而其他事情的可能性却最小化）。同样，因为秩序建构者的突发事件、偶然性、熔炉、模糊性、模棱两可、流动性以及其他祸根与梦魇，改变也被视为一个暂时使人心烦的事物（并被这样处理），而且可以确定的是，大多数改变并非为了其本身的缘故而进行（今天大概是另外一种方式，正如理查德·塞纳特评论的，完美可行的组织现在已被从中破坏，只是为了证明它们具有持久的可行性）。

19 世纪经济学家中最受尊敬和最具影响力的见解是，预测经济增长将一直持续到“人类的所有需要都得到满足的时候”，然后不再增长——然后被一种“稳定的经济”取而代之，年复一年地再生产着相同的东西和数量。“与差异共存”的问题也被视为暂时的不适：这个令人困惑、色彩斑斓并因为差异间的碰撞和对立物之间明显不可调和的斗争而一直紊乱脱节的世界，终将回归和平、一致、单一并因彻底消除了冲突与对抗而没有阶级之分的一片祥和之中，是在一场“终止一切战争的（革命性）战争”的帮助下，或者说在（进步性的）调适与同化的帮助下，才彻底消除了冲突与对抗。卡尔·马克思和弗里德里希·恩格斯这两位来自莱茵的热切年轻人，满怀敬意地注视着资本主义熔炉而进行着一种要把我们引领到那种稳定的、没有麻烦的社会就必须进行的瓦解传统的工作。波德莱尔（Baudelaire）将他所欣赏的盖伊斯（Constantin Guys）[1]赞扬为“现代生活的画师”（painter of modern life），因为他在须臾之间洞察到了永恒。简而言之，自那时起现代化就是一条从始至终预先设定好了行进路线的道路，是一场注定一切会好起来的行进之旅。

缺少了强制的和急切的现代化的现代性就如不吹的风或者不流的河一样都只是一种自相矛盾的说法而已，要发现或判定这一点还真的要花点时间……现代生活方式的主要任务已经从瓦解并不那么顽固的落后传统转变为瓦解因其过于顽固而变得并不可行的传统。 xii
也许从一开始它就在进行这类工作（在事实发生后，我们变得聪明起来，相信事情确实如此）——不过，如果在詹姆斯·密尔、波德莱尔或者《共产党宣言》的作者所处的时代要向他们证明这一事实，那么它的代言人将对此表示强烈抗议。当爱德华·伯恩斯坦（Eduard Bernstein）[2]在 20 世纪前夕大胆主张“运动就是一切，目的微不足道”时，他遭到德国社会民主党筹建委员会的同声谴责，并被德国社会民主党最高主席团（Socialist Establishment’s Areopagus）开除。尽管波德莱尔和马里内蒂（Marinetti）[3]明显关注同一主题，但在他们之间还是存在价值论上的根本分歧并且这种分歧长达数十年……

现代性是因持久性事物分裂和短暂填补这一真空的恐怖征兆和前景而触发的。不过几乎在两个世纪之后，持久性 / 短暂性之间的

① 盖伊斯（1802—1892），荷兰裔克里米亚战地记者，水彩画家，常为英国和法国一些报纸创作插图。——译注

② 爱德华·伯恩斯坦（1850—1932），德国社会民主主义理论家及政治家，德国社会民主党成员，进化社会主义（改良主义）的建立者之一。——译注

③ 马里内蒂（1876—1944），意大利诗人、编辑、文艺理论家，未来主义运动的创始人，代表作为 1909 年出版的《未来主义宣言》。——译注

价值优劣关系发生了反转。在这个激烈的转向中，现在是轻便灵巧的设施可以进行转身，并处理和放弃那些最有价值的东西——与之伴生的还有，纽带变得易于断开，义务易于取消，游戏规则的生命不会超过游戏进行的时间，有时甚至还短于游戏进行的时间。我们都被抛入一场不可停止的猎奇运动之中。

正如马丁·杰伊（Martin Jay）坚持认为的，“流动现代性”的降临根本不是全球同步发生的。在这个星球的不同地方，向现代性的“流动阶段”过渡就如历史中的任何过渡一样，不但发生的时间不同，而且进行的步调也不相同。至关重要的是，每一次它都发生在不同的背景中——因而在已经完成过渡的博弈者的全球景象中流动现代性的完全出现，就已经排除了复制和重复过渡路线的任何可能（我会建议“后来者”总体上缩短和压缩模式设定者的行进路线，只是有时会带来灾难性的充满血腥的结果）。中国当前正全神贯注于应对“资本原始积累”的挑战，众所周知，这会产生大量的社会错位、动荡和不满，并导致相当的社会分化。原始积累并非一
xiii 种适宜于任何类型自由的情境——无论是生产者的自由还是消费者的自由。采取哪条路线都势必使它的牺牲品受到冲击并波及其他受害者，而且可能会引发爆炸性的矛盾，而积极进取的企业家和商人将在强大、无情的国家独裁统治帮助下，不得不对此进行压制。除了他们担任职位的名称之外，智利的皮诺切特、韩国的李承晚、新加坡的李光耀等在其他一切方面都是十足的独裁者（亚里士多德把这类人称为僭主）；不过他们都统领了一场市场力量扩张和快速崛起的杰出运动。如果这些地方不是因为独裁统治持续时间较久，那

么它们今天都不能被称为“经济奇迹”的典范。而且还可以补充一点，它们成为这种典范，以及它们现在都摩肩接踵地全神贯注于追求一种精细的、“流动现代”的、消费主义的生活方式，这绝非巧合。让我再补充一点，战后日本和德国更早的“经济奇迹”在很大程度上可以用外国军队占领来得到解释，这些外国占领军从国家政治机构中接管了国家的强制和镇压权力，而同时又有效避免了被占国家民主制度的任何控制。

简而言之，如果为启蒙运动所设想和为马克思所需求与期许之自由是根据“理想生产者”的标准来制造的，那么有利于推动市场的那种自由在理念上就是为“理想消费者”而设计的。这两类自由没有哪种比另一种更加真实、更加符合现实或更加可行——它们之不同是因为把注意力放在了自由的不同因素之上：用以赛亚·伯林的概念来说，就是消极自由（免于……的自由）与积极自由（做……的自由）的不同。这两种自由都把自由作为“使人有能力”（enabling）的条件，一种增强主体能力的条件——不过，是使他们能够做什么事情，并扩展哪种能力呢？一旦你认真地试图使这些问题接受经验审查，你将必然发现，生产者取向和消费者取向的这两种自由都预示着一种阻碍它们在实践中实施的强大不利条件，而且这种不利条件也是这种自由所预示计划的一部分。相反让人困惑的是，那些“使人无能力”（disabling）的因素却被认为就是使“能力”付诸实施的计划之不可或缺的条件；因此择一弃一的做法无异 xiv
于痴人说梦并且注定失败。

不过这是一个社会政治问题，而非一个形而上学的话题。一种理想的没有缺陷的自由，一种使人有能力而不会使人无能力的“完全的自由”在形而上学上就是一种自相矛盾的说法，这就如社会生活中不可达到的目标一样；如果没有其他原因而只是因为这一事实——作为一种内在的和不可避免的社会关系——强力推行自由就只能是一种分裂性的力量，而且任何具体运用这种自由的做法都将遭遇根本挑战。就如同许多理想和价值一样，自由永无休止地处于萌芽状态，永远不会实现（或许正是这一原因）并且一直是努力和奋斗的目标，因此在被称为历史的永不休止的实验中成为了一股强大的推动力量。

我们境况的“流动性”首先是因被简称为“解除规制”的东西引起的，即能力（这即是指做事情的能力）与政治（指决定哪件事应该被做的能力）的分离以及由此导致的公共机构的缺位与软弱，或者换句话说是完成任务的工具之不足；并且在一个由相互依赖的密切网络整合而成的星球上，还因行动上的“多中心主义”所致。直率地说，在“流动性”的状况下，一切都有可能发生，但一切又都不能充满自信与确定性地去应对。这样就导致了不确定性，同时还导致了无知感（不可能知道将要发生什么）、无力感（不可能阻止它发生）以及一种难以捉摸和四处弥散的、难以确认和定位的担忧，一种没有靠山却绝望地寻找靠山的担忧。生活在流动现代性的条件下比得上在危机四伏的雷区行走：每个人都知道爆炸可能在任一时刻任一地点发生，但却没人知道这一时刻何时到来这一地点又在何处。在这个全球化的世界，这种状况是普遍存在的——其结果没人能够免除，也没人能够确保幸免。当地引起的爆炸声在世界各地回响。为了摆脱这种局面，需要做很多事情，不过毫无疑问，能力与政治在分道扬镳之后破镜重圆再度携手，就是今天人们想要“重新固定化”的必要条件。

自本书第一版以来另一个日趋明显的问题是，移民、难民、流亡者、寻求避难者等无家可归的人的数量在不可阻挡地攀升：这 *xv*
是一些在一直漂泊、居无定所的人们。达莱马这位欧洲进步研究基金会（Foundation for European Progressive Studies）主席在 2011 年 5 月 10 日法国《世界报》（*Le Monde*）与“欧洲两位最活跃的放火狂”贝卢斯科尼和萨科齐直接辩论时曾坦率声明：“欧洲需要移民。”支持这一假定的统计数字几乎再简单不过：今天欧洲有 3.33 亿人，但是现在（而且在持续下降）的平均出生率意味着在未来 40 年欧洲人口将缩减至 2.42 亿人。为了填补空白，至少需要 3 000 万外来移民——不然的话，我们欧洲的经济将崩溃，我们所珍视的生活水平也将下滑。达莱马得出结论说：“移民是一种财富而非危险。”文化交融的过程也是这样，外来者的涌入必将引起文化交融；文化灵感的融合是丰富文化的源泉与创造力的引擎——对欧洲文明和其他任何文明都完全一样。尽管如此，在丰富文化与文化认同的损失之间仍然需要稍稍区分对待；为了防止本地人与外来人之间的共处对文化遗产造成损害，因此共处需要以尊重欧洲“社会契约”的基本原则为基础……关键是，双方都必须恪守这一原则！

然而，如果对“新欧洲人”的社会和公民权利的承认如此吝啬和犹豫，而且进展又如此迟缓，那么这种尊重又如何能够得到保证？比如说，移民为今天意大利的国民生产总值做出了 11% 的贡献，但在意大利选举中他们却没有投票权利。而且，没人能真正确定有多少没有护照或持有假护照的外来者在为国民生产进而为国民的幸福安康做出积极贡献。达莱马几乎字斟句酌地问道："欧盟何以能够允许这种情况存在，拒绝给予一部分重要人口以政治、经济、社会权利而又不削弱我们的民主原则？"而且，同样是在原则上，既然公民义务与公民权利如影随形、不可分割，又如何指望外来移民能认真接受、尊重、支持并捍卫欧洲社会契约的那些基本原则？我们的政治家通过对移民事实的或推定的不愿与本地人的标
xvi 准融为一体横加指责来赢得选民支持，同时这些政客还无所不用其极，并且预计会变本加厉地使外来移民无力达到他们提出的标准。正是对他们口口声声要加以保护以防外来侵略的那些标准，他们一直横加破坏并使其声名扫地……

一个可能要比其他任何事情都更为决定欧洲未来的大问题和大困境是，下面两种竞争性的相关事实哪一种将最终（然而也是没有太多延迟）脱颖而出：要么在一个快速老龄化的欧洲，让移民扮演救世主的角色，扮演一种迄今为止即使有也很少政治家敢于公开打出这一旗号的角色，要么让仇外情绪因得到权力怂恿和权力支持而迅速增长，并且被政客们急不可耐地利用为自己的竞选资本？

2011 年 3 月德国绿党在巴登－符腾堡州的地方选举中取得辉煌胜利，并取代社会民主党成为基督教民主党政府的竞争者，在德意志联邦共和国历史上首次推出了它自己的人温弗莱德·克莱奇曼（Winfried Kretschmann）出任该州州长。在此之后，德国绿党尤其是丹尼尔·科恩－本迪特（Daniel Cohn-Bendit）就开始思考最早

在 2013 年执掌德国总理府的可能性。不过，是谁在让这段历史名正言顺呢？科恩－本迪特很少怀疑——是塞姆·约兹德梅尔（Cem Özdemir）他们这位思想敏锐、头脑清楚、充满活力、深孚众望的联合领导人，在数月之前以 88% 的选票重新当选。在他十八岁生日之前，塞姆一直持有土耳其护照；然后，他这位已经深深卷入德国政治与欧洲政治的年轻人，因为土耳其国民无论何时试图进入英国或是跨过边境进入法国都必定会被曝光这一窘境而选择了加入德国国籍。人们好奇的是在现今的欧洲究竟谁是欧洲未来的预告信使？是欧洲那对最为活跃的放火狂，还是丹尼尔·科恩－本迪特？

然而，正如我们日益警觉的，这并不是必将烦扰我们流动现代生活方式的忧虑清单上所列的最后一项。正如马丁·海德格尔（Martin Heidegger）提醒我们的，我们所有人都将活着走向死亡——而且无论我们多么努力，我们都无法从我们的心灵中驱除这一认知。不过，数量越来越多的认真思考的当代人在一直提醒我们这些人，我们所属的人类物种正趋向灭亡——连同所有或其他大多数物种一同灭绝，以一种梅尔维尔（Melville）的小说《白鲸》主人公亚哈船长的方式走向灭亡。[①]尽管如此，然而无论他们多么努力，迄今为止他们都未能成功地使我们吸取这一教训。

---

① 赫尔曼·梅尔维尔（1819—1891），19 世纪美国最伟大的小说家、散文家和诗人之一，被认为是美国文学的巅峰人物之一。英国作家毛姆认为他的《白鲸》是世界十大文学名著之一，其文学史地位更在马克·吐温等人之上。梅尔维尔也被誉为美国的“莎士比亚”。《白鲸》的故事梗概是：捕鲸船“裴廊德号”船长亚哈在一次捕鲸过程中，被凶残聪明的白鲸莫比·迪克咬掉了一条腿，因此他满怀复仇之念，一心想追捕这条白鲸，几至失去理性，变成一个独断专行的偏执狂。他的船几乎走遍了全世界。几经辗转，后来终于与白鲸莫比·迪克遭遇。经过三天追踪，他用鱼叉击中白鲸，但船被白鲸撞破，亚哈被鱼叉上的绳子缠住掉入海中。全船人落水，只有水手以实玛利（《圣经》中人名，意为被遗弃的人）一人得救。——译注

xvii 国际能源署（International Energy Agency）最近宣布，在高能源消耗国家比如印度或巴西进入原油市场后，世界原油产量于2006年达到峰值并且此后必将下滑。然而无论是在政治精英、企业家还是在决策层中，这一宣告都并没能引起公开关注更别提敲响他们的警钟，而且实际上毫不察觉地就销声匿迹了。

因此米歇尔·罗卡德（Michel Rocard）、多米尼克·布尔格（Dominique Bourg）、弗罗兰·奥加涅（Floran Augagneur）在2011年4月3日发表于《世界报》的联合署名文章《人类物种，已陷入危险之中》得出结论："社会不平等应该让现代工程的发明者们感到羞愧。"在启蒙运动时代，在培根、笛卡尔或者甚至是黑格尔所生活的时期，地球上没有一个地方的生活水平超过最贫困地区的两倍。今天最富裕国家卡塔尔的人均收入夸张地高出最穷国家津巴布韦428倍。并且我们永远不要忘记，这些还只是平均水平的比较——让我们记住众所周知的"兔子＋马肉酱"这一诀窍：把一只兔子和一匹马……

贫困在一个陷于经济增长原教旨主义的世界上的顽固存在，足以使善于思考的人们停下来反思一下进步所造成的破坏。把贫穷绝望之人与富足自信和狂热的人隔绝开来的悬崖——一个其深度已经超出除了最强壮和最胆大的攀岩高手之外的其他一切人攀登能力的悬崖——是需要引起严重关切的另一个明显理由。正如前引文章作者警告的，随着日益稀缺、不可获得的生存物品和可接受的生活成为物品提供者和无助的贫穷者之间残酷战争的目标，民主将成为这一加剧不平等的首要牺牲品。

而且还有另一个需要警惕的同样严峻的理由。不断上升的富裕水平转换成了日益提高的消费水平；毕竟在有助于改善生活质量的范围内，富足是一种值得追求的价值，但是在这个世界性的经济增长教（Church of Economic Growth）的教众方言中，“使生活更加美好”或者只是使生活少一点不如意，却意味着要“消费更多”。对这一原教旨主义教会的虔诚者来说，所有通往救赎的道路，一切拯救办法，一切神圣的和世俗的恩典，以及一切直接和恒久的幸福 *xviii*
等，都经由商场实现。而且在等待幸福追求者将其一扫而空的商场货架上的商品塞得越满，地球这个资源——原材料和能源——的唯一货柜和提供者就会被掏得越空，就越需要来重新填补它们：科学在日复一日地重申和确认这一真理，然而根据最近一项研究，美国媒体有53%的内容直接否认“可持续性”这一问题，而其他内容却对此予以忽视或是默默地一带而过。

在一种麻木不仁、毫无用处的死寂中被忽视的还有蒂姆·杰克逊（Tim Jackson）在出版已经两年之久的《没有增长的繁荣》（*Prosperity without Growth*）一书中的警告：到本世纪末，“我们的子孙将面临气候不利，资源枯竭，家园破坏，物种毁灭，食物短缺，大量移民和几乎不可避免的战争”。我们的透支性消费，尽管受权力的极力唆使、支持和鼓动，但“在生态环境上是不可持续的，社会意义上是存在问题的，在经济上是不稳定的”。杰克逊还有其他几处令人不寒而栗的评论，其中他还指出，在我们所处的社会环境中，世界上最富有的五分之一的人每年获得了全世界收入的74%，而最贫穷的五分之一的人却只能靠2%的全世界收入来维持生存，通过引证“结束贫困的神圣需要”等冠冕堂皇的言语来使这一因经济增长政策而持续下去的灾难变得名正言顺的惯常手法，显然就是一种彻头彻尾的伪善，并且是对理性的冒犯——而这一点几乎被最流行和最有效的信息渠道所普遍忽视，或者充其量被转移给那些知道如何引导和调整舆论以使其与他们的悲惨境况相适应的新闻和报纸。

杰里米·雷格特（Jeremy Leggett）在 2010 年 1 月 23 日的《卫报》上沿着杰克逊的线索指出，一种持续的繁荣（与难逃一死或纯属自杀式的繁荣相对）需要在“富足的常规陷阱之外”去寻找（而且我要补充一点，要在原料与能源的使用 / 误用 / 滥用的恶性循环之外去寻找）：在亲戚、家庭、邻里、社群、生活意义之中去寻找，在一个“珍视未来的运转的社会中”公认的、深奥的、神圣的使命中去寻找。杰克逊本人也坦率、冷静地承认：对经济增长进行质疑是一种“疯子、理想主义者和革命者的行为”，是冒险的，既令人
xix 担忧却又充满期待的，而且并非失去理智的，要么掉入其中一种要么掉入全部这三种类型的行为，而这些类型是由要么增长要么消失这一论调的倡导者和痴迷者所划分的。

埃莉诺·奥斯特罗姆（Elinor Ostrom）[1]的著作《公共事物的治理之道》（*Governing the Commons*，1990）比杰克逊的著作要旧十倍，但我们已经能在那里解读出，人们天然就倾向于采取短期行

① 埃莉诺·奥斯特罗姆，美国印第安纳大学伯明顿分校政治学系阿瑟·本特利政治科学讲座教授，该校政治理论与政策分析研究所联席所长。她通过对自发性管理组织的运作及管理公共资源可行性的研究，发现了大量可持续发展的原则，并向传统的信仰提出了强有力的挑战。2009 年 10 月，她因为在经济管理方面的分析特别是对公共资源管理的分析而获得了 2009 年度诺贝尔经济学奖。——译注

为并且服从“人人为己和后下手遭殃”的原则，这种努力推动的信仰其实经不起现实的检验。根据她对地方小规模企业的研究，奥斯特罗姆得出了一个完全不同的结论：“社区中的人们”往往能达成“并非只是追求利润”的共识。在去年 3 月与弗兰·科滕（Fran Korten）的对话中，对于社区内部红红脸又给给面子的坦诚、诚恳的交流，对公共事物和开放牧场的尊重，以及其他事实上并不造成浪费和内耗的法子，她认为是非常合理的、几乎是人们在面对生活挑战时的本能反应——它们中没有哪一个特别有利于经济增长，但它们都有利于这个星球及其栖息者的可持续生存。

是需要弄明白的时候了：那些共同生活（life-in-common）的方式[①]，难道只是过去一去不返、不可挽回的事物，而我们大多数人，也只是从搁放在现存为数不多的、遥远落后时代壁龛的民族志报告中，才知晓这种共同生活的方式？又或许，一种替代性历史观（以及一种替代性的进步观）的真面目即将大白于天下：通过商场来追求幸福的时代，绝不是不可逆转的、无路可退的一条道走到黑，它只是并且还将被证明是，为了全部实际意图与目标的一次性的绕道，它必然地并且本质上就是短暂的？

正如他们所言，陪审团还在外面。然而，是做出裁决的时候了。陪审团待在外面越久，他们被迫离开他们会议室的可能性就越大，因为他们已经没有精神了……

2011 年 6 月

① 而非共同的生活方式。——译注

前言

论轻灵和流动

前言　论轻灵和流动

突然中断、前后矛盾和出其不意，是我们生活中的普遍情况。 1
对许多人来说，这些东西甚至已经成了他们的现实需求，除了突然改变和不断寻找新的刺激之外，他们的想法不再得到满足……我们不再能够承受任何具有持久性的事物。我们也不再清楚如何使厌倦乏味开花结果。

所以整个问题就落到这样的地步：人类思想是否能控制人类思想所产生的成就？

保罗·瓦莱里（Paul Valery）

“流动性”（fluidity）是液体和气体的特性。正如《大英百科全书》（*Encyclopaedia Britannica*）权威性的解释告诉我们的，液体和气体区别于固体的是，“当液体和气体处于静止状态时，它们不能承受外来的剪应力或切应力的作用”，因而“在受到这样一种外力的作用时，它们在外形上会处于一种连续的变化状态”。

物质一部分在受到剪应力作用时，相对于其他部分而言，这种连续的、不可复原的变化状态，会形成一种流体特有的流动状态。

相反，如果对固体内部施加一种外来的剪应力，就会导致一种弯曲或折曲状态，如果保持这种作用力，这个固体并不会流动，而且会恢复它的原初状态。

作为一种流体，液体具有这种显著特征，这是因为，“它们的分子是有序排列的，而且分子的直径微乎其微”；而“固体截然不同的
2 表现，是它的原子聚合类型和原子结构排列的直接结果”。反过来，“聚合”这一术语表明固体的稳定性，它能“阻碍原子的分裂”。

《大英百科全书》的解释就谈到这里。我列出该书对“流体”的解释，就是要用这一词语来比喻“现代”这一时间范畴的“现在”这一阶段。

简单来说，流体的上述所有特征其实就是，液体不像固体，能够轻易控制和保持它的外在形状。可以说，流体既没有固定的空间外形，也没有时间上的持久性。尽管固体有着明确的空间维度，不过却能抵消时间维度的影响并因而降低时间维度的意义（即有效阻碍它的流动或者使流动无关紧要）。流体则不能长久保持它的任何形状，其形态易于改变或者往往变动不居；因而对流体来讲，正是它时间上的流动（即时间维度），比它占据的空间（即空间维度）更为重要：占据某一空间，毕竟只是“短暂的”。从某种意义上来说，固体没有时间意义；相反对液体来讲，具有价值的主要是时间维度。我们在描述固体时，人们可以忽略它的时间；而在描述流体时，不考虑其时间维度将是悲惨的错误。对流体的描绘都是片刻和简单的印象，因而在画面的底部需要添加一个日期。

前言　论轻灵和流动

流体轻易地流动着。它们或“流动”，或“溢出”，或“泼洒”，或“溅落”，或“倾泻”，或“渗漏”，或“涌流”，或“喷射”，或“滴落”，或“渗出”，或“渗流”，千姿百态，不一而足；不像固体，它们的流动难以阻挡——对前面的障碍物，它们或绕过，或溶解，对静止的物体，它们打开一个缺口，渗透着前进。在遭遇固体时，它们不受损害；而固体在遭遇流体时，如果还保持着固态，却会发生变化，而被浸透并潮湿不堪。流体非凡的流动性，使人把它们和“轻灵”这种想法联系在一起。有许多液体按密度算要重于固体，尽管如此，我们却往往将它们直观化，认为它们比任何固体都更轻。我们把“轻灵”或“不重”与流动性和多变性联系在一起：实践经验告诉我们，一个物体越轻，就越能轻易被移动，并且移动得越快。

“现在”是现代性历史中的一个阶段，我们希望能领会和把握它在许多方面体现出的“新奇”特征。上面这些，就是用流动性来对它进行恰当类比的充分理由。

我承认，对于熟悉“现代性话语”（modernity discourse）、熟悉这一常常用来解说现代历史的专业词汇的每一个人来说，这一主张会使他们大吃一惊、瞠目结舌。难道现代性不是一个从起点就已开始“液化”（liquefaction）的进程吗？难道“溶解液体中的固形物” 3
（melting the solids[1]）不一直是它的主要消遣方式和首要的成就吗？

① Solids 原意是指液体中的固形物。根据上下文的关系，这里是用流体和液化来比喻现代性及其作用，同时用液体中的固形物来比喻现代性中僵死、停滞的传统性和阻碍社会前进的障碍物，用抵制液化（即抵制对固形物的消解）来比喻其对现代性及对变革的抵制。因此，在后面的译文中，我一般把原文中“固形物”（the solids）和“溶解固形物”意译成传统和瓦解传统。——译注

换言之，从现代性的萌芽时期起，难道它不就一直是“流动性的”吗?

这些以及诸如此类的反对观点都很有道理。一百五十年前，《共产党宣言》的作者创造出了“瓦解传统”这一词语。当时他们创造这一词语，是要指完全自信、生气勃勃的现代精神在看待当时社会时所作的以下描述：社会按它的习惯方式止步不前、死气沉沉，而要转变和重塑社会目标，又会遭到过多的社会抵制。一旦我们回想起“瓦解传统”这一著名的生造词语，我们的理由就会更加充分。现实应该从自己历史的“死亡之手”（dead hand）中解放出来，而且这种解放，只有通过瓦解传统（这也就是说，要破坏那些持续了较长时间的、藐视时间推移或不受时间流逝影响的任何东西）的方式才能实现，这一点是决定性的因素。在这一意义上，如果说“精神”是“现代的”，那精神确实是现代的。这种目的和意图反过来要求“亵渎神明”：那就是否认和放弃过去，而且首要的是否认“传统”——现在仍然保留下来的过去的积淀和残余；因而，这又要求粉碎那些允许传统抵制“液化”[①]进程、对传统起保护作用的信仰和忠诚。

然而，我们有必要记住，将要做的这一切，并不是要一次性的、一劳永逸地清除传统，并使英勇无畏的新世界永远摆脱它们，而只是要为**更新的，更加完善、先进的**传统清扫场所；是要用另外一套更为完美先进的传统，来取代原有的残缺不全、弊端重重的传统。同时，由于替代者的完美性，新的传统将是不可变更的。当人

① 抵制“液化”即抵制对传统的消解和变革。——译注

们读到托克维尔的《旧秩序》（*Ancien Régime*）一书时，会发现此书的观点是：因为“牢不可破”的旧传统早已变得陈旧不堪、反应迟钝，而且既不可靠又行将就木，所以它是招人怨恨、应该受到谴责的，同时，它还应该被标上“加以毁灭”的记号。在这一意义上，人们可能会对此书感到特别惊奇。当今时代为前现代传统障碍的崩溃和解体打下了基础；而且，在瓦解传统的动力背后，其中一个最强有力的目的是，人们渴望去发掘和创造新的传统——以使之改变旧的传统——一个具有持久生命力的、坚实可靠的崭新的传统，这样人们就能有所依靠，有所信任，并凭借这一新的传统来使世界变得可以预料，并因而可以控制和管理。

我们要瓦解的第一种传统和要“亵渎”的第一个“神明”，是传统的忠诚，是束缚人们手脚、阻碍人们前进和约束人们进取心的习俗性的权利和义务。要迫切地着手建构新秩序（确切地说，是 4
新的传统），人们就必须摆脱旧秩序加压在新秩序创建者身上的枷锁和负担。“瓦解”传统意味着首要的任务是，摆脱挡在人们通往效益理性计算道路前面的障碍——毫无意义、毫不相干的义务和责任。正如马克斯·韦伯所说的，要将企业家的动力，从家常义务和严密的道德责任体系的羁绊和桎梏中解放出来。或者，如托马斯·卡莱尔（Thomas Carlyle）所说的，仅仅保留构成人们相互关系和相互责任基础的诸多联系纽带中的“货币关系”（cash-nexus）纽带。这种对传统的瓦解使得复杂的社会关系网络失灵——既让它空洞无物、失去保护，又让它失去武装、暴露在外，从而没有能力去反抗企业促成的行动准则和企业塑造的理性标准，更不用说去和它们分庭抗礼、平分秋色了。

瓦解传统的这一决定性的开始，使得传统这一领域为工具理性（instrumental rationality），或者（就像卡尔·马克思所阐释的那样）为经济这一关键性角色进入并占据支配地位（如韦伯所说的）大开方便之门：现在，社会生活的“基础”为其他所有的生活领域创造了一个“超级结构”（superstructure）——这样一个典型的时代产物，它的唯一功能就是为社会连续和平稳的运行服务。传统的瓦解导致经济更加摆脱了传统政治的、伦理的和文化的阻碍。它积淀出了一个新秩序，一个首先按经济标准来界定的新秩序。这一新秩序比它所取代的旧秩序，更为“坚不可摧”，因为它不像旧秩序，它能防止非经济行为对它的挑战。大多数能向新秩序施加压力、具有颠覆或改变新秩序能力的政治或道德力量，已经破碎不堪，或者说力量已经变得过于弱小，不足以完成这样一项艰巨的任务。我并不是说，经济秩序一旦建立起来，就会移植到社会生活的其他部分，重新对其他领域的社会生活加以教化，并让它们皈依到经济伦理的“佛门”之下；说经济秩序开始控制人类生活的全局，是因为，不管在其他的生活领域里发生了何种情况，就经济秩序之不可遏止、持续不断的再生产而言，它都是毫无意义、不起作用的。

克劳斯·奥菲（Claus Offe，“The Utopia of the Zero Option”，in *Praxis International*，1987）对现代性历程的这一阶段有过很好的描绘：“正是要合乎规范地去影响和使秩序获得新生（对旧秩序的更新）这一努力，也就是说，正是这一试图对旧秩序发挥影响并
5 加以更新的进程中要求具备的协调性，由于它们事实上的无效和

根本性的缺陷，而实际上被扼杀了，在这一意义上，可以说，'复杂的'社会已经变得固执僵化起来。”无论旧秩序的“子系统”(subsystems) 在单兵的意义上个个可能有多么灵活、多变，但将它们缠结在一起的方式却已经变得日益僵化、日薄西山，而且与任何形式的选择自由永相隔绝了。总体秩序已经失去了选择的机会；选择机会存在的前景远不明朗，在社会生活不可能孕育出选择机会的情况下，想象如何去造就出一个明显可行的选择更是天方夜谭。在总体秩序和它的每一个组成部分之间，在总体秩序和有目的的行动手段和策略之间，存在着一条裂谷——一条将永远扩大，但在其上又见不到任何桥梁的裂谷。

与多数反面乌托邦[①]的设想相反，既没有因独裁、屈服、镇压和奴役而导致一败涂地的结果，也没有因总体秩序内私域的“扩张”(colonization) 而引发出一塌糊涂的结局。结果恰恰相反：今天的局面正是人们对那些涉嫌限制了个人行动和选择自由的枷锁或正确或错误地进行荡涤、肃清所造成的。**秩序的可靠和坚固，是人类自由力量的典型产物和结晶**。这种坚固和可靠是“松开闸门”(releasing the brakes) 的总的结果：是解除管制、自由化、灵活化、弹性化的结果，是增长的流动性和放开金融、房地产和劳动力市场的结果，是减轻税收的结果。[正如奥菲所说的 (*Binding*, *Shackles*, *Brakes*, 1987)]，或者 [引用理查德·塞纳特 (Richard Sennett) 的话 (*Flesh and Stone*)]，是技术的速度、扩散和顺从的结果，换言之，是技术允许制度和它的自由的行动者实行快速分

① 反面乌托邦指想象的政治、经济情况一团漆黑的地方，与理想状态的乌托邦形成对比。——译注

离、允许它们相互回避（而不是正面遭遇）的结果。如果说系统性的、彻底革命的时间已经过去，那是因为，革命者没有任何可以建立他们的秩序的空间，也没有任何可以攻击的对象，还因为，要想象革命的胜利者一旦建立了自己的新秩序（如果他们是第一个建立自己秩序的群体）能做些什么，以翻转局面并结束那些促使他们造反的痛苦，这有着极大的困难，而且是完全不可能的。参加革命的人将会变得非常匮乏，因为这类革命党人把改变个人状况的渴望，说成是一项改变社会秩序的工程。因此，对这种人员匮乏的状况，人们几乎能完全理解。

建构一个全新的、更加完美的秩序，以取代弊端重重的旧秩序之任务，当前还没有被提上日程——至少在认为革命的政治行动
6 本应该存在的层面上说，这一任务还没有提上日程。因此，“瓦解传统”这一现代性的永恒特征获得了新的内涵，而且其中最重要的一点是，它重新指向了一个新的目标——目标重新定位的最大意义在于瓦解对方的力量，这一力量的瓦解，会使秩序和制度的问题提上政治日程。此时，传统和旧秩序命运发生转变，自己被扔进“熔炉”，在当今流动的现代性的时代里接受熔解的考验。旧秩序成了将集体工程和集体行为中的个人选择联结在一起的纽带——成为在个人主导的生活政策与人类集体政治行为之间进行沟通和协调的模式。

乌尔里希·贝克（Ulrich Beck），前几年发明了“第二现代性”（second modernity）这一名词，来指“现代性自己改变自己”（turning upon itself）的阶段——所谓的“现代性的现代化”（modernization of modernity）阶段。1999年2月3日，他在乔内森·卢瑟福（Jonathan Rutherford）对其的一次访谈中，提到了“虽死犹存”（dead and still alive）的“还魂尸类型”的传统（Zombie[①] categories）和“还魂尸似的制度”（Zombie institutions）这样两个概念。他把家庭、阶层和邻居关系，当成是这种新现象最突出的例子。比如说，家庭：

> 问问你自己，在今天，家庭究竟是什么？它是什么意思？当然，家庭里有孩子，有我的孩子，我们的孩子。但是即使是作为家庭生活核心的家长身份，在离婚的情况下也将面临解体……祖父母不参与儿女问题上的任何决策，他们既包含在家庭之内又排除在家庭之外。从孙辈的角度考虑，祖父母的含义取决于个人的决定和选择。

这也就是说，当前出现的问题，是一个现代性的“熔化能力”的再分配和再定位的问题。它首先影响到尚存（没有毁灭）的制度，影响到那些用来限定行动选择范围的既定秩序，比如不被法律认可的世袭财产的分配。旧有的结构、格局、依附和互动的模式统统被扔进熔炉中去，以得到重新铸造和型塑；这就是天生要打破边界、毁灭一切、具有侵犯色彩的现代性历史中的“砸碎旧框架、旧模型”的阶段。然而至于个人，它可以推卸责任说，它没有注意到他的存在；这样，社会个体遇到的就是和过去一样生硬僵化、难以对付的“更新更完善的”模式和框架。

① Zombie，在英文里是指，神话中能使尸体起死回生的魔力，或是指还魂尸。在此书中，作者是要指虽死犹存的传统和旧秩序。——译注

确实，如果没有别的模式和框架来取代，那么任何模式都不能打破；人们从旧笼子里被放出来，只受到警告和责备，以防通过他们自己持续了一生的努力和奋斗，他们还不能在新秩序里重新找到现成的属于自己的位置：对社会阶层而言，它的框架（一如已经解体的社会等级一样毫不妥协）浓缩了总体生活状况和生活的总体前景，并决定了现实生活计划和生活策略的范围。享有自由的社会个体面临的任务是，运用他们新的自由去寻找合适的位置，根据服从的原则，并在那里安定下来：在那个位置上，衷心地服从、遵守公认为正确的、合适的行为规则与行为方式。

这些模式、规范和准则，是人们能够遵守的对象，是人们能够选择并作为稳定的确定方向的依据，是人们能够接下来得到指引的准绳。正是这样一些模式、规范和准则，现在正日益短缺。但是，这并不意味着，我们当代人只能根据自己的想象和决心来指引自己，也不意味着我们当代人能够自由地、胡乱地、随心所欲地建立自己的生活模式。或者说，这并不意味着，我们在创造物质财富和设计蓝图的时候，不再依赖于社会。相反，它意味着，我们正从一个前设的（pre-allocated）的“参照群体”（reference groups）时代走向一个“普遍观照”（universal comparison）[①]的时代。在这样一个时代，个人自力更生的目标不是已知的和预先假定的，并在个人奋斗真正取得成功——实现个体生活的目标——之前，这些目标要经

① “参照群体”，这是一个社会学和心理学的术语，它是指个人乐于成为其成员而往往又难以加入的群体，个人的态度形成受此群体的规范支配。在这个时代，人们的目标和态度依据的是特定群体的准则。与此相反，“普遍观照”是指，个人目标的制定，依据的是周围的个人或人群的状况和处境，人们在制定目标时，首先观照他人的情况。周围人的处境和状况是变动不居的，因此在这个时代，人们的目标也会经历很多大的变化。——译注

历太多的、深刻的变化，但是要解释为什么会是这些目标，又会显得特别牵强。

这一时代的模式和框架，不再是“已知的、假定的”，更不用说是“不证自明的”；在这些模式和框架里，它们中有许多是相互冲突的，戒律之间相互矛盾，每条戒律都被剥除了许多强制性的、约束性的力量。而且它们的特征都已改变，因而都已依每条戒律的任务情况按条目重新分类。这些戒律不是先于生活政治（life-politics）而存在并塑造生活政治的话语框架，相反，这些戒律是生活政治的结果，是生活政治的转变塑造和重新塑造了这些戒律。“液化”的力量已经从“制度”转移到了“社会”，从政治转移到了“生活政治”——或者说，已经从社会共处（social cohabitation）的宏观层次转移到了微观层次。

因此，我们对现代性的看法，就是一种个体化的、私人化的观点，编造模式的重担和失败的责任，都首先落在了个体的肩上。依 8
附和互动模式的转变——“液化”——已经开始。这种模式在今天具有可塑性，在一定程度上，我们的先辈们没有亲历过这种模式，对它也深感不可思议；但是，像所有的流体一样，这种模式不能长期保持它的形态。塑造它的形状比保持它的形状更为容易。固体是一次定型，并且一劳永逸。保持流体的形状要求长期予以密切注意，同时保持警惕，并付出持久的努力——而且即使是这样，这种努力之取得成功也只是一种预想。

“流动的”现代性的到来，已经改变了人类的状况，否认甚至贬低这种深刻的变化都是草率的。系统性结构的遥不可及，伴随着生活政治非结构化的、流动的状态这一直接背景，以一种激进的方式改变了人类的状况，并且要求我们重新思考那些在对人类状况进行宏大叙事时起构架作用的旧概念。就像还魂尸一样，这些概念虽死犹存。尽管它们以新的形态或者换个化身出现，但现在现实性的问题是，这些概念是否还行得通；如果行不通，我们又如何去给它们安排体面、有效的葬礼。

本书致力于回答的就是这个问题。有五个基本概念，有助于覆盖人类状况的正统叙事过程，我们把它们挑选出来进行检视，这五个概念是解放、个体性、时间 / 空间、工作、共同体。我们抱着将"孩子"从倾倒而出的肮脏不堪的"洗澡水"中救出的希望，对这些概念的意义和用途进行探究，尽管是以一种非常零碎的、原始的方式进行。

现代性的意义非常丰富，借助许多不同的标识，我们可以追踪它的实现和随后的进展。然而，现代生活和现代背景有一个非常突出的特点，这一突出特点也许是"差异产生差异"（difference makes difference），也许是它们的所有其他特性都源于一个关键特性。这一关键特性是空间和时间之间的变动关系。

当时间和空间从生活实践中分离出来，当它们彼此分离，并且易于从理论上来解释为相互区别的、相互独立的行为类型和策略类型时，现代性就出现了。当它们不是如此，就像它们在前现代的
9 漫长岁月里一样，生活经历的各个相互缠结并因此几乎难以区分的方面，就会以一种稳定的和显然牢不可破的一一对应关系连接在一

起。在现代性中，时间具有**历史**。时间具有历史，这是因为它的时间承载能力（carrying capacity）在永恒扩张——空间（空间是时间单位允许经过、穿过、覆盖或者占领的东西）上的延伸。一旦穿过空间的运动速度（它不像明显的不容变更的空间，既不能延长，也不能缩短）成了人类智慧、想象力和应变能力的体现，时间也就获得了历史。

正是关于速度（更明确地说，是加速）的这种观点，当它指的是时间和空间之间的关系时，它就假定了这种关系的可变性。如果这种关系不可改变，如果它是一种非人类的、前人类的现实的属性，而不是人类创造力和决心的体现，如果它没有远远超出自然运动工具——人腿和马腿（它限制了前现代生命体的运动）——运动的狭窄范围，那么这种关系就没有任何意义。一旦这一经历了一个时间单位的距离开始依赖于技术，要借助人造的运输手段，所有现存的、遗留的对运动速度的限制，原则上就都可以超越。现在，只有太空（或者正如后来已知的还有光速）才是人类的极限，而为了达到这一极限，现代性仍在快马加鞭，持续不断地做出势不可当的努力。

由于速度新近获得了可变能力和扩张能力，首要的是，“现代时代”已经成了征服空间的武器。在现代的时空之战中，空间是战争中笨拙迟缓、僵化被动的一方，只能进行防御性的壕堑战并阻碍时间的前进。时间则是战争中积极主动、具有充分活力的一方，它永远具有进攻性：具有侵略、征服和占领的力量。在现代时期里，运动速度和更快的运动手段在稳步增加，掌握了最为重要的权力工具和统治工具。

米歇尔·福柯（Michel Foucault）使用杰里米·边沁（Jeremy Bentham）[①]的“全景监狱（Panopticon）[②]的设计”一词来比喻现代权力。在全景监狱里，犯人被固定在一个地方，禁止一切走动，并被限定在厚厚的、严密监视的高墙内，他们被固定在床上，或者单人牢房里，或者工作台上。他们不能走动，因为他们被监视着；在所有的时间里，他们只有待在指定的地方，因为他们不知道也无法知道，可以自由自在走动的监控者此时正在哪个地方。监控者走动的方便性是对他们进行有效控制的有力保障；犯人“被固定在某个地方”，是使他们屈服或结束对他们监控的各种手段里最安全和最坚固的手段。时间优势是监狱管理者权力的秘密所在，通过否认罪犯走动的权利，通过对罪犯必须遵守的作息时间的惯例化，来禁止罪犯在空间上的走动，这是他们在实施权力时最基本的手段。速度、交通工具的使用和由此产生的移动的自由，一起构筑了权力的金字塔。

全景监狱是一种权力关系双方之间的接触与对抗模式。在这种模式下，管理者既可以确保自己的轻快多变，又可以使他们下属的时间流动惯例化。但是这两个任务之间存在着冲突。第二个任务限制了第一个任务——它使惯例化的主体固定在惯例化的时间对象被限定的范围内。惯例化的主体并不具有真正的、完全的行动自由：

① 边沁（1748—1832），英国哲学家和法学家，功利主义伦理学的代表，认为利益是行为的唯一标准和目的，每个人关心自己的利益，就会达到“最大多数人的最大幸福”，主要著作有《道德及立法原理》。——译注

② 即看守室设在中央以防犯人逃跑的监狱。——译注

“在外地主”（absentee landlords）[1]的这种选择实际上是不可能的。

全景监狱还背负着另一个障碍。这是一个代价高昂的策略：空间的征服和控制，以及使它的居民固定在实施了监控的地方，这将会产生许多代价沉重、繁杂累赘的行政任务。存在这样一些地方，可以建立并保持一种良好的状态，职业监控者得到雇佣和薪水，而犯人的生存和工作能力也被养护着和准备着。而最后，行政即意味着，不管是否愿意，都要承担保持那个地方全部安康的责任，即使仅仅是在容易理解的自我利益和对自己的责任的名义下，它还意味着他们对那个地方负有义务。而这又要求到场，要求参与，最起码在这场永久的对抗和“拔河比赛”中如此。

许多人提到“历史的终结”，提到后现代性、“第二现代性”和“超现代性”（surmodernity），或者相反，许多人去阐释自己关于迅猛变化——这些变化是人类共居里和生活政治正在出现的社会状况中的变化——的直觉。促成这种情况的是，加快运动速度的长期努力现在已经到达它的“自然极限”（natural limit）。权力可以电子信号的速度进行运动——因此，运动需要的时间缩短至一瞬间。实 11
际上，权力已经真正享有了**治外法权**（exterritorial），它不再受到空间抵制的限制，甚至不会放慢速度（移动电话的出现可以看作对空间依附的象征性的“最后一击”：甚至移动电话也不是发布命令和维持命令影响力的必需品）。命令发布者身处何方已不再有关系——“远在天边”或“近在眼前”、置身荒野或置身文明开化之地，这些发布命令的空间上的差别，几乎完全没有意义。这给权力

[1] 在外地主是指身居外乡而从本地收租的地主。——译注

的持有者一个真正出乎预料的机会：权力综观全貌技术（panoptical technique）中的令人不快和使人尴尬的方面可以加以消除。无论现代性历史中的现阶段是一个怎样的阶段，或许，它首先都是后全景模式的阶段。全景监狱权力关系模式重要之处在于，管理者被假定为总是在“那儿”，在附近，在控制塔里。后全景监狱（post-Panoptical）权力关系重要的地方，是掌握了权力操纵杆——权力关系中更为被动一些的一方之命运取决于它——的人，在任何时刻都能完全不受这一关系模式的影响。

全景权力关系模式的终结，预示着权力关系双方——在监控者和被监控者、资方和劳方、领导和随从以及战争中的双方——之间相互抗争时代的终结。现在权力的首要技巧，是逃避、是溜走、是取消、是避开，是有效地拒绝任何地域的限制，是拒绝建立秩序和维持秩序所必然带来的不堪重负的结果，是拒绝像去承担它们必须承担的代价一样，去对所有后果承担它们必须承担的责任。

这种权力技巧在海湾战争和南斯拉夫战争[①]进攻一方运用的策略里，得到了生动的施展。在战争指挥中，地面部队的使用是极为勉强和不情愿的；不管官方可能如何解释这种现象，这种勉强和不情愿不只是广泛公开化了的“运尸袋”综合征促成的。怨恨进行地面战争，不只因为它对国内政治可能会产生不利影响，而且（也许主要是）因为地面战争总体上是无效的，甚至对战争关注的目标会产生副作用。毕竟，征服领土和对被占领土进行行政管理，在战争
12 行动的目标清单上找不到，而且如果消极地看，这是使进攻力量自

① 指 1999 年春天爆发的科索沃战争。——译注

己遭受痛苦的另一种“连带打击”（collateral damage），因此，这是一个无论如何也要加以避免的可能结果。

从天而降、既不知从何而来又立即从视野中消失的隐形战斗机和灵巧的制导导弹发起的攻击，取代了步兵的向前推进并将敌人从领土上赶走的做法——取代了自己去接管那些为敌人所有并由敌人进行控制和管理的领土这种做法。很明确，在敌人撤退和转移后，进攻者并不再希望成为“最后离开战场的人”。军队和它的“打了就跑”的战争计划表明了在流动现代性时代新型战争中的真正危险所在：这一危险不是新的领土的征服，而是为其他非军事的权力武器进入这个不可进入的空间，摧毁用来防止新的、流动性的、全球性权力流动的障碍；扑灭敌方首脑建立自己统治的欲望，并推倒迄今为止尚存的壁垒和障碍。人们可能会援引克劳塞维茨（Clausewitz）的著名论断，说今天的战争看起来日趋像“通过其他手段来推动全球自由贸易”。

吉姆·麦克洛弗林（Jim MacLaughlin）最近提醒我们（请参见《社会学杂志》1999 年第 1 期），现代时代的出现除了意味着别的东西，还意味着对“定居人群”持续的和系统的攻击，使定栖的生活方式发生转变，而且，游牧人群和游牧的生活方式与新兴现代国家的领土和边界的先入之见发生尖锐冲突。伊本·赫勒敦（Ibn Khaldoun）[1]在 14 世纪高唱游牧生活的赞歌，他认为，游牧生活能让游牧民族比定居民族更加接近幸福，因为他们远离了那些曾经污染过定居者心灵的邪恶习惯——此后不久，整个欧洲开始了狂热

① 伊本·赫勒敦（1332—1406），阿拉伯历史学家、社会学家和哲学家，“阿拉伯历史哲学”奠基人，认为历史的对象是社会生活，著有《历史导论》。——译注

的民族建设和民族国家建设的实践，在奠定新的法律秩序基础和规划公民权利和义务时，整个土地都浸润着鲜血。游牧民族藐视立法者对疆域的关切，并公然蔑视划定边界的种种努力，他们被视为在进步和文明名义下的圣战的主要反面角色。现代的“时间政治”(chronopolitics)，不只把他们看成是低贱、原始、蒙昧、需要加以彻底和完全的改革与启蒙的人群，还把他们看成是这样一群人，他们是落后的、“落在时间后面的”一群人，他们饱受文化落后痛苦，
13 缓慢地爬行在进化之梯的低层，他们毫不情愿且不可原谅地缓缓爬上进化之梯以跟上“发展的普遍模式”。

在现代时代的整个固态时期，游牧习俗依然不受欢迎。游牧百姓携手寻找下一居所，而且人们没有“固定地址”和处于“无国家”状态就意味着，他们被排除在遵纪守法并为法律所保护的共同体之外，而且在触犯刑律时，即便不遭到主动起诉，他们也多半会受到法律歧视。尽管这种情况还适用于无家可归的和不稳定的“社会底层”——这些人易于受旧的全景监狱控制模式（这一控制模式已基本上不再作为整合和约束多数国民的手段）的控制，但是在这样一个定栖生活对游牧生活占有绝对优势、定居人口支配着流动人口的时代，它磨损得太快以至停了下来。我们现在见证了游牧生活习俗对疆土原则和定居原则的复仇。在现代性的流动时期，占据人口多数的定居人口则为游牧的和疆域以外的精英所统治。保持公路交通对游牧人群的免费开放，以及分阶段地取消保留的边防检查站，这已经成了政治和战争的超效用（meta-purposes），这就恰如克劳塞维茨创造性断言的，“这种超效用只不过是通过其他方式的

政治的延续”。

当今的全球性精英，是按照旧有的“在外地主”的模式来塑造自己的。他们实行统治，但又不用承担可恶的行政性、管理性和福利性的日常工作，而且他们肩负着“带来光明”（bringing light）、“改造习俗”（reforming the ways）、提高道德水平、“教化熏陶他们”（civilizing）和文化东征的神圣使命。他们已经再无必要积极融入到底层居民的生活中去（相反，因为其难收成效和没有必要的成本，而积极避免融入底层居民的生活）——因此，东西越大，不只不再更好，而且没有任何合理意义。现在是更小、更轻便的东西更能表明“进步”和完善。是“轻装旅行”，而非紧紧抓住东西不放地负重前行（这在以前恰恰因其稳健可靠——因为它们的重量、庞大结实和不屈不挠的反抗力量——而被认为颇具吸引力）才被认为是权力的优势所在。

如果能够夺取阵地并因心血来潮而在很短时间或立即放弃阵地，那么坚守阵地就并不那么重要。另一方面，抓得太紧，以及承受相互约束的承诺之重负，这被证明是确实有害的，况且新的机会将随处出现。洛克菲勒（Rockefeller）① 可能希望他的工厂、铁路和 14
油井变得更大，并在未来的岁月里长久地拥有它们（其实是永久地拥有它们，如果人们是根据人或人的家庭生活的持续时间来度量时间的话）。比尔·盖茨（Bill Gates）② 放弃昨天曾令他自豪的职业时，他并不会感到遗憾；在今天，是商品令人难以想象的流通、成熟、

① 洛克菲勒（1839—1937），美国洛克菲勒财团创始人，1870 年创办了美孚石油公司。——译注

② 美国微软公司创始人，世界大富豪之一。——译注

倾销和推陈出新的速度——而不是商品的经久耐用和持久的可靠性——带来利润。与长达数千年的传统显然不同的是，在今天，人们憎恶、躲避持久性的东西并珍爱短暂性的事物，然而却是那些失败者——尽管有极大的困难——正在激烈地抗争，以使他们微不足道、没有价值、昙花一现的所有权持续得更久一点，并提供更为长久的服务。这两种人通常成了旧货或二手车拍卖市场不期而遇的相对一方。

像关注权力（日渐灵活多变、漂泊不定、难以捉摸、短暂易逝）的新的轻灵和流动所产生的没有预料到的“副作用”一样，人们常常满怀焦虑地关注着社会网络的解体和集体行动颇具效率的办事机构之崩溃，并对此深感遗憾。但是，社会解体既是把不参与和逃避艺术作为自己主要策略手段的新型权力技术之结果，也是新型权力技术之条件。因为权力要自由流动，这个世界也就必须是没有樊篱、没有障碍、没有边界和边境检查站的。任何严密的社会控制网络，尤其是扎根于领土疆域内的严密网络，是前进道路上必须予以清除的障碍。由于全球性权力连续性的、增长的流动性——这是它们力量的源泉和不可战胜的保证，全球性权力决意要摧毁这样一个网络。而且正是这一人类枷锁和网络在破裂，变得脆弱易碎、倏忽无常和有待进一步通知之前都有变数，才允许这些权力得以首先去完成它们的任务。

如果这种相互缠绕的趋势毫不减弱地发展下去，男人和女人将按电子鼹鼠的模式来重塑自己。电子鼹鼠是控制论（cybernetics）的开始年代里令人自豪的发明，它被称为行将到来的时代的先行官：这是一个安在小脚轮上的插座，它四处乱跑，急匆匆地寻找可插入的电源插座。但是在随后的年代里，便携式移动电话的出现则预示着，插座可能会老化落伍，提供的数量将持续缩减，质量也日趋不靠谱。这时电力供应商吹嘘加入各自电力网的好处，并争夺寻 *15*
找插座者。但是，长远看来（无论“长远”在短暂的时代里意味着什么），插座可能被取代，并且可能被一次性电池所代替。在商店里，在每个机场的售货亭中，在高速公路和乡间公路的每个服务站里，都可以买到这种一次性的电池。

这看起来像是一个考量流动现代性的二元话题——是一阵要取代奥威尔（Orwell）作品中的恐惧和赫胥黎式噩梦的冲动。[①]

1999 年 6 月

① 奥威尔（1903—1950），英国小说家，记者。曾一度信仰马克思主义，后鼓吹社会民主主义，他的主要作品有反面乌托邦政治小说《动物庄园》和《1984》。他在小说中描述了令人恐惧的受严酷统治而失去了人性的社会。赫胥黎（Aldous Huxley，1894—1963），美籍英国作家，进化论创始人 T.H. 赫胥黎之孙，著有诗歌、小说、剧本和文学评论等，所写小说被称为“概念小说”，代表作为寓言体讽刺小说《美丽新世界》《针锋相对》，1937 年移居美国后的作品带有神秘主义色彩。——译注

第一章

解　放

第一章 解 放

针对二战结束后“辉煌三十年”的终结——在这三十年，富裕的西方在经济上取得了史无前例的增长，财富和经济安全也得到保障，马尔库塞（Herbert Marcuse）抱怨道： 16

至于今天以及我们自己的境况而言，我认为我们面临着历史中的新形势，因为在今天，我们必须从一个相对更好地运转着的、富裕的、有影响力的社会中解放出来……我们面临的问题是，需要从一个在很大程度上人们的物质甚至文化需要都在增长的社会——用一句口号来说，这是一个把产品分送给更大一部分人口的社会——中获得解放。而且，这也意味着，我们面临的从社会中获得解放的任务，是从一个显然缺乏解放的大众基础的社会中去求取的。[①]

关于解放，即“从社会中获得解放”，对于马尔库塞而言，我们“应该”和我们“必须”，这不是一个问题。真正成问题——一个“分送物品”社会特有的问题——的是，对于解放而言，它没有大众基础。简单地说：很少人希望获得解放，甚至更少人愿意遵照

① Herbert Marcuse，“Liberation from the affluent society”，quoted after *Critical Theory and Society*：*A Reader*，ed. Stephen Eric Bronner and Douglas MacKay Kellner (London: Routledge，1989)，p.277.

这一愿望办事，并且事实上没有人能确定，“从社会中获得解放”是以何种方式区别于“他们所处的现状”的。

“解放”的字面意思是指，从某种阻碍或阻挠运动的羁绊中获取自由，是指开始感觉到运动或行动的自由。“感到自由”，意
17 思是说，通过亲身经历体验到不存在蓄意的妨碍、阻挠、抵制或其他任何的阻碍运动的障碍。正如叔本华（Arthur Schopenhauer）注意到的，“客观实在”（reality）是意志的产物。是世界对我的意图的冷漠、是世界对我的意志的不情愿服从，使得“世界是实在的、真实的（real）”——它具有限制性、制约性和反抗性——这一理念重新反弹。感到不受限制、感到能按自己的心意行事，表明在欲求、想象力和行动能力之间，达到了一种均衡：在想象力不超出人们的实际欲求，在想象力和实际欲求都不超出行动能力的意义上，人们可以感到自由。因此，人们可以在两个方向上建立并完好地维持这种均衡：要么削弱这种欲求和/或想象力，要么扩大自己的行动能力。一旦实现了这种均衡，而且它能保持完好无损，那么“解放”就是一个没有意义的口号，缺乏前进的推动力量了。

这一习语，允许我们把“主观”自由和“客观”自由分开，并因而把主观“解放需要”和客观“解放需要”加以分开。一方面，情况可能是，改进之决心遭遇到了挫折，或者压根就不被允许出现（比如说，遭遇到按照弗洛伊德所说的“现实原则”对人类追求愉悦和幸福施加的压力）；目的，无论是真正经历过的还是只是想象中的，都必须与行动能力相符，尤其是要与有着成功机会的理性

行动的能力相符。另一方面，情况又可能是，通过对目的的直接操控——某种形式的洗脑（brainwashing）——人们永远无法对“客观”行动能力加以检验，更不用说要弄清它们的本来面目，因此，人们会把自己的抱负调低到“客观”自由的水平之下。

对“主观”自由和“客观”自由作出这种区分，打开了一个满是“现象 / 本质”类型问题的——虽然在哲学意义和潜在的巨大政治意义上与此有所不同，但总体上值得注意——令人烦恼的“潘多拉盒子”。这样的一个问题是，存在这样一种可能性，感到是自由的东西事实上根本不是自由；人们可能满足于自己的一切，即使自己的一切“客观地说”远非令人满意；生活在奴隶状态下，但是他们仍然感到自由并因而丧失了解放自己的渴望，从而丢弃了使自己变得真正自由的机会。这种可能性的必然结果就是人们没有能力对自己的境遇作出判断，而且必定会遭到强迫或欺骗；但是在任何情
况下，只要加以引导，他们就会体验到对“客观”自由的渴望，并 18
鼓起勇气和决心，为“客观”自由而奋斗。还有一个更加阴郁的征兆在折磨着哲学家们的心灵：考虑到自由之实施所引起的艰难，人们可能只会不喜欢自由的状况，并怨恨解放的前景。

解放——复杂的幸事

在福伊希特万格（Lion Feuchtwanger）[1]根据史诗《奥德赛》

① 福伊希特万格（1884—1958），德国小说家和剧作家，犹太人，因写历史传奇而闻名，作品显示深刻的心理分析，1933 年被逐人集中营，1940 年逃往美国，主要作品有《约瑟三部曲》《戈雅》等。——译注

(Odyssey)[1]改编的剧本（Odysseus und die Schweine: das Unbehagen an der Kultur）中，有一个著名的片段，水手在被女巫喀耳刻（Circe）[2]施了妖术变成猪后，沉湎于现状，坚决反对奥德修斯破除魔法使他们恢复人形的种种努力。在奥德修斯告诉他们他已经发现能破除魔咒的魔草，他们不久就能恢复人身后，那些猪身水手快速跑开躲避起来，以使这个热心的救世主无法赶上他们。奥德修斯最终设法诱捕了其中的一头猪；神奇的魔草一擦拭到它的身体，其中的一个水手艾尔奔诺罗斯（Elpenoros）就从粗糙的兽皮中解放出来了。根据各种通常的说法，正如福伊希特万格认为的，“他与其他所有人一样，无论是在摔跤还是在智力上，都没有多大的差别”。获得了解放的艾尔奔诺罗斯，不但不感谢奥德修斯对他的解救，反而愤怒地攻击他的“解救者”：

现在你给我滚，你这个恶棍，你这个爱管闲事的家伙。难道你还想纠缠我们？难道你还要将我们的身体置于危险之中，逼迫我们的心灵要一直接受新的决定吗？我是如此快乐，我可以在泥泞中翻滚，在阳光中沐浴，我可以狂饮滥吃，可以鼾声震天，可以龇牙乱叫，你为什么来这儿？！你为什么要把我带回到以前我过的可恶的生活中？“我打算做什么，这件事还是那件事？”对这些问题，我不用思考，也用不着怀疑。

---

① 《奥德赛》，古希腊史诗，相传为荷马所作，描写奥德修斯于特洛伊城攻陷后回家途中 10 年流浪的种种经历，又译《奥德修记》。——译注

② 喀耳刻，古希腊神话中能将人变为牲畜的女巫。——译注

第一章 解 放

解放是一件喜事还是一次灾祸？是一次伪装成幸事的灾祸还是一件因为害怕而把它当成灾祸的喜事？在现代时期——在这个时期，“解放”被放在政治改革日程的首位，一旦足够清楚地认识到实现自由的过程是缓慢的，“自由”也就会被放在价值清单的最前头，尽管这意味着喜爱它并不会情愿去欢迎它——的大多数时间里，这个问题会一直萦绕在思想家的脑中。可以给出两类答案。第一类答案怀疑“普通平民”对自由是否准备就绪。正如美国作家 19
亚加（Herbert Sebastian Agar）在《1942年，一个伟大的时刻》（*A Time for Greatness*，1942）中指出的，“使人自由的真理通常是人们不愿听的真理”。第二类答案倾向于认为，当人们怀疑提供的自由可能带给他们的好处时，他们就有了自己的独到见解。

第一类答案，时断时续地激起对那些误入歧途、因被欺骗而放弃了获取自由机会的人们的同情，或是对那些不愿意承担与真正自治和维护自我权利相伴而来的风险和责任的“大众”表示蔑视和愤慨。马尔库塞的抱怨既二者兼有，也是对生活状况已接近富足的不自由的人对不自由状态的明显顺从屈服而进行的一种责备。而其他盛行的类似牢骚的言论，却已经堕落成了弱势阶级的“资产阶级化”（embourgeoisement）（是用“有”来代替“是”，用“是”来取代“行动”）和“大众文化”[这是一场因这样一种“文化产业”而导致的集体性的脑损伤——用马修·阿诺德（Matthew Arnold）的话来说就是在那样一些地方，它们本来应该由对温和与轻灵之激情来占领，应该由使二者占据优势地位之激情来占领，这种文化产业却培植出了对娱乐和欢娱的渴望]。

第二类答案认为，为热诚的自由主义者所称赞的那种自由，与他们的断言相反，并不是幸福的保障。它带来的苦难可能会比幸福更多。根据这种观点，当自由主义者比如大卫·康威（David Conway）[1]断言，即重申亨利·西季维克（Henry Sidgwick）“可以通过在成人中间保持——每个人不得不依靠自己的资源来决定自己的需求——这样一种期待来最有效地提高总体的幸福”的原则，或者像查尔斯·缪勒（Charles Murray）[2]那样，在描绘某人特有的幸福追求时热情奔放——使一件事让人满足的是，你应这样去对待它，你觉得你是在尽肩上的真正责任，是在做大量能让你有一种奉献感的好事；那么他们就是错误的。“依靠自己的资源”预示着身体的折磨和不能决断的痛苦，而“尽肩上的责任”预示着麻痹对风险和失败（没有权利求助和补救）的恐惧。这不可能是“自由”的真正含义；而且“真正存在”的自由即使有这些含义，这些提供的自由，既不可能是幸福的保证，也不可能是值得奋斗的目标。

20 第二类答案，最初源于霍布斯的关于人对“自由自在，不受限制”存有内心恐惧的观点。它们的结论来自这一假设，人如果从强制性的社会约束的限制（他们永远也不会服从这些限制）中解放出来，就会成为一个野兽，而不是变成一个自由的个人；而这一恐惧又源于另一假设，即缺乏有效的约束将使得生活变得邋遢、放荡、粗暴——因此根本不能带来幸福和快乐。涂尔干（Émile Durkheim）

① David Conway，*Classical Liberalism：The Unvanquished Ideal*（New York：St Martin’s Press，1955），p.48.

② Charles Murray，*What it Means to be a Libertarian：A Personal Interpretation*（New York：Broadway Books，1997），p.32. See also Jeffrey Friedman’s pertinent comments，in “What’s wrong with libertarianism”，*Critical Review*，Summer 1997，pp.407-467.

正是把与霍布斯完全相同的洞见发展为一套综合的社会哲学体系。按照他的观点，是那些由最为普遍的大众评判并由严厉的惩罚性制裁支持的“规范”，使将要成为真正的人（would-be human）的那些人，真正从最为可怕的奴隶状态——这种奴隶状态不是潜藏在外部压力下，而是潜藏在内部压力下，潜藏在人的前社会或反社会的（pre-social or asocial）本质中——解放出来。在这一哲学体系中，社会约束是解放的力量，也是人类可以合理接纳和保持的自由之唯一希望。

个人服从社会，这种服从也是个人获得解放的条件。因为人的解放在于个人从盲目的、无思考能力的物质力量中解脱出来；他要获得这种解脱，就必须依靠伟大和充满智慧的社会力量来反对它们，在这种社会力量的保护下他得以隐蔽起来。通过把自己置于社会的羽翼下，在某种意义上，他也使自己变得依附于它。但是这是一种解放的依附，其间并不存在矛盾。①

在依附和解放之间，不仅并不矛盾，而且除了“服从社会”和遵守它的规范之外，要获得解放并无他途。反抗社会，自由就不可能获得。②背叛规则——即使这种背叛没有立即变得糟透，并因此丧失判断自己状况的能力——的结果是，导致一种与对周围其他人

① From *Sociologie et philosophie* (1924).Here quoted in Anthony Giddens' s translation, in *Émile Durkheim*：*Selected Writings* (Cambridge：Cambridge University Press，1972)，p.115.

② 鲍曼认为现代实践的一个重要特征就在于根除矛盾，压制秩序的他者——混乱，就是对秩序的追求［鲍曼．对秩序的追求．南京大学学报（哲社版），1999(3)：37-43］。——译注

的意图和动机不确定的状态相连的无法决断的永久痛苦，可能使得生活就像地狱一样。社会压力强加的、浓缩的规则和惯例，能够免除人们的这种痛苦：由于可实施的、灌输了的行为规范的单一性和稳定性，人们在多数时间里知道如何前进，并且几乎不会处于一种身边没有路标的环境——这是一种只能根据自己的责任来作出决定的状态，是一种对结局缺乏令人放心的了解的状态，是一种让每个
21 人向前移动都充满难以计算的风险的状态。规则的缺乏，或者规则绝对的含糊不清——社会失范——在人们应对生活任务的斗争中是可能发生的最为糟糕的情况。规范的无所不能，就像它们的无能为力一样；社会失范只不过意味着无能为力。一旦标准的规范撤离生活战场，剩余的就只是怀疑和恐惧。[正如弗洛姆（Erich Fromm）[1]曾经所说的] 当“每个人向前试一下自己的运气”，当“他要么游过去，要么下沉”——“强制性地探究确定性”的努力已经结束，绝望地寻找能够“消除怀疑意识”的“解决办法”的努力却已开始——时，任何有可能对“确定性”（certainty）承担责任的东西，都是会受到欢迎的。[2]

“惯例（routine）能够降低一个人的地位，但它也可以对人起到保护作用”，理查德·塞纳特是这样表述的，他还使他的读者联想到亚当·斯密（Adam Smith）和狄德罗（Dennis Diderot）[3]之间的

① 弗洛姆（1900—1980），德国出生的美国心理学家，提出不同于弗洛伊德的观点，认为将精神分析的原则用于社会病的治疗，便能设计出一个心理平衡的“健全社会”，著有《健全的社会》等。——译注

② Erich Fromm，*Fear of Freedom*（London：Routledge，1960），pp.51，67.

③ 亚当·斯密（1723—1790），英国经济学家，古典政治经济学的代表，从人性出发，研究经济问题，主张经济自由放任，反对重商主义和国家干预，主要著作有《道德情操论》《国富论》；狄德罗（1713—1784），法国启蒙思想家，唯物主义哲学家和文学家，《百科全书》主编，主要哲学著作有《对自然的解释》。——译注

一场古老的争论。在斯密警告运行中的惯例的力量削弱和变得无效时，“狄德罗不相信惯例的力量正在削弱……狄德罗在现代的最伟大的继承人社会学家安东尼·吉登斯（Anthony Giddens），试图通过证明习惯在社会实践和自我理解上的基本价值，来让狄德罗的洞察存续下来”。塞纳特的观点更为直截了当，他说：“去想象一种属于片刻冲动和短期行为却缺乏能持续下去的惯例和没有习惯的生活，事实上就是去虚构一个没有头脑的存在。”①

生活还没有到达这样一个极点，可以使它变得愚昧无知，但是许多东西已被破坏，所有未来的确定性之手段，包括新近设计的惯例（它不可能持续足够长的时间以转变成习惯，而且如果表现出成瘾的迹象，可能会遭到怨恨和抵抗），只能成为人类巧妙设计的支架和办法，而且仅仅只有当人们被禁止靠得太近去考察它们时，它们看起来才像真事。摧毁了充满惯例又缺乏反思的无可争辩的世界，在这个“原罪”之后出现的所有的确定性，必定是一个矫揉造作、粗制滥造的确定性，是一个肆无忌惮、公然“捏造”（made-up）的确定性，是一个承负着人为决定的所有天生脆弱性的确定性。确实，正如德勒兹（Giles Deleuze）和加塔利（Felix Guattari）坚持认为的那样：

我们不再相信这个碎片存在的神话——像古老雕塑的碎片一样，我们只是在等待最后一个碎片被找到，以便我们可以把所有的碎片黏合在一起，创造一个与最初的整体完全相同的整体。我们也

① Richard Sennett, *The Corrosion of Character: The Personal Consequences of Work in the New Capitalism*（New York：W. W. Norton & Co.，1998），p.44.

不再相信曾经存在一个最早的整体，或者最后会有一个整体在未来的某一天等着我们。[1]

22 破镜难以重圆。放弃对整体的所有希望，未来就会像过去一样，你就进入了这个流动的现代性的世界。已经到了该作出宣告的时候了，就像阿兰·图尔伦（Alain Touraine）最近所做的那样，“人类是一种社会存在——而这又是为在社会中决定他们行为和表现的地位所限定的——这种定义已宣告结束”。相反，“社会行动战略性界定的组合原则却可以在个体身上找到，而不再在社会制度或者普世原则中找到”，“这种社会行动的战略性界定，并非由社会规范和社会防御，由所有的社会文化、心理的特殊性等社会因素来决定其指向的”[2]。

支撑这样一个极端立场的不言而喻的假设是，无论自由是可以想象的还是可能获得的，它都已经实现；除了清理少数几个剩余的凌乱不堪的角落并填补几个空白点——此项工作不久就会完成——之外，并没剩下更多的事情要做。男人和女人都完全实现了真正的自由，所以解放日程差不多也已完成。马尔库塞的抱怨和社群主义者对失去的共同体的怀念，可能是价值观相互对立的体现，但是他们都同样不合时宜。无论是根除了的东西的重新生根，还是人们对尚未完成的解放任务的觉醒，都是不可能的。既然“个体”（the individual）已经被当成是他可以梦想、可以希冀的全部自

① Giles Deleuze and Felix Guattari, *Anti-Oedipus: Capitalism and Schizophrenia*, trans. Robert Hurley (New York: Viking Press, 1977), p.42.

② Alain Touraine, “Can we live together, equal and different?”, *European Journal of Social Theory*, November 1998, p.177.

由，那么马尔库塞的无所适从就是过时的。社会制度太乐意放弃对个人进取心的界定和认同的担忧，而反抗的普遍原则却难以找到。根据社群主义者“对被脱域了（disembedded）的东西的重新嵌入（reembedding）”[①]之梦想，没有任何东西可以改变这一事实：只有汽车旅馆、睡袋和心理分析家的长沙发适宜于重新嵌入，并且从现在起，共同体——与其说是想象的不如说是假定的——可能是唯一的、正在进行的个性表演的、短暂的时代典型产物，而不是身份的决定和规定的力量。

批判的偶然性及其变迁

康内柳斯·卡斯托里亚迪斯（Cornelius Castoriadis）说，我们居住的社会的问题在于，社会停止质疑自己。这是一种这样的社会，它再也认识不到自己的代替者，并因而感觉自己没有义务去调 23
查（examine）、论证（demonstrate）、说服（justify）更不用说证明（prove）自己直言的和默示的假设之有效性。

可是这并不表明，我们的社会压制（或者可能去压制，除非是出现了非常严重的动荡）了类似这样的思想。它也没有使自己的成员保持沉默（更不用说害怕表达自己的看法）。情况恰好相反：我们的社会——一个由自由的个体组成的社会——使得批评变成了现实，对社会“现状”（what is）的不满以及这种不满的表达，都是

① “disembedded”和“embedding”这两个词的译法，借用了田禾先生在《现代性的后果》一书中的译法。关于这两个词的含义，请参该书（吉登斯．现代性的后果．田禾，译．上海：译林出版社，2000）。——译注

我们每个社会成员生活事务的不可回避的、义不容辞的一部分。正如安东尼·吉登斯经常提醒我们的，现在我们每个人都在从事生活政治（life-politics）；我们是这样一个“反思性的存在”（reflexive-being），我们每天都在密切关注我们的每一个行动，我们对行动的结果几乎总不满意，并总是迫不及待地希望去改正它。然而，不知怎么的，这种反思并不是足够深远的，以至我们不能看清那些把我们的行动和结果联系在一起并决定它的结果的复杂机制，更不用说去看清使得这些机制正全力运行的条件。也许与我们的先辈们在他们生活的日子里试图做的相比，我们更为不可调和，远远更为不可调和、不可妥协，并且预先就更有这种倾向。但是我们的批评，却是“没有约束力”的（toothless），即是说，不能够影响为我们的“生活政治”选择而设定的日程。我们的社会向它的成员提供的史无前例的自由——正如列奥·施特劳斯（Leo Strauss）在很久以前就已警告过的——已经和史无前例的无能为力一起到来。

人们有时候会听到这种论调，认为当今的社会（以晚现代或后现代社会的名义出现的，贝克的“第二现代性的社会”，或者是我宁愿称为的“流动的现代性的社会”）不能容忍和接受批判。那种观点看起来没有抓住当今变化的实质，因为它假定“接受力”（hospitality）本身的含义在经历了连续的历史阶段后仍是一成不变的。当今社会已经赋予“接受批判”（hospitality to critique）以全新的意义，并找到了一条融合这种批判思想和批判行为而不受这种融合结果影响和伤害的道路。然而，这点在开放政策（openhouse policy）的试验和尝试中不是得到了削弱，而是得到了加强。

现代社会这种形态的“接受批判”的特性，可以比作路边旅馆（caravan[①] site）模式。这种地方对它的每一个成员和付得起房租的任何一个过客开放。旅客来了又走了；只要给旅客安排一个足够大 24
的地方来停放汽车，电插座和水龙头又井井有条，而停靠在旁边的车主又不把声音弄得太大，并在天黑后把他们的便携式电视和电唱机喇叭的声音关小，就没有人会太在意这个房子是怎么来的。司机们把自己的家当随身带在车上，并把逗留需要的日用品准备好，以备不时之需。每个司机都有自己的旅行路线和时间安排。司机们对旅店老板的要求不算太多（但也不是一无所求），只要独处和不被打搅。作为交换，旅客允诺不挑战旅店老板的权威，并付清房租。由于他们付清了房租，他们就有所要求。在争论他们有权享受旅店老板允诺提供的服务时，他们的立场都非常坚定。在他们想赶路而旅店老板又不允许他们这样做时，他们就会非常愤怒。他们偶尔会吵着要更好的服务。如果他们肆无忌惮和吵吵嚷嚷并且意志足够坚定，他们甚至可以得到更好的服务。如果他们感到服务上很少变化或者旅店老板没有兑现承诺，这些过客可能就会有所抱怨，并要求得到他们应该得到的——但是他们不会去质问并就旅店的管理宗旨进行谈判。更不用说把此处的责任带到下一个地方。充其量，他们只会在心里记住永远不再到那家路边旅馆并且不向他们的朋友推荐罢了。在他们离开的时候，根据他们的旅行计划，这家旅馆充其量是一个他们以前到过的地方，并不会受到过去的野营生活的影响，他们期待着到达另外一个地方。如果一批一批连续不断的旅客都表

① Caravan 原指由商人、香客或移民等组成往返于沙漠等地带的旅行队。后引申为建筑在路边可用牲口或汽车拖动的活动住房或旅店，后来又用作不移动的住房。——译注

示出不满，提供的服务就可能会有所改观，以防止将来人们再把这种不满发泄出来。

在这个时期，流动的现代性社会的“接受批判”，就是这种路边旅馆模式。在阿多尔诺（Adorno）和霍克海默（Horkheimer）开创古典批判理论——它是由另一个着迷于秩序的（order-obsessed）现代性的体验孕育出来的，并因而贯穿着解放的终极目的（telos），以解放为终极目标——的时候，“接受批判”呈现出另一种完全不同的模式，它是一个具有制度化规范和习惯化规则、责任分工、行为监督的共同家庭，在这个家庭里，由于许多经验上的理由，批判思想被人们铭记于心。然而当“对批判的接受”变得像路边旅店老板接受旅客的批评一样时，我们的社会显而易见已变得绝对不能接 25 受批判理论学派建立者当初采取的那种方式的批判，也不能接受他们主张的那种理论。用相应而又不同的术语来说，是“消费者模式的批判”（consumer-style critique）已经取代了原有的“生产者模式的批判”（producer-style critique）。

与充分展开的风格相反的是，这种致命的转变，不能只根据变化了的公共气氛、根据社会变革欲望的衰退、根据对普遍善（common good）和良好社会图景的兴趣之不断式微、根据政治诺言受欢迎度的江河日下，或者根据日渐增长的快乐主义潮流和“当仁不让、唯我独尊”（me first）的心态——尽管，毫无疑问，所有的这些现象确实在我们这个时代非常明显——来加以解释。这种转变的原因非常深刻；它们深深植根于公共空间的转型之中，或者更为一般地说，植根于现代社会自我运行和使自己变得恒久的方式之中。

这种作为古典批判理论目标但同时又是其认识框架的现代性，使分析家们认为，这在事后看来，完全不同于构成现今这一代人生活框架的现代性。它看起来有些“沉重”（heavy）（正与当今“轻灵”的现代性相反），它更加静止、“固态”（solid）（有别于“流动的”“液态的”或者“液化的”现代性），它是“浓缩的、密集的”（condensed）［有别于散布的或者“毛状的”（diffuse or capillary）现代性］，最后，它是系统性的（systemic）［有别于网络状的（network-like）］。

那个古典批判理论时代的沉重的/固态的/系统性的现代性，尤其充满着极权主义（totalitarianism）的倾向。这个包含一切、强行一致性和同一性的极权主义社会，已经充满威胁地隐隐约约出现在地平线上——就如同它的终极目的、如同一个完全没有拆除引信的定时炸弹，或者如同一个根本没有驱除的幽灵。那个现代性是偶然性、变化性、模糊性、不规则性和癖性的一个已经宣誓过的敌人，已经宣布对所有这样的异端进行一场圣战。通常正是个人自由和个人自主性，可能成为这场圣战的第一个牺牲品。在那个现代性的基本的偶像中，正是**福特主义工厂**（Fordist factory），将人类活动简化为简单的、固定的动作，而且这些动作总的说来是预先设计好了的，意味着人们只有机械地服从它们，没有任何智力技能的发挥，所有的自发性和个人创造性都禁止进入；正是至少在内在倾向上与韦伯（Max Weber）的理想类型近似的**官僚制度**（bureaucracy），使得人们只要一待在办公室里，人的个性和社会联

26 系就与他的帽子、雨伞和外套一起被放在衣帽间的入口处，只有命令和规则手册可以无可非议地推动和驾驭着里面的人的行为；正是**全景监狱**，因为它的瞭望塔，使得囚犯无法指望他们的看管者对他们的警戒会有片刻的松弛；正是**老大哥**（Big Brother）[①]，永远都不打瞌睡，在奖励忠诚者和惩处背叛者时总是那么迅速敏捷；最后，正是在**康茨拉格** [Konzlager，后来被古拉格（Gulag）[②] 合并到现代恶魔的“反神组织”（counter-Pantheon）] 那个地方，人类的适应性在实验室的条件下接受检验，而所有那些被认定或者被发现没有足够适应性的人，都注定要死于精力衰竭或者被扔进毒气炉和焚化炉。

而且事后看来，我们可以这么说，批判理论的目标是平息和缓和，或者毋宁说，是全部切断一种被认定为特别地、永久地承载着极权主义癖性的社会之极权主义倾向。保护人们的自主性、选择自由、自我独断（self-assertion）和保有不同的权利，是批判理论的首要、基本的目标。在早期好莱坞的传奇剧中，常常假定在这样一个时刻，恋人们再次邂逅，并许下结婚誓言，来表示剧情的结束和“从此以后美好生活的开始”。与这种传奇剧相似，早期批判理论看到了个人自由在严酷的惯例之统治下的痛苦，或者把个体从深受贪得无厌的极权主义同质化和一致化欲望折磨的社会的铁笼子里放出来，当作解放的最终目标和人类不幸的终结点——这是一个完成了使命的时刻。批判就是服务于这个目的的；它不需要再向前面看，

---

① Big Brother，有时作 B-B-，指担任兄长角色的人（如学校中关心保护小同学的人），还指英国作家乔治·奥威尔的讽刺小说《1984》中的独裁者，也可指专制国家或组织中的头人。——译注

② 古拉格，指苏联内务部劳改局。因苏联作家亚历山大·索尔仁尼琴（A. I. Solzhenitsyn）写的《古拉格群岛》而得名。——译注

在时间范围上既不需要也没有时间超出达到目的的这一时刻。

乔治·奥威尔的小说《1984》，在他创作的时候，是对这种缠附在现代性（指居于它的沉重阶段的早期现代性）身上的恐惧和担忧的最为充分也是最为权威的总结和概括。一旦计划对当今的困扰作出分析，计划对当今疾痛的原因进行诊断，这种恐惧就确定了这个时代解放计划的视野和范围。到了真正的1984年之后，人们马上想起了奥威尔的观点，并可以预料地退回到公共争论中，人们也再一次得到了彻底的解脱（或许也是最后一次）。同样可以预料到的是，多数作家削尖自己的笔，准备把真理从由时间延伸证明的奥威尔预言的谬误——时间也已把他的话划归为虚幻——中分离开来。毫不奇怪，在我们这个时代，甚至人类文化历史中关键的重大事件和文学杰作的不朽性，也需要持续的循环，并且需要在周年纪 27
念日的场合，或者通过事先的广告宣传和附加的回顾展（不料，在另一个占据新闻空间和电视时段的周年纪念日来到之前，展览一结束，它们就从人们的视线和头脑中消失了），来定期地带回到人们的注意力中去，而“奥威尔事件”的上演，也并非完全有别于人们对图坦卡蒙（Tutankhamun）、印加金矿（Inca gold）、弗美尔（Vermeer）[1]、毕加索（Picasso）或者莫奈（Monet）的一时追捧。

即便如此，1984年庆典的简短，对庆典兴趣的不冷不热和迅速降温，以及在媒体为主导的宣传的终止后人们对奥威尔的杰出作品遗忘之迅速，这些东西都发人深省。作为对大众恐惧、预言和噩

① 图坦卡蒙，古埃及新王国时期第十八王朝的法老，公元前1361—前1352年在位，英国人卡特在1922年发现其陵墓，发掘时墓室完好，内有金棺及法老木乃伊和大量珍贵文物。弗美尔（Jan Vermeer，1632—1675），荷兰风俗画家，亦作肖像及风景画，以善用色彩表现空间感及光的效果著称，作品有《挤奶女工》《情书》等。——译注

梦的最为权威的记载，毕竟此书发挥了数十年（正好直到二十年前）的作用。那么，为什么对其简短复活的兴趣会一闪即逝呢？唯一合理的解释是，那些在 1984 年谈论此书的人们，在奥威尔的“反面乌托邦”中并没有感觉到激动人心，他们已经进行过争论和深思的书的主题，也只给他们留下不温不火的热情，这些都是因为他们不再认识到他们自己的苦恼和痛苦，或者他们邻居的噩梦。此书一闪即逝地重新出现在公众视线里，人们赋予它一个介于老普里纽斯（Plinius the Elder）的《自然史》（*Historia Naturalis*）和诺斯特拉达穆斯（Nostradamus）的预言集《世纪连绵》之间的地位。[①]

一个人可能会比依据那种缠附在他们身上并折磨他们的“心魔”（inner-demons）来划分历史时期做得更为糟糕。许多年来，奥威尔的反面乌托邦，和由阿多尔诺和霍克海默阐明的不祥的启蒙工程的可能性，还有边沁 / 福柯的全景监狱或者周期性出现的、正在积累的极权主义倾向的症状一起，被人们当成是“现代性”的思想。因此并不奇怪，当旧有的恐惧悄然离开公共舞台，新的恐惧——完全不同于旧有的对自由的丧失和对正在逼近的强使一体化（Gleichschaltung[②]）的恐惧——又已经来到前台，并强行进入公共争论中，不少观察家很快就宣称“现代性的终结”（甚至更为大胆的是，说历史自己也终结了，认为历史已经通过创造自由，至少通过创造能免受所有进一步威胁的那种自由，比如说自由市场和消费者

① 老普里纽斯（23—79），古罗马作家，著有百科全书式著作《自然史》。诺斯特拉达穆斯（1503—1566），法国医学家、星占学家、预言家，著有预言集《世纪连绵》，曾任国王查理九世的侍从医官，其预言遭到天主教会禁书目录部的谴责（1781 年）。——译注

② 此词是德语里的一个词，指极权国家内政治、经济、文化机构和社团等的划一化、一体化。——译注

选择的自由，而达到了它的终极目的）。然而（出自马克·吐温的话），现代性消逝的消息，甚至于它的“天鹅临终前的绝唱”之谣传，都是十足的夸大其辞：这种“宣布现代性死亡”做法的泛滥， 28
并未使发布现代性死亡的讣告少些仓促和草率。看来，被批判理论建立者（或者，还有奥威尔的反面乌托邦）作出诊断并推上审判台的那种社会，只是丰富多彩、变化多端的现代社会的其中一种形态。它的衰弱并不预示着现代性的终结，也不预示着人类苦难的终结。尤其是，它并不预示着这种作为知识分子使命的批判之终结；而且它绝不意味着这种批判是多余的。

将要进入 21 世纪的社会和进入了 20 世纪的社会，是同样的现代；人们可能说得最多的是，它们的现代是不同方式的现代。使得 21 世纪的社会和 20 世纪的社会同样现代的，是那些将现代性和所有其他的人类共存的历史形态分开的东西：是强迫性的、使人着迷的、连续不断的、永不停息的现代化（modernization）；是对创造性的毁灭和破坏（即是说，这种毁灭性的创造，情况可能是：在新的已经改善了的方案之名义下的“清扫遗址”，是拆卸、切开，是分阶段的停止和结束，是融合或者缩减，所有的这些，都是“在将来有更大的能力来做更多的事情——增加产出或者加强竞争——的幌子”下进行的）的压倒一切的、根深蒂固的和无法遏制的渴望。

正如莱辛（Lessing）[①]在很久以前指出的，在跨过现代时代的门槛前，我们已经从对创建、揭露和不断谴责的行为之信仰中解放出来了。因为从这些信仰里恰当地解放出来了，我们人类“独立

① 莱辛（1729—1781）德国文艺理论家、剧作家，其创作和理论对后世影响巨大，主要著作有《拉奥孔，或论画与诗的界限》《汉堡评传》等。——译注

地”找回了我们自己——这意味着从那时起，我们就知道，除了要改进我们继承的或先赋的禀赋、资源、魄力、意志和决心中的缺点外，我们还要永无止境地改进和自我改进。并且不管人们制造的是什么东西，人们都可以毁灭它。成为现代，等于意味着——就像今天一样——我们无法停止下来，甚至于更加不能保持静止状态。我们发展并注定要保持发展，这与其说是因为“满足的延迟”（delay of gratification），还不如说是——按马克斯·韦伯的说法——因为永远满足的不可能：满意的范围、努力的终点线和让人平静下来的自我祝贺的时间，要比跑得最快的人运动得还快。满足永远是未来的事情，实现、完成失去了吸引力，而且失去了在他们取得成功之时感觉满意的可能性，然而，以前可不是这样的。成为现代，意味着永远居于人先，意味着处于一种持续的侵犯（transgression）状
29 态（用尼采的话来说就是，如果一个人没有成为或者至少努力去成为一个超人，那么这个人就不可能是一个受人尊敬的人）；成为现代还意味着，拥有“只有作为一个没有实现的计划才能存在”的特性。就这些方面而论，这与我们的祖辈们的境况没有多大的差别。

不过，有两个特点使我们的境遇——我们的现代性的形态——与众不同。

第一点是早期现代错误观念的逐渐瓦解和迅速衰落，即相信沿着我们前进的道路会有一个终点，有一个我们可以达到的历史变迁的终极目的，一个明天、明年或者下一个千年就要达到的完美状态，一个某种形态的良好社会，一个公正的、在一些或所有想象到的方面都没有冲突的社会：这是一个在供求以及满足所有需要之间

的稳定均衡的社会；是一个有着完美秩序，人人、事事都各得其所，没有任何不得其宜的东西能存留下来，没有任何一个位置值得怀疑的社会；一个因为大家都明白任何事情都需要被知道所以人们的事情总体说来都是清澈透明的社会；一个完全掌握了未来的社会——这是一个如此完美，以至所有的不测、争吵、矛盾和人类事业的可能超出预料的结果都会终结的社会。

第二个重大的变化，是现代化任务和义务的解除控制和私人化。那些过去常被认为是由作为人类集体性天赋和财富的人类理性来完成的工作，已经被打碎了［个人化了（individualized）］，分派给了个体的勇气和力量，听任个人的管理和个人性的控制谋略。尽管改进的思想（即是说，所有现状的进一步的现代化）经由作为整体的社会法律行动还没有被完全抛弃，但是重点（重要的是，连同责任的负累一起转向个人）已经向着个体的自我独断方向发生了决定性的转变。这种重大的分离，已经体现在对源于"正义社会"/人的权利（just society/human rights）构架的道德/政治（ethical/political）话题位置的重新确定上，这使得个人有权保持不同并有权按他们自己的幸福模式和合适的生活风格来任意作出选择和取舍的话题重新成了人们关注的焦点。

纳税人口袋的细小变化，集中在改进的希望上，而不是集中在政府金库里的大钱的聚集上。如果最初的现代性是头重脚轻
(topheavy)、易于倾倒的，那么今天的现代性却是头轻脚重，除了 30
把解放一事转让给中间层和底层——对其而言，持续的现代化的大多数要义已经沦落到次要地位——这一责任外，它给自己免除

了“解放的”责任和义务。“社会救济已经死去”，新商业精神的鼓吹者彼得·德拉克（Peter Drucker）是这样宣称的。英国首相撒切尔夫人甚至更为直言不讳地说：“没有社会这样的事情了。”不要回头看，也不要抬头看；看看内心深处的你，那里，才是你自己的智慧、意志和力量——这些都是生活改善所要求的工具——应该的栖息之所。

也不再有“老大哥在看着你”；现在，怀着发现一些对你自己有用的东西之希望——比如一个可以模仿的事例，或者一句关于如何处理就像他们的问题一样需要而且只能由个人来处理的你自己问题的劝告——严密地、劲头十足地看管老大哥和老大姐的逐渐扩大的队伍，是你的责任。再也没有伟大的领袖会告诉你去做什么，告诉你如何做，才能使你从你的所作所为的后果中摆脱责任；在这个个体的世界，只存在其他的个体，从他们身上，你可以学会如何处理你自己的生活事务，并为你对他们的例子的信任而不是为其他的东西去承受完全的责任。

与公民作斗争的个体

这个诺尔伯特·艾利亚斯（Norbert Elias）死后才出版的遗著《个体的社会》（*Society of Individuals*）的标题，完全抓住了社会理论形成之初就已和它缠绕在一起的问题之实质。艾利亚斯要破除自霍布斯建立，经密尔（John Stuart Mill）、斯宾塞（Herbert Spencer）和成为20世纪信念（这种信念成了此后所有更进一步的认识论的没加检测的框架）的自由主义正统学说重新塑造的传统，他用“属于”（of）来取代“和”（and）与“对”（versus）；而且他通过这样做，把主题从想象中的尚扭在一起进行你死我活搏斗的“自由”和“统治”（domination）这两种力量，转移到了这样两个“相互对应的概念”（reciprocal conception）上：社会塑造着作为它的成员的个体，个体又改造社会，并当个体在他们依赖的社会网络中寻找行之有效的策略时，让社会远离他们的生活行为。

把它的成员看作个体，这是现代社会的“商标”。然而，这种 31
对待不是一个一次性的行为：它是一个每天都要上演的行动。现代社会存在于它的持续不断的“个体化”（individualizing）的行动中，就正如个体的行为存在于对这样一个——我们称之为社会的、相互卷入的——网络的每天重新塑造和重新谈判中。这两个角色没有一个能长久地保持固定不动。因而，“个体化”的内涵也在变动，永远体现出新的形态——正如过去历史累积的结果逐渐削弱它承续下来的规则一样，它也在制定新的行为规范，并为游戏永远准备新的赌注。“个体化”现在有着与它在一百年前完全不同的含义，而且和它在现代时代的早期——这个时代被赞扬为人从严密编织的、共同依附的、监控和强制实行的组织里解放出来的时代——传递出来的意义也截然不同。

乌尔里希·贝克的《超越阶层和等级？》（*Jenseits von Klasse und Stand?*）和几年以后的《风险社会：另一现代性之路》（*Risikogesellschaft: auf dem Weg in eine andere Moderne*）[①]，与《一种独特的生

① Frankfurt am Main: Suhrkamp, 1986. English trans. Mark Ritter, Ulrich Beck, *Risk Society: Towards a New Modernity* (London: Sage, 1992).

活方式：个体化进程中的妇女》(Elisabeth Beck-Gernsheim，*Ein Stück eigenes Leben:Frauen in Individualisierung Prozeß*) 一起，在我们理解“个体化进程”中，开辟了一个新的篇章。这些著作把这个进程描述为一个有着特殊阶段的进行中的、没有完成的历史——尽管这个历史，与其说是一个有着终极目的或者事先决定了的终点之历史，不如说是有着变动的范围和突然变化的不稳定的逻辑之历史。可以这么说，正如艾利亚斯把弗洛伊德（Sigmund Freud）[1]的“平民化的个体对文明的探究”历史化为（现代）历史中的一个事件一样，贝克也通过把艾利亚斯“对个体的产生（birth）的解释”中的那个“产生”表述为持续的、强迫性的、缠人的现代化的一个永恒的方面，来对它加以历史化。贝克还把对个体化（individualization）的描绘从这样一种观点——个体化是一个有时间限制的昙花一现的装饰品、一个现在不是使图景清晰化（首要的是，它摆脱了直线发展的观点，不是把它当成一个围绕自主性增长和自我独断空间不断扩大的进步历程）而是使得理解更为混乱的进程——中解放出来。这样，就可以详细地审查个体化的不同历史趋势和它们的产物，并允许对它在现阶段的特色有更好的理解。

简括地说，“个体化”指的是，人们身份（identity）从“承受者”（given）到“责任者”（task）的转型和使行动者承担完成任务
32 的责任，并对他们行为的后果（也就是说副作用）负责。换句话说，个体化存在于自治——根据法律上的权利（de jure）——的

① 弗洛伊德（1856—1939），奥地利精神病学家，精神分析学派创始人，提出潜意识理论，认为性本能冲动是行为的基本原因，主要著作有《释梦》《精神分析引论》。——译注

建立之中，而不管事实上（de facto）的自治是否已经很好地建立起来。

因为这些，人类不再凭他们“生于”（born into）什么样的家庭。正如萨特极好地指出的：出身于资本家家庭并不够——他还必须像资本家那样生活（注意，前现代时期的王公、爵士、农奴或者市民未必一定如此，而且也不能这样说；在现代时期，也不能同样绝对地这样说那些穷人出身或富人出身的人）。定要变成一个什么样的人，是现代生活的特征——也只是现代生活的特征（而不是现代个体化的特征，这种表述明显累赘；提到个体化和现代性，就是为了证明一个同样的社会状况）。现代性用强制性的社会地位的自主（self-determination）代替了他主（heteronomic determination）。对“个体化”而言，这在整个现代时代——在它的所有时期和社会的所有方面——都是有效和适用的。然而，在这个共同处境中还是有很大的不同，就像处于同一历史阶段的行动者的类别不同一样，它也使持续的几代人与众不同。

早期现代性的脱域是为了重新嵌入。脱域是社会认可的结果，而重新嵌入却是摆在个体前面的任务。一旦僵化的社会等级结构被打破，那么摆在现代时代早期的男人和女人们前面的“自我认定”（self-identification）的任务，就意味着一种“过名副其实的生活的”挑战（赶上时髦，向左邻右舍看齐）[①]，与正在形成的被阶层限制的社会类型和行为模式保持一致，模仿他们，遵循这种生活模式，适

① 原文是“up with Joneses”，这是一种 Joneses disease，意指不顾自己的经济实力同左邻右舍赛富的病态。Joneses，常指社会地位和生活水平较高的爱炫富的邻居，又指社会地位相仿然而比自己又稍富裕的时髦圈中的人。——译注

应这个阶层的文化，不要掉队，也不要违背它的规则。作为承袭而来的社会归属的“家庭出身”（estates），已经为虚构成员资格的“社会阶层”的目标所代替。前者是一个归属的问题，而后者（成员资格）却包含了一个巨大的成就标准；与家庭出身不同，社会阶层必须是加入（joined）进去的，而且成员必须连续地在一天一天的行为中更新、再确认并得到检验。

事后看来，可以说阶层分裂（或者说性别分裂），是使自我独断权利变得有效的获取资源机会不平等的副产品。各阶层在有效的
33 身份范围和在选择以及利用的便利上都不相同。人们拥有的资源越少，拥有的选择也就越少，就不得不通过“数量的力量”（power of numbers）——通过紧密团结并从事集体行动来弥补个体的脆弱。正如克劳斯·奥菲指出的，阶级性的集体行动向那些降低了社会等级的人开放，这和个体在追求自己的生活目标时被他们的老板记起一样自然和切合实际。

也就是说损失增加了；而且损失一旦增加，就会凝聚为“共同利益”，并且被视为只有通过集体性治疗手段才能获救。对那些因受制于个体资源明显不足而居于个体化末端且还不能像个体一样自我独断的人来说，“集体主义”（collectivism）是第一选择。另一方面，有钱人的阶层定位是偏向一方的，而且一定意义上是缺乏独创性的；当资源的不平等分配受到挑战和质疑时，它表现得最为明显。然而无论情况如何，古典现代性中的个体在因家庭等级秩序瓦解而脱域出来后，在疯狂寻求“重新嵌入”的过程中，利用他们新的权力和在新的自治机构中的头衔。

而且并不存在接纳他们的“床位”（beds）短缺问题。社会阶层（class），尽管是形成的、畅行无阻的，而不是像家庭出身那样常常是继承的或只是“生于”（born into）一个什么样的家庭，但往往会像前现代承袭的家庭出身那样迅速地、牢牢地抓住它的成员。阶层和性别会严重威胁选择的范围；要逃避它们的制约，一点也不比挑战个人在前现代“天赐的身份链条”（Divine chain of being）中的位置容易。实际上，阶层和性别是自然的客观事实，大多数个体遗留的自我独断任务，就是通过像其他的位置占有者所做的那样去适应确定给自己的位置。

准确地说，这就是使得往昔的个体化与它在风险社会（Risikogesellschaft）时期，在“反思的现代性”或者“第二现代性”（贝克不止一次地用它来指称当今时代）时期里采用的形态区别开来的东西。没有给“重新嵌入”提供“床位”，而且这些被寻求的、可能是先决条件的床位，证明是易损坏的，且常常在“重新嵌入”的工作完成之前就已突然消失了。那里有相当多不同尺寸和不同风格的、数量和位置都在变化的“音乐椅子”[①]，这使得男人们和女人们不断地移动，没有“完成”的希望，没有休息，没有“成功”
(arriving）的快意，没有可以使人打消疑虑、停止担忧因而放松地 34
到达目的地的满足感。在被“脱域了”的个体所走的路（现在路是要长期走下去的）的尽头，见不到“重新嵌入”的希望。

但愿这一点不会有错：现在，和以前一样——在流动的、轻灵的现代性时期，和固态的、浓重的现代性时期一样——个体化是

① 原义是指随乐声抢椅子的游戏，这是一种椅子之数比游戏者少一，游戏者随乐声围着椅子绕圈走，乐声停止时未抢到椅子者遭淘汰，并减少一把椅子的游戏。——译注

一件必然发生的事情，这是一种命运，而非一个选择。在个体选择的空间里，逃避个体化和拒绝参与个体化游戏的选择，明显没有被提上议事日程。个体的独立自主和自给自足可能是另一种图景：男人们和女人们没有一个人抱怨挫折和困扰，这在现在并不一定比过去多意味着一点什么，并不一定意味着通过运用他们自己内部的设施，或者在困境中自己拉了自己一把，就能依靠自己的力量，闵希豪生[①]式地（Baron Munchausen style）使他们免遭挫折。而且，如果他们病了，便推断说，这是因为他们在现行的社会保障体制下，不是足够坚强和勤劳；如果他们处于失业状态，那是因为他们没有学会面试的技巧，或是因为他们在寻找工作时不够努力，或者不折不扣是因为他们羞于工作；如果他们对自己的事业不抱信心，并对自己的将来感到痛苦，那是因为他们在赢得朋友和影响他人上做得不够好，还因为他们没有学会也没有掌握——像他们应该学会和应该掌握的那样——自我表达的技巧和给人留下深刻印象的艺术。不管怎么说，这就是告诉他们的情况，这些日子也就是这个情况，而且他们还相信了这些情况，以致他们现在表现得就好像这些确是事情的真相一样。正如贝克一针见血、恰如其分地指出的，“一个人如何生活变成了系统性矛盾的**传记性解决办法**（biographical solution）”[②]。社会仍然在制造风险和矛盾；正是应付处理这些风险和矛盾的义务和必要性，正在被个体化。

长话短说：在作为必然之事（fate）的个体化和作为追求自我

① 闵希豪生（1720—1797），德国乡绅，曾在俄国军队服役，以擅讲故事闻名，根据所述故事编成的书有《闵希豪生男爵的奇遇》。后引申为闵希豪生式的故事或夸张的故事、夸张的人物。——译注

② Beck，*Risk Society*，p.137.

独断的实际和现实能力的个体化之间的鸿沟正在加大。[通过指派，像“个别化”（individuation）那样，从个体化中分离开来会更好一些：即使个别化是反事实的，但贝克还是用“个别化”这个词，来对自力维持、自力推进的个体和别无选择、只能行动的人们作出区分，就好像个别化已经实现了一样。] 最为关键的是，在鸿沟上架起一座桥梁，并不是这种能力的一部分。

通常，个体化了的男人们和女人们的自我独断能力与真正自立（self-constitution）的要求是不相符合的。正如列奥·施特劳斯注意 35
到的，另一方不受妨碍的自由是没有意义的选择，因为双方是互为条件的：为什么要自寻烦恼地去禁止无论如何也没有多大意义的东西呢？一个挑剔的观察者会说，当自由变得再也无关紧要的时候，自由就会到来。在可口的正在个体化的大锅里煮炸的自由油料上，有一只无能为力的、可恶的苍蝇；在自由理应达到的许可和授权范围内，这种无能为力是令人讨厌的、苦恼的和恶心的。

或许像过去一样，步调一致地并肩前进，这会是我们的一个补救办法？或许，如果个体的力量——然而，单独一人时，他是脆弱和无能为力的——被浓缩进集体性的立场和行动中，事情将由他们联合来完成，没有任何一个人会想着要独自去做它？或许……问题是，这种演化成共同利益并因而化为联合行动的个体不满的聚合和浓缩，是一个令人胆怯的任务。既然受命运左右的个体在这些日子里最为普遍的困难是它的非加性（non-additive），他们对“累积”（summing up）成为一个“共同的奋斗目标”（common cause）并不负有责任。他们可以互相待在一起，但是并不会万众一心。人们可能会说，他们从一开始就是通过这种方法塑造出来的：它缺少使他们和其他人的困难相容的接合部。

困难可能是相似的（日益受欢迎的脱口秀超出常规地显示它们的相似性，同时也充分地反复灌输——困难最重要的相似性在于，每一个受害者都是独自去应付这些困难的——这一信息），但是它们并没有形成一个比各部分之和更大的“整体”（totality）；它们既不具有任何新的特性，也没有通过被受害者勇敢地一起接受、面对和应对而变得更为容易控制。其他一群受害者可能带来的唯一好处就是，向每一个人再次保证，独自与困难作斗争也是其他所有人每天都在做的事情——而且再次砥砺低落的士气、振作萎靡的继续斗争的决心也是如此。或许有人也从其他人的经验——如何从下一轮的“裁员”（downsizing）的困境中走过来，如何对付那些认为自己是青少年并拒绝变成成人的孩子，如何使肿起的和其他不受欢迎的“异物”（foreign bodies）从身体中清除出去（out of one’s system），如何戒除再也不能让人快乐的嗜好和抛弃再也不能让自己满意的搭档——中吸取了教训。但是人们从那群受害者身上吸取的教训首先是，那群受害者能给予的唯一帮助是，关于如何从自己的无可改变
36 的孤寂中生存下来的建议，以及每个人的生活都充满着需要一个人独自面对和抗争的风险。

而且还有另外一个困难：正如托克维尔很早就有所觉察的，解放人们可能会使他们变得漠不关心（indifferent）。他认为，个体（individual）是“公民”（citizen）最坏的敌人。公民是一个倾向于通过城邦（city）的安康来寻求自己幸福的人——而个体对“公共

事业”“普遍的善”“良好社会”或者“公正社会”，倾向于冷漠、怀疑或是警惕。除了让每一个个体得到满足之外，“公共利益”是什么东西？当个体走到一起时，无论他们可能会做什么，也无论他们分担的劳动可能会给他们带来其他什么利益，都预示着，在他们追求看来只适合于自己的东西之际，他们的自由也受到了限制，而且无论如何，也不会有助于他们的这种追求。从人权的角度看，人们预料和希望“让渡公共权利”的仅有的两个有用的东西是，让每一个人按他自己的方式行事，并使他能够和平地达到自己的目的——以确保他的生命财产安全，将罪犯或犯罪未遂的人投进监狱，使得街道上没有抢劫犯，没有行为不正者，没有乞丐和所有其他害人的可恶的怪人。

伍迪·艾伦（Woody Allen）在随便翻阅这种美国人非常渴望参加的虚构的“成人夏季系列教程”的广告传单时，由于他通常无与伦比的远见卓识，领会了当今“天命的个体”（individuals-by-decree）的怪癖和奇想。经济理论课目包括“‘通胀与萧条’——如何穿衣打扮”；伦理学的课目包括“‘绝对律令’（categorical imperatives）和让它为你服务的六种方法”；而天文学的内容简介则是“太阳，由气体构成，随时可能爆炸，使我们整个行星系毁灭；我们将告知学生们，在那种情况下普通公民能做些什么”。

现在总结一下：个体化的另一方面，看来是对公民身份的侵蚀和瓦解。乔·罗曼（Joël Roman）这位《智慧》一书的合作主编，在他的新作《个体的民主》（*La Démocratie des individus*，1998）中指出，“人的警惕性被降格为物的监视，而通常关注的东西，并不只是一个利己主义、卷入集体感情和对邻居的恐惧的混合体”。他鼓励他的读者去追求“一起做决定的新能力”——而正因为它的缺失，这个问题在现在才变得非常突出。

37 如果个体是公民最为可怕的敌人，如果个体化意味着给公民身份和给以公民身份为基础的政治带来麻烦，那是因为就其本身而论的个体的关心和专注，已经遍及公共空间，有权成为它的唯一合法的占有者，并且推开其他所有公共话题前进。“公共空间”被“私人”（private）占领着；“公共关注”被贬低为对公众人物私生活的好奇心，公共生活的艺术也被局限于私人事务以及公众对私人感情（越隐秘越好）承认的公开展示。对这种降格的“公共话题”进行抵制，几乎已经变得不可理解了。

被再度嵌入公民身份的共和国躯体的个体化了的行动者们，他们的前景是暗淡的。推动他们冒险进入公共舞台的，与其说是对公共事业的追求，是对普遍善和普遍生活原则的含义达成共识之途径的追求，不如说是对“网络化”（networking）的绝对需要。正如塞纳特坚决指出的，分享秘密有趋势成为更招人喜爱的、也许也是唯一保留下来的“共同体建设”（community building）的方法。这一建设技术只能产生出和弥散的、偏离方向的感情一样脆弱的、短命的共同体，错误地从一个目标转到另一个目标，在寻求一个安全避难所——一个有着共同担忧、共同焦虑或者共同仇恨的共同体（但是在每一种情况下，它都是一个“柱子”状的共同体，一个围绕着“柱子”而形成——许多单独的个体可以紧紧地依靠它来消除他们独自的个人恐惧——的短暂的聚合）——的永远没有结果的歧途上随意漂流。正如贝克在《论工业社会的必死性》（On the Mortality of Industrial Society）[①]一文中所说的：

> 从衰退的社会规范中显露出来的，是在寻找关爱与帮助中的赤裸裸的、令人恐怖的、放肆的自我。在寻找它自己和一个充满友爱的社会性中，它很容易在自我的丛林中迷失方向……一个正在他自己的迷雾中探索的人，再也没有能力注意到这种孤立、这种唯一的自我束缚是一种总体性宣判。

个体化还在这里继续下去；所有关于个体化流行影响——在这种影响下，我们指引着我们的生活——应对方式之思考，都必须从对这一事实的承认开始。个体化给数量上永远增长的男人和女人，以空前的尝试自由——但是“即使敌人表面上是慷慨的，他们也是不可信的”（timeo danaos et dona ferentes…）[②]，它还给他们带来了处理它们后果的史无前例的责任。在自我独断权和控制社会环境（使 38
得这种自我独断变得可行或不符合现实）的能力之间裂开的鸿沟，看起来像是流动的现代性的一个主要矛盾，一个经由试错、经由批判性反思和大胆试验，我们都需要学会一起应对的主要矛盾。

---

① 收录在贝克的《生态启示：风险社会政治论文选》（*Ecological Enlightenment: Essays on the Politics of the Risk Society*, trans. Mark A. Ritter, New Jersey: Humanity Press, 1995, p.40）。

② timeo danaos et dona ferentes…，拉丁语中的一个谚语，原意是指“我害怕希腊人，即使他们带着礼物而来”，后引申为“即使敌人表面上是慷慨的，他们也是不可信的”。——译注

个体化社会中批判理论的困境

现代化的冲动，在任何形式下都意味着对现实的强制性的批判。这种冲动的私人化表明，强制性的自我批判源于对自我的永不满足：作为一个个体在法律上意味着，没有任何一个人会去责怪自己的悲惨境遇，会在除了自己的懒惰和散漫之外去寻找自己失败的原因，会在除了勤奋还是勤奋之外去寻找问题的解决办法。

生活在自我谴责和自我蔑视的风险中，并不是一件容易的事情。因为眼睛盯着他们自己的表现，因而注意力从个体存在的矛盾被共同生产出来的社会空间转移开，男人和女人们自然而然地被诱使去降低他们处境的复杂性，以便弄清楚自己痛苦的原因，并因而在采取补救行动时，变得容易处理和易于接受。并非他们发现了麻烦的、不方便的"传记似的解决办法"(biographic solutions)：那里根本没有有效的"对系统性矛盾的传记似的解决办法"，因此供他们支配的可行解决办法的缺乏状况，需要通过一个虚构的办法来加以弥补。然而，所有的解决办法，不管是想象的还是真实的，为了看起来行之有效和切实可行，就都必须与个体化的任务和责任保持一致和吻合。因此需要个人的"柱子"的存在，以便恐惧的个体们都可以团结在一起有所依靠，要是他们的个人恐惧能持续片刻那该有多好。我们的时代，是一个替罪羊繁荣昌盛的时代——是政治家们把他们的私人生活弄得乱七八糟，让罪犯不知不觉地出现在破旧的街道上和喧闹的小区里，或者是让陌生人出现在我们的中间。我们的时代，是一个装着被授予了专利的铁锁、装着防盗警报器、建有铁丝网围栏、以邻为壑的时代，还是一个满是爱刺探小道消息、想方设法让虚无缥缈的幻象不祥地占领缺乏行动者的空间的小报记者的时代，抑或是一个想方设法要寻找足够多的、似是而非的“道 39
德恐慌”（这非常可怕）的理由，以发泄大量被压抑了的恐惧和愤怒的时代？

我要再次重申：在法律意义上的个体的状况和变成实际上的个体的机会——获得控制自己命运并作出自己真正想要的选择的机会——之间的鸿沟，已经很宽并且正在扩大。正是从这个深不可测的鸿沟中散发出的最为有毒的恶臭，毒害了当今个体的生命。然而仅凭个体独自的努力，并不能填平那个鸿沟：凭借自我管理的生活政治中的资源和方式，也不能达到填平这一鸿沟的目的。填平这一鸿沟，是真正的、名副其实的政治（Politics with a capital “P”）之事情。可以推断说，正是因为公共空间的失去，尤其是因为“辩论场所”（agora）这一作为媒介物的公共和私人场所——在那里，生活政治和真正的、名副其实的政治相遇，私人问题被转译成公共问题的语言，从而为了解决私人问题，人们寻找公共的解决办法并通过谈判达成一致意见——的丧失，才让这一值得怀疑的鸿沟已经出现并正在扩大。

也就是说，局面已经逆转过来了：批判理论的任务已被颠倒过来。在过去，那一任务常常是保护私人以使他们在向前推进的“公域”（public sphere）的大部队中具有自主性，保护私人从在冷酷国家绝对专断的强制统治下的痛苦折磨中解放出来，保护私人从这一冷酷国家官僚制度的束缚或者是它们的小规模的复制本中解放出来。而现在这一任务却是，要保护这一正逐渐消失的公共领域，更确切地说，是要重新装备并重新居住于因被以下两方面抛弃而迅速变得空空如也的公共空间：对它“有所关注的公民”的离去，以及实际权力躲进一个只能被描述为“外围空间”（outer space）的地方。尽管如此，尚存的民主制度还是能够达到目的。

“公域”（public）正在开始进入“私域”（private），这不再是真实的事情。相反，是私人在“公共空间”里开辟领地，压榨并赶跑所有无法完全用本国语的“私人关注、担忧和追求”来表达的东西。重申一遍，个体是自己命运的主人，他几乎没有理由去让“主题的实用性”[topical relevance，这是舒茨（Alfred Schütz）的术语]与任何拒绝被自我淹没并由自我的技能加以应对处理的东西保持一致；但是，具备这种理性并严格奉行，这正是公民的标志。

对于个体来说，公共空间就和一个私人焦虑被投射于其上的
40
巨大屏幕差不多，它不断地私人化，或者在放大投射的过程中，不断地获取新的总体性的品质：公共空间是一个公开承认个人秘密和个人隐私的地方。从公共空间每天计划好的巡回演出中，个体的法律上的个体性重新增强了，而且确保了他们处理生活事务的个人风格，同时也是其他所有像他们一样的个体处理自己生活事务的风格，并且还是像他们一样，去承受这一过程中自己的挫折和失败。

至于权力，则从街道和集市、从会堂和国会、从地方政府和中央政府流走，并且超出公民控制的范围，流进电子网络的表层。现在，那种样子的权力最为喜爱的战略原则是逃避、躲开和不参与，它的理想状态是隐形。预料它的行动和预料这种行动的不可预料的

结果（更不用说去消除或阻止它们中最不受欢迎的结果）的努力，会收到类似于“防止气候变化联盟”（League of Prevent Weather Change）收到的功效。

因此，公众话题日益撤离公共空间。公共空间无法发挥过去那种作为私人困难和公共问题会商地点的作用。在承受个体化压力的晚期，个体公民身份的保护性盔甲正逐渐地也是一贯地被剥除掉，而且公民能力和利益也被剥夺一空。在这种情况下，法律意义上的个体永远变成事实上的个体（即个体真正独立自主地控制资源）的希望，也就显得更加渺茫。

如果个体首先不变成公民，那么法律意义上的个体就不能变成实际上的个体。没有一个自治的社会，就不会有自主的个体，而且社会的自治，要求有审慎的而且永远是审慎的自立，一种可能是它的成员唯一的共同成就。

“社会”总是与个体自主保持一种模糊的关系：个体既是社会的敌人同时又是社会的必要条件。但是在这种注定要持续下去的模糊关系状态中，威胁与机会的比率在现代历史的进程中发生了急剧的变化。尽管仔细地看这种前提并没消失，但是在个体徒劳的、充 41
满坎坷的努力奋斗——把法律意义上的个体地位重塑成真正的自主和自我独断——的过程之中，社会现在已经首先是个体强烈需要的也是个体糟糕地错失了的条件。

用最为扼要的话说，这就是决定批判理论——而且更为一般地说，是决定社会批判——在当前的任务之困境。这种任务可以归结为，把已经被它们撕成两个碎块的东西（正式的个体化的联合和权力政治之间的分离）再次联结在一起。换句话说，这种任务是重新设计并重新占领现在已经大部分空闲的辩论场所——一个在个体和大众、私人利益和公共利益之间进行会合、争论和协商的场所。如果说批判理论旧有的目标——人类的解放——在今天还意味着一点什么的话，那它就意味着把深渊——它加大了法律个体的现实与实际个体的期望之间的差距——的两边重新连通起来。而且重新掌握了已被遗忘的公民能力、重新掌握已被遗失的公民工具的个体，才是能胜任“架桥”这一特殊任务的唯一的建设者。

批判理论再论

阿多尔诺说，思考中需要的东西是促使我们思考的东西。[①]他的《否定辩证法》一书，一本长期而又艰难地探索在一个与人性格格不入的世界为人处世方法的著作，用这种辛辣、嘲讽且又空泛的警句式的语句来结束：在写了数百页之后，什么问题也没有解释，什么谜底也没有揭开，什么保证也没有作出。做人的秘诀，依旧像在探索之旅开始时一样令人费解。思考使我们成为了人，不过却是做人促使我们去思考。思考无法得到解释，不过它也不需要解释。思考无须证明，不过即使有人试图去证明，它也无法得到证明。

阿多尔诺一再告诉我们，这种困境既不是思想衰弱的标志，也不是思想者耻辱的象征。要说有什么区别的话，还不如说相反的才是真实的。在阿多尔诺的笔下，可怕的必然性变成了一种特权。用

① Theodor Adorno, *Negative Dialectics*, trans. E. B. Ashton (London: Routledge, 1973), p.408.

确切的、普通的、对专心于自己日常生计的男人和女人讲得通的语言来解释一个思想，它能被解释得越少，它就离人文学科的标准越近；根据实际收益和作用，或者按照附属于其上的超市或股票市场里的标价来证明一个思想，能被证明得越少，那么它的教化的价值
意义也就越高。正是积极地追求市场价值和鼓励直接消费，在威胁 42
着思想的真正价值。阿多尔诺写道：

> 没有任何思想可以不受交流的影响，而且在错误的地方错误地一致去表达思想，这足以削弱思想的真实性……因为理智的、神圣的脱离，现在是唯一能体现某种程度的关联性的途径……独立超然的旁观者，就像积极的参与者卷入（entangled）的一样多；旁观者的唯一优势是自知（insight）了自己的卷入，以及像这样存在于知识中的微不足道的自由。①

一旦我们记住“对一个举动天真的……主体而言，它自己的熏陶作用是不明显的”②，而且这种并不明显的熏陶作用是它自己永远天真的保证，则这一点将变得非常明显，即这种自知就是自由的起点。正如思想仅仅需要让自己永远存续下去一样，天真如此也就足矣；只要它不为自知所干扰，那么它自己的这种熏陶就能保持完好无损。

“不要被干扰”；确实，自知的进入，几乎永远不受那些已经习惯于过一种像对解放充满甜蜜的期望一样不自省的生活的人的欢

① Theodor Adorno, *Minima Moralia: Reflections from Damaged Life*, trans. E. F. N. Jephcott (London: Verso, 1974), pp.25-26.

② Adorno, *Negative Dialectics*, p.220.

迎。天真无知，会让即使是最为混乱不堪、变化莫测的状况看起来也是平常的因而是安全的，而且任何对论据不力的自知，都预示着不自信、怀疑和不安全，这也使得很少有人会以快乐的期望来欢迎它。对阿多尔诺来说，看起来对自知的广泛的怨恨会有所改观，尽管这样并不昭示着这是一个顺畅的进程。天真者的不自由却是思想者的自由。这使得“神圣的脱离”容易得多。“拿出没有人想购买的独一无二的东西去出售，这甚至等同于在交易中要违背自己的意愿和自由。”[①]这种思想领先另一种思想仅仅一步：这种流亡者的思想就像原型一样用不着拿去交易。流放者提供的思想产品，确实就是一种像没有任何最为轻微购买迹象的商品一样的东西。阿多尔诺在他流亡美国期间写道：“每一个作为移民的知识分子会毫不例外地遭到破坏，他生活在一个永远不为他所能理解的环境中。”难怪他会采取措施以避免在当地市场生产出一些有点价值的东西的风险。因此，“如果说在欧洲难以理解的手势常常只是掩饰最为难以
43 理解的一己私利，那么，朴素这一理念看来就是移民的最可接受的生命之舟”[②]。流亡对于思想者就像家对于天真者；正是在流亡中，思想者个体的超脱和他习惯的生活方式，才获得了生存下去的意义。

在看完了一遍杜森（Deussen）主编的《奥义书》（*Upanishads*）[③]之后，阿多尔诺和霍克海默尖锐地评论说，追求真、美、正义之统一者的理论和实践体系，即“那些历史的局外人”，“并不是十分严密和集中；它们因混乱而有别于成功的体系。与对管理和集体的

① Adorno，*Minima Moralia*，p.68.

② Adorno，*Minima Moralia*，pp.33-34.

③ 《奥义书》，是阐发印度教古代吠陀教义的思辨作品，为印度后世各派哲学所依据。——译注

重视相比，它们更为高度重视思想和个体。因此，它们引起了愤怒”[①]。对于想要成功并想要影响到洞穴居住者想象力的思想来说，优雅的吠陀仪式必须取代《奥义书》中的随想，头脑冷静、表现良好的斯多葛主义（Stoics）必须取代鲁莽冲动、傲慢自大的犬儒主义（Cynics），并且绝对切合实际的圣·保罗（St Paul）必须取代完美但不切实际的施洗者圣·约翰（St John the Baptist）[②]。然而大问题是，那些思想的解放力量，是否能够持续到它们最终成功的那一刻。阿多尔诺对这一问题的答案充满沮丧和悲观：“旧的宗教和教派史，就像现代政党和革命史一样教育我们，继续生存的代价是实际的卷入，是思想变成统治和主宰。”[③]

在这最后一句警句中，缠绕着原初“批判学派”创建者和最著名学者的主要战略困境，可以非常生动地来加以表述：无论是谁在思考和关心，他都注定要在纯净而又无能为力的思想和有效而又肮脏的争取统治与支配的努力这一两难处境中小心航行。没有第三种选择（*Tertium non datur*）。无论是诉诸实践还是拒绝实践，都不能提供一个好的解决办法。伴随着对注定要强加于自由之上的新的限制的恐惧，伴随着对效果高于理性道德原则的功利主义语用学的恐惧，伴随着对自由的雄心抱负被削弱及随后被扭曲的恐惧，伴随着所有这些随之产生的恐惧，争取实践的努力不可避免地会变形为统治和主宰。而对实践的拒绝，又可能会满足对（没有被放弃的）纯

① Theodor Adorno and Max Horkheimer, *Dialectics of Enlightenment*, trans. John Cumming (London: Verso, 1986), p.213.

② 圣·保罗（?—67?），曾参与迫害基督徒，后成为向非犹太人传教的基督教使徒，《圣经·新约》中《保罗书信》的作者；Baptist，是基督教新教一派的教徒，该派主张成年后即可受洗，受洗者应全身浸入水中。St John the Baptist，即指施洗者圣·约翰。——译注

③ Theodor Adorno and Max Horkheimer, *Dialectics of Enlightenment*, pp.214-215.

洁性的（孤芳自赏式的）渴望，但是它将让这一思想变得徒劳无益并最终无济于事：正如维特根斯坦悲观地评论的，哲学将使每一件事情和过去一样；源于对人类状况中野蛮残忍抱有强烈反感的哲学，在使得人类状况变得更为人道这点上，将没有多少作用，或者
44 说根本于事无补。生命的沉思和生命的活动这一两难困境，意味着在两种没有吸引力的相似前景中作出选择。保存在思想中的价值越被保护以免受污染，对它们想要发挥影响的人的生活来说就越没意义。思想价值对那些人的生活影响越大，生活对那些推动和激励着改革的价值的革新就越不能发人深省。

阿多尔诺的担心有着很长的历史，一直可以回溯到柏拉图的知识和“返回洞穴”可行性的困惑。这个问题，源于柏拉图在思想纯洁性的名义下，向哲学家们发出的离开“平庸”（quotidianity）这一“黑暗洞穴”，以及为了能持久地旅居在思想清澈澄明的光明的外部世界而拒绝与“洞穴”居住者有任何往来的呼吁。这个问题是，哲学家是否希望与那些“洞穴”里面的人一起分享旅游纪念品，而且——在他们愿意这样做的情况下——“洞穴”居住者又是否会相信并听从他们。与他那个时代的风格相符，柏拉图认为交流的可能中断，会导致送信人的被杀害……

阿多尔诺采用后启蒙（post-enlightenment）世界的形式，来对柏拉图的问题作出处理。在这个后启蒙的世界，焚烧处于危险之中的异教徒，以及给过着更为高贵生活的预言者端上毒药，绝对是不合时宜的。在这个新的世界，像伯杰（Bürger）一样重获新生的“洞穴”居住者，再也不会被认为比柏拉图原著中的“洞穴”居住

者对真理更具天生的热情和更优越的价值；他们被寄予了进行顽强斗争的希望，就像他们坚定不移地严格抵制必定会干扰他们日常生活安宁的消息一样。真的是新时代的特色，然而，他们正在以不同的形式去面对中断交流的后果。在柏拉图时代只能是知识和权力幻想的联姻，已经转变成日常的并且实质上成了公理性的哲学假设，而且成了一个一般性的、每天运用到的、政治学的主张。如果说存在某人可能因它而被杀害的东西，那么真理就成了一个杀害他的最佳理由。（一直以来，这两种情况都不少见，但它们混合的比率却发生了戏剧性的转变。）因此，人们会很自然也很合理地这样认为，在阿多尔诺的时代，遭到拒绝的福音使者，在他们可能的时候会诉诸武力；他们会寻求统治来打破抵抗，并强迫、鼓励或者贿赂他们的反对者，以让他们服从他们不愿服从的路线。对旧有的无所适从的窘境——如何找到告诉给不熟悉某种特定情况的人的话语，而又 45
不放弃这一批判性观点的实质性内容；如何用一个易于领会且又有足够吸引力让人希望去领会的简单形式来表达一个真理，而又不会歪曲或者削弱和冲淡它的内容——而言又增加了一个新的困难，在这一批判性思想肩负解放的抱负时，这一困难尤其严重和令人担忧：如何避免或至少是限制权力和统治腐化堕落的影响，现在被看成是向表现冷淡的人和思想顽抗的人传递这一批判理论的工具和手段。这两种担忧缠绕在一起，有时候还混杂在一起——像列奥·施特劳斯和科热维（Alexandre Kojève）之间激烈而又没有结果的争论一样。

施特劳斯坚持认为，“哲学是对永恒的不可改变的秩序之探寻，在这一永恒秩序中，历史产生了，而秩序又完全不受历史的影响”。永恒和不可改变的东西，也有着普遍性一般性的品质；然而人们要普遍接受这一永恒的秩序，只能根据真正的知识或者根据智慧才能达到，而不能经由见解上的调和与一致来达到。

见解基础上的一致，永远也不能变成普遍的一致。每一种自以为是地认为具有普遍性的信念，也就是说普遍接受的信念，都必定会引发出一个以同样理由而产生的反信念（counter-faith）。在不明智的人中传播名副其实的智者获得的知识，不会有任何帮助，因为通过传播或者稀释，知识不可避免地将自己转变成了观点、偏见或者仅仅是信仰。

对施特劳斯而言，和对科热维一样，知识（wisdom）和纯粹的信仰（mere belief）之间的裂谷，以及在它们之间交流的困难，都直接地和自动地指向了权力和政治的问题。两种知识间的不相容性，就像规则和实行规则的问题一样，像知识承载者（bearers of wisdom）的政治卷入问题一样，或者坦率地说，就像被认为是政治学的焦点和基本点的哲学与国家的关系问题一样，已经展现在辩论文章作家的面前。这一问题意味着，在卷入政治和迅速地远远避开政治实践之间直接作出选择，同时也意味着，对每种选择的潜在收益、风险和不利条件进行仔细的估算。

鉴于这一永恒秩序，这一哲学家们真正关注的事情，“完全不受历史的影响”，那么我们又能以何种方法去与历史的主人（managers），与那种情况的权力（powers-that-be）进行交往，并助益于哲学的事业呢？对于施特劳斯而言，既然“不存在这样的方法”是唯一合理的、不证自明的答案，那么在很大程度上，这个问题就只是一个修辞学上的问题。科热维回应说，哲学思想可能确实不受历史的影响，但是这并不意味着它能绕开历史：哲学思想的核心在于，进入历史是为了重新塑造历史——因此，与权力持有者进行交流，与决定人、车能否进去的、轻松自如的看门者进行交流的实际任务，依然是哲学家们固有的、基本的重要事务。历史是哲学的实现；哲学思想在历史的接受和认可中最终得到检验和证明，并——用哲学家的话来说——成为**政体**（polity）的肉体①。认可，是哲学的最终目的（telos）和对哲学的最终证明；因此哲学家的行为对象不仅是哲学家、他们的思想、哲学化（philosophizing）的内部事务（inside business）本身，还有就其本身而论的世界，以及这二者之间最终的融洽与协调，更确切地说是，重新改造这个由哲学家们来充当卫士的、以真理来伪装自己的世界。因此，“不与政治来往”并不是一个解决办法；它多少有点这个味道，即它不仅仅是出卖哲学之外的世界，而且还出卖哲学本身。 46

在这个世界上，并没有避免“政治弥合”（political bridge）的问题。既然这种弥合只能由国家雇员来进行，那么无论如何，怎么用它来为哲学铺平通向这个世界的道路的问题都不会消失，我们就必须勇敢面对。而且——至少一开始，只要哲学思想和世界的现实之间的裂谷依然没有弥合——我们就无法回避国家实行专制这一残酷的现实。（科热维固执地认为，专制这种政府形式可以道德中立地加以界定。）他说：

① 此处的“肉体”是指与灵魂、精神相对而言的肉体。——译注

无论什么时候，只要有一部分公民（无论这一部分公民是占多数还是占少数，这都无关紧要）把自己的观点和行动——这些观点和行动由一个被这一部分公民自发认可而不为其他公民所认可的权威来操纵——强加在其他所有公民身上，而这一部分把自己观点和行动强加于其他所有公民身上的公民，并没有与他们达成“协议”，没有与他们达成“妥协”，也没有考虑到他们的想法和要求（取决于另一个被其他人自发认可的权威），那么专制就形成了。

47 既然正是对“他者”的想法和要求的漠视，使得专制政体变得专横残暴，那么这个任务就在于，切断这根一端是傲慢地忽视而另一端又是沉默的不同意的分裂链条（schismogenetic chain），并且找到双方都能表示满意并进行富有成效谈判的基础。那个基础（在这里，施特劳斯和科热维的观点相同）只能由哲学思想来提供，并且在处理事情时，能够——像它必定做的那样——永久地、绝对地而且是普遍地行之有效。（“纯粹的信仰”提供的所有其他基础，只能发挥战场的作用，而不能被用作会议大厅）。科热维相信这一点能够做到，而施特劳斯却不这样看：“我不相信会有苏格拉底（Socrates）和人们进行对话的可能性。”无论是谁，只要他参加了这种对话，他就不能算是一个哲学家，而只是某一种——与其说他关注的是铺好路以使思想可以到达人们中间，还不如说关注的是如何赢得无论怎样权力都可能需要或愿意拥有的服从——夸夸其谈的人。哲学家除了劝说那些夸夸其谈的人外，并不能多做些什么，而且他们成功的可能性也注定微乎其微。哲学和社会永远和谐一致并融合为一体的前景是非常模糊的。[1]

施特劳斯和科热维承认，政治是连接普遍价值和历史塑造的社会生活现实之间的纽带；他们在对内在的、沉重的现代性进行论述时，就理所当然地认为政治是与国家行为部分重叠的。因此，这不容置疑地表明，哲学家们面临的困境意味着在“接受它”(take it)和“放弃它”(leave it)之间作出简单抉择：要么运用政治这一纽带，而不管任何企图运用这一纽带必定带来的所有风险，要么（为了思想的纯洁性）站开点，并远离权力和权力的掌管者。换句话说，这种选择是一种在注定依然是无能为力的思想和注定会对思想不忠诚的效能之间的选择。

沉重的现代性时代，竟然是一个模仿建筑或园艺方式来型塑现实的时代；建构服从理性裁定的现实，应在严格的质量控制下并按照严格的程序规则进行，而且最为重要的是，在这种建设开始之前，所有的一切都被设计好了。这是一个制图板和蓝图的时代[2]——与其说是为社会的领土绘制地图，还不如说是要把社会领土提高到一个只有地图才能夸耀或声称的清晰性和逻辑性的水准。这是一个希望用立法手段来让理性进入现实的时代，从引发合理行为，并使所有行为与理性相对立——盘算起来这一点代价太高——这一意义上看，这是一个希望推卸风险的时代。对这个立法化了的 48
理性而言，忽视立法者和法律实施机构这显然不是一个选项。融洽和国家的关系的问题，无论是对合作者而言还是对竞争者而言，都

① *Leo Strauss on Tyranny, including the Strauss-Kojève Correspondence*, ed. Victor Gourevitch and Michael S. Roth (New York: Free Press, 1991), pp.212, 193, 145, 205.

② 即借此转喻制订行动计划和详细规划的时代。——译注

是一个成长时期的困境：的确，这是一个生与死的问题。

生活政治批判

由于国家不再希望、允诺或者愿意充当理性的全权代表和理性社会的建筑师的角色，由于办公室里良好社会的行动计划正在分阶段地中止和废除，也由于形形色色的顾问、阐释者和经纪人接管了以前属于立法者的大多数任务，难怪，希望在解放行动中起到作用的批判理论，正沉浸在万分的丧亲之痛中。不只是假想的工具和手段，同时还有解放斗争的目标都破碎了；批判理论基本的、关键的困境，也就是批判话语围绕的中心，不可能从工具和手段的死亡中继续生存下来。有许多批判话语可能已经感觉到，自己行将没有主题。而且许多批判话语可能会——而且确实是——绝望地坚持正统的批判策略，只是为了漫不经心地证实，批判话语确实没有明确的主题，因为它的分析判断并没有触及当前的现实，并且它的建议正日益变得含糊不清；又有许多批判理论，坚持进行一场它们从中获得了技能的老式斗争，与将一个熟悉的可信的战场换成一个新的、尚未完全开发的、在许多方面是一个未知领域的领土相比，它们还是更喜欢这样一场老式斗争。

然而，同样地看，批判理论的成功机会（更不用说它的要求）并不在于坚守现在正变得日益模糊的生活形式，尽管批判理论家对在抗衡它们的过程中发展出来的形式、技巧和计划依然保持清醒。只是过去的解放之内涵（但并非现在的情况）——而不是解放任务本身——已经变得陈旧过时。其他一些东西也处于危险之中。解放事业这一新的议事日程一直在等着批判理论去忙碌。这个一直在期待着自己关键性的公共政策的新议事日程，正和对现代人类状况的那种“液化的”（liquefied）描述一起出现——而且特别的是，它紧 49
随源于那种状况的生活任务的“个体化”出现。

这个新的议事日程在前已述及的实际个体和法律个体——（如果你希望）通过法律手段来实施的“消极自由”（negative freedom）和很大程度上缺失的、无论如何也绝非普遍可行的“积极自由”（positive freedom）也就是真正的自主能力——之间的裂谷中形成了。这个新的境况，与《圣经》里的导致希伯来人背叛并离开埃及的境况并不相似。[1]“法老命令工头和监工，不要给他们管理的那些人提供在制作砖块时需要的稻草……‘不要理会他们，把他们的稻草收起来，但是看着他们，让他们生产出和以前一样多的砖头。’”当这个工头指出，除非供应充足的稻草，否则无法制造出足够的砖头，并把这个不合理的要求记在法老的账下时，他反而推卸失败的责任说：“你们太懒了，你们太懒了。”今天，没有法老会命令工头去严厉批评懒散的人。[即使是这种严厉批评也已被改变为由自己来完成自己的事情（DIY[2] job）并为自我鞭挞（self-flagellation）所取代。] 但是提供稻草的任务依然是今天权威的责任，而且砖头制作者被告知，只有他们自己的懒惰才会妨碍他们顺利地完成这项工作——并且首要的一点是，使之不能达到他们自己满意的程度。

---

① 此事是指，古代以色列人（即希伯来人）在摩西率领下离开埃及一事。此事载于《圣经·旧约》第二卷中的《出埃及记》。——译注

② DIY，是英语中的“do-it-yourself”的缩写。——译注

人类今天承担的责任，和它从现代时代开始之时承担的责任完全一样：除了服务于与其他独立个体联结在一起的网络外，他们还要把自己编入这样一个网络，并谋求个体生活的自立。那个职责永远也不会受到批判理论家的质疑。这样的理论家怀疑的是，人类个体被解放出来以完成分配给他们去履行的职责时，他们是否忠诚和得策。批判理论指责那些本应该为自我独断提供恰当条件的人口是心非、软弱无能：有太多的限制强加在选择自由的身上，而且在现代社会构成和运作的方法上，还普遍存在一种威胁要彻底废除自由、用强加的或者灌输的笨拙的同质性（homogeneity）来取代自由选择的总体主义的倾向。

这整个的自由行动者，都充满着不易作出判断更不用说去摆脱的矛盾。比如说在自造的身份中就存在着矛盾，它必须足够牢固
50 以便能以这种身份得到普遍认可，同时它还必须有足够的弹性，以不至于在瞬息万变、不断变化的环境中妨碍未来行动的自由。还有，人们的不牢靠的伙伴关系现在承载着比以前更大的期望，即使拙劣地制度化了，也根本不会因此而更少抵触这项加重的负担。还有，被重新占有的责任也境况悲惨，危险地航行在冷漠和强制的峡谷之中。还有，任何脆弱的共同行动仅有行动者依赖的热情和奉献，它还需要一个更为持久的黏合剂，以保持它的完整性，直到达到目的的那个时候为止。还有——将完全属于个人经历的经验概括为（generalizing）适于写进公共议事日程并变成公共政策事情的问题——这样一个臭名昭著的困难。这些只是手边的几个例子，但是它们却给我们提供了一种了解——希望把自己的学说与公共政策日

程再度相连的批判理论家面临的——挑战的视角。

在启蒙运动的“开明专制”（enlightened despot）中，正如在现代性的政治实践中已经体现的，最重要的是社会被理性地构建并运行着这一结果。不过，批判理论家对此提出质疑并不是没有很好的理由；他们怀疑，个体的愿望、要求和意图，个体的权力欲和性欲（libido formandi），个体形成的创造新的符号而不管它的功能、作用和目的的性格倾向，倘若不是前进路上可用的资源，那就是前进路上的障碍。为了反对那种实践或者那种推测的倾向，批判理论家树立了一种反对那种观点的社会理想，一种正是那些个体的愿望、要求、意图，以及他们的满意才最为重要并需要得到尊重的社会理想，树立这样一种因为那一原因，能对所有强加在芸芸众生之愿望上面的或者不顾这些愿望的、完美的计划发挥抵制作用的社会理想。对批判理论学派的多数哲学家而言，唯一被认可或可以接受的“总体性”（totality），是一个可能从创造性的行动和自由选择的个体中出现的“总体性”。

在全部的批判理论化中，存在着一种无政府主义的倾向：所有权力都遭到怀疑，只在权力那边才看到敌人的存在，而且自由的所有缺点和自由遭受的所有挫折，都归咎于这同一个敌人（即使军队缺乏士气，也要在他们的解放斗争中英勇奋斗，一如在“大众文化”的争论中所做的那样）。危险可能会从“公众”那边到来，灾 51
祸也会突然从那边降临，公众总是迫不及待地侵犯“私人”“个体”和“主体”的空间。但是，对存在于狭窄的或空泛的公共空间里的危险，以及对相反的侵犯的可能性，即私人对公共空间的占领的思考，却要更少甚至微乎其微。而且在今天，那种被低估没有进行充分探讨的可能结果已经变成了解放的首要障碍——解放，在现在这个阶段，只能被描述为把个体法律上的自治转变成实际上的自治。

公共权力意味着个体自由的不完全性（incompleteness），但是公共权力的退却和消失，则意味着在法律意义上取得胜利的自由实际上的无能。现代解放的历史已经从面临第一种危险改变为面临第二种危险。借用伯林（Isaiah Berlin）的说法，人们可以这样说，一旦人们为“消极自由”奋斗过并赢得了胜利，把“消极自由”变为“积极自由”——这是一种确定选择的范围的自由，并是一种确定作出选择的时间表的自由——所需要的手段也已经破裂和瓦解了。公共权力已经失去了它的多数令人可恶的压制性的能力，但是它也失去了很大一部分为别人提供条件并授权别人的能力。解放的斗争并没有结束。但如果进一步推进下去，它就必定让多数因解放历史而竭尽全力地加以毁灭和推开的东西死而复生。**在今天，任何真正的解放，需要的是更多而不是更少的“公共领域”(public sphere)和“公共权力”**。为了增强而不是削弱个体的自由，现在正是公共领域非常需要得到保护以免受私人入侵之时，虽然这似乎自相矛盾。

就如平常一样，批判思想的职责，是发现堆积在通向解放路上的障碍。鉴于它今天的使命的特性，迫切需要加以检测的主要障碍，与正在增长的困难密切相关——在将私人问题转换成公共问题，在将普遍的私人困扰凝结并聚合成比个体要素之和还要大的公共利益，在将“生活政治”的乌托邦重新集中化和私有化，以便它们能够再一次地开始具有“良好社会”和“正义社会”的理想模型时遇到的困难。当公共政治脱卸它的功能并由生活政治来接管时，众所周知，法律意义上的个体在变为事实上的个体的努力过程中遭遇的问题，最后证明并不具有累加性、累积性和渐增性，因此，除 52
了私人的担忧得到承认并得到考虑的地方外，公共领域所有的东西都应被剥夺掉。同样地，个体化不仅表现为一条“单行道”，而且它看来还破坏了——正如它正在这样做的——所有可以想象的、能用于完成它过去的目标的工具。

这种使命使得批判理论要面对一个新的收信人。一旦开明君主从他的会客室中离去，老大哥（Big Brother）的幽灵就不会再在这个世界的屋子和地牢中徘徊。在批判理论新的、流动的现代的、急剧收缩的版本中，他们二者都在个人生活政治的微小王国里找到了避难之所；对个体自治——这种个体自治除了在一个自治的社会中，并不能自己实现——的威胁，正是应该到那里去发现；而个体自治的机会，也正是应该到那里去找寻。要寻求一种可以替代的共同生活，必须从对生活政治替代品的仔细观察开始。

第二章

个体性

第二章　个体性

现在你看，为了保持同样的名次，你已经费尽了力气。如果你想取得更好的名次，速度就必须至少快一倍。

刘易斯·卡罗尔（Lewis Carroll）[①]

不到五十年前，出现了一场关于凶兆预言的争论，它涉及的是，在这个不祥之兆中，什么才是令人害怕的，如果不能及时阻止它，人类未来又必将产生何种恐怖。而人们很难记住也更难以理解的是，这场争论竟然是在赫胥黎的《美丽新世界》和奥威尔的《1984年》之间进行的。

既然这两个反面乌托邦生动描绘的两个世界，是如此截然不同，那么毫无疑问，这场争论一定是非常认真的。奥威尔笔下的世界，是一个破旧失修、一贫如洗、供应不足、万物匮乏的世界；赫胥黎描绘的世界，则是一个富裕奢华、铺张浪费、供应过剩、厌腻饱足的世界。可以预料，生活在奥威尔的世界中的人们，是充满悲惨和恐惧的；而赫胥黎笔下的人们，却是无忧无虑、充满快乐的。它们还有其他同样明显的差别；事实上，这两个世界在每一个细节

① 刘易斯·卡罗尔（1832—1898），英国儿童文学作家、数学家，真名C. L. Dodgson，主要作品有《爱丽斯漫游奇境记》《镜中世界》等。——译注

上都是互相对立的。

然而，也有将两种幻境连在一起的东西。（没有它的存在，这两个反面的乌托邦彼此根本无法对话，更不用说是相互争论了。）它们共同的预言是：这是一个严密控制的世界；一个个体的自由不只是沦落为假象或不复存在，而且还为训练成遵守命令和按部就班的人们所深恶痛绝的世界；一个一小部分精英在手中控制着所有的
54 木偶提线以致其他的人都像木偶那样走过一生的世界；一个被划分为管理者和被管理者、设计者和设计的遵从者——其中第一类人让设计符合自己的心意，而第二类人既不希望也不能够去窥探行动计划并抓住它的全部意义——的世界；一个作出对它自己都几乎是不可思议的选择的世界。

未来储备的是更少的自由，准备着的是更多的控制、监视和压制，这个问题并非争论的一个部分。奥威尔和赫胥黎在世界的终点和目标问题上，并非意见不合，他们只是在不同地设想一条将我们带到那个地方的道路，而我们只要保持足够的愚昧无知、懒惰平静以听任事情顺其自然地发展就够了。

沃波尔（Horace Walpole）[①]在1769年写给霍瑞思·曼（Horace Mann）的信中说："对那些在思想的人而言，这个世界是一出喜剧，而对那些在感觉的人，它又是一个悲剧。"但是，"悲剧性的"（tragic）和"喜剧性的"（comic）这两个词的含义会随时间而发生改变，并且在奥威尔和赫胥黎拿笔去勾勒悲剧性的未来时，他们都

① 沃波尔（1717—1797），英国作家，著作颇丰，以其英国第一部哥特式小说《奥特朗托堡》和可以概观当时社会政治情况、风俗情趣的3 000多封书信闻名。号称牛津第四郡长。——译注

感到这个世界的悲剧是，它顽固地、不可驾驭地让权力日盛的控制者和其他日渐无力的被控制者走向分裂。同时困扰两位作者的噩梦般景象，是芸芸众生不再能对他们的生活负起责任。其他时代的思想者，比如说亚里士多德和柏拉图，无法想象一个没有奴役的良好社会或邪恶社会；与他们非常相似，赫胥黎和奥威尔也不能想象这样一个社会——无论这个社会是幸福的还是悲惨的，它会没有管理者、设计者和监督者来联合制定别人必须遵从的规章条文，逐步实行来让这些规章制度时刻挂在行动者的嘴上，而且把每一个想自己创造规则的“叛逆者”烧死或打入地牢。他们也无法想象一个没有控制塔和控制台的社会。他们那个时代的恐惧，和那个时代的希望与梦想一样，徘徊在最高指挥部（Supreme Command Offices）的头上。

资本主义——沉重的和轻灵的

尼格尔·斯累夫特（Nigel Thrift）也许已经在有别于“创世记话语”（Genesis）的“约书亚话语”（Joshua discourse）[①]的标题下[在斯累夫特看来，是一种教育人们如何像人那样生活的“纯理语言”（metalanguages）[②]]，编辑好了奥威尔和赫胥黎的故事集。[③]“尽

① Joshua，即约书亚，《圣经》故事中的人物，摩西的继承人，以色列人的军长。又指《约书亚记》，此乃《圣经·旧约》中的一卷。而 Genesis，是指《圣经》中的《创世记》。——译注

② 指用来分析和描述另一种语言亦即对象语言的语言或一套符号。——译注

③ Nigel Thrift, “The rise of soft capitalism”, *Cultural Values*, 1/1, April 1997, pp.29-57. 在此文中，斯累夫特创造性地发展了乔伟特［Kenneth Jowitt, *New World Disorder* (Berkeley: University of California Press, 1992)］和塞雷斯［Michel Serres, *Genesis* (Ann Arbor: University of Michigan Press, 1995)］提出的概念。

管在约书亚的话语中，秩序（order）是常态而混乱（disorder）是
55 例外，但是在创世记话语下，混乱是惯例而秩序是例外。”在约书亚的话语体系中，“世界（这里引自乔伟特）被集中地组织，被严密地限制着，并疯狂地关注着不可逾越的边界”。

我认为，秩序的意思是指单一性（monotony）、稳定性（regularity）、重复性（repetitiveness）和可预见性（predictability）；在一个情境中，某些事情比在其他的情境中发生的可能性要大得多，而其他的事情更不可能发生或者是根本不可能发生。有且只有在这种情况下，我们才能把这种情境称为是“有秩序的”。同样这还意味着，在某地的某人（个人的或非个人的至高无上的力量）必须干预这种可能性，未雨绸缪，控制局面，密切注意那些事情以使之不会随意地发生。

约书亚话语下的整齐有序的世界，是一个被严密控制的世界。那个世界的每一件事情都服务于一个目的，即便在目的是什么都并不明确的情况下（在当今这个时代，这种情况只有一些，但是永恒地来看，这种情况又是大多数）也是如此。在那个世界，没有为可能缺乏价值和目的的东西准备空间。而且在那个世界里，没有任何一种价值会被承认为正当的目的。这种被认可，是为了有秩序的整体的生存和延续。这个秩序本身而且也只有秩序才不要求有正当性；这即是说，只有秩序并不要求有“它自身的目的”（its own purpose）。它就是这样，我们并不能寄望于它会消失：这就是我们需要或能够知道的关于它的情况。也许它的存在，是因为上帝把它放进了他的一次性的神圣的创造行动中；或者是因为人们（像上帝

一样的人们）在他们持续的设计、建设和管理的工作中，把它放置在那儿并让它延续下去。在我们这个现代时代中，因为上帝正在延长休假，设计和服务于秩序的使命就落在了人类的肩上。

正如马克思发现的，统治阶级的思想，注定要成为占有统治和支配地位的思想（根据我们对语言和它的用法的理解，这是一种语句累赘的观点）。至少二百年了，一直是资本主义企业的经理们在统治着世界——是他们在使可行的事物与不合情理的事物分开，使理性的事物与非理性的事物分开，使明智的事物与荒唐的事物分开；除此之外，他们还决定和限定选择的范围，在这一选择范围中，人们生活的轨迹也得到了限制。因此，正是他们对世界的幻想和想象，连同在他们的幻想和想象的外表下被塑造和重塑的世界本身，给这个占统治地位的话语注入了内容。

直到不久前，占统治地位的话语是约书亚话语；现在，统治性 56
的话语渐趋变成创世记话语。但是与斯累夫特暗指的意思相反，当今企业界和学术界——世界的创造者和世界的阐述者，在同一话语下的会合，这并无新意；它并非新资本主义［斯累夫特把它称为柔性（soft）资本主义］和知识渴求（knowledge-greedy）的资本主义绝无仅有的特质。迄今为止的两个世纪以来，除了资本主义幻想和实践积淀下来的研究领域外，学术界并没有在自己的概念网中来理解、反思、描绘和阐释其他的领域。二百年来，企业界和学术界一直处于一种会合的状态之中，即便因为它们没有能够相互对话和交流，而给人一种相互保持距离的印象。而且，就像今天一样，这个会合的场所总是由企业界来指定和提供的。

给约书亚话语以支持并使它变得真实可信的世界，是福特主义的世界（Fordist world）。[“福特主义”（Fordism）一词，首先是由葛兰西和亨利·德·曼（Henri de Man）在很久以前第一次使用的，然而，与黑格尔的《密涅瓦[①]之鹰》（Owl of Minerva）的习性一样，“福特主义”一词被重新发现、一举成名并广为应用，只是在福特主义实践如日中天时才开始的。] 在阿兰·利皮茨（Alain Lipietz）的回顾性描述中，鼎盛时期的福特主义同时成了工业化、资本增益与管理的典范。

> 它是预期的调节方式与经理个体对资本积累体制集中性原则的矛盾性行为的结合……
>
> 产业范式包括了由理性化外加连续的机械化构成的泰勒[②]制（Taylorian principle）。那个“理性化”建立在体力劳动和脑力劳动这一分工基础上……社会知识从上层脱离出来被加以系统化，并被融进设计师的机械中。当泰勒和泰勒制下的工程师们在20世纪第一次引进这一制度时，他们的明确目标是要强化对工人的管理控制。[③]

但是，福特主义模式，并不只是整个世界观建立形成以及它雄伟地超出全部生活经验的认识论基础。在所有的时间里，人类认识

① 密涅瓦，是罗马神话中专管智慧、艺术、发明和武艺的女神，相当于希腊神话中的雅典娜。——译注

② 泰勒（Frederick Winslow Taylor，1856—1915），美国发明家和工程师，以创立科学的管理制度泰勒制而被称为“科学管理之父”，著有《科学管理原理》及论文《论传送带》《计件工资制》等。——译注

③ Alain Lipietz，“The next transformation”，in *The Milano Papers: Essays in Societal Alternatives*，ed. Michele Cangiani (Montreal: Black Rose Books，1996)，pp.116-117.

世界的方式往往是人类行为的最初形态（praxeomorphic）：它总是为那时的技术知识（know-how of the day）、人们能做什么和他们通常如何去做所型塑。福特主义的工厂，因为它在设计与执行、倡议与服从命令、自由和遵从、发明和决策之间的严谨的分离，因为在 57
这些二元对立中的对立物的严密的联结，以及命令从每一对关系中的第一个要素向第二个要素的顺利传递，毫无疑问是迄今为止以秩序为目标的社会工程的最高成就。难怪它为每个试图理解人类现实在各个层次——既包括全球性的社会的层次，又包括个体生活的层次——上如何运转的人，定下了一个参考性的隐喻的框架（即便这个参考框架没有得到借鉴）。它的公开的或隐蔽的存在，在景象上显然很容易被追溯到帕森斯理论的自我再生产的、受“核心的价值丛”（central cluster of values）支配的“社会系统”，还可溯源到萨特的作为本体建设的自我毕生奋斗的“生活计划”（life project）。

确实，没有什么东西能够替代福特主义的工厂模式，也没有什么严重的障碍能够阻挡福特模式向社会的每一个缝隙和角落扩散。就这一点而言，奥威尔和赫胥黎之间的争论，最多只是一个家庭口角。毕竟，共产主义只是希望清除福特模式存在的污染（还有它的瑕疵）——清除那些妨碍最终彻底战胜不测与偶然事件的，使得理性计划一无是处的市场产生的致命混乱。用列宁的话来说，如果社会主义成功地把苏维埃权力和苏维埃的管理机构与最近资本主义的进步结合起来的话，那么社会主义理想就能实现。[①]然而这个“苏维埃的管理机构”对列宁而言意味着，它能够为“最近资本主义的

① V. I. Lenin, “Ocherednye zadachi sovetskoi vlasti”, *Sochinenia*, 27, February-July 1918; Moscow: GIPL, 1950, pp.229-230.

进步”（正如他一再重申的，劳动的科学的组织）从工厂围墙内泻落出来，为渗透进整个社会生活提供条件。

福特主义是处于“沉重的”“庞大的”或者“静止的”和“根深蒂固的”“固态的”时期的现代社会的自我觉醒。在资本、管理和劳动共处的那个历史时期，它们都或好或坏地注定会在未来很长一段时间内（也许是永远）保持另一种聚合的状态——它受大型工厂建筑、重型机械和大规模的劳动力的约束和限制。为了生存，更不用说高效率地行动，它们不得不去“掘壕固守”，划定界限，并
58 用铁丝网和壕沟来标明它们的边界，同时将堡垒建得足够大，以容纳在承受旷日持久的，或许是没有指望的包围中必需的每一件东西。沉重的资本主义，迷恋于庞大身躯和大的规模，且由于这一原因，而迷恋于边界、迷恋于使它变得滴水不漏和不可逾越的东西。亨利·福特的天才创造，在于发现了一个将他的产业堡垒的所有卫士守在城墙内的方法——以抵挡叛变和改变立场的诱惑。正如巴黎大学经济学家丹尼尔·科恩指出的：

> 有一天，亨利·福特突然决定给他的工人增加一倍工资。他在庆祝辞里公开声明的理由是，“我希望我的工人能够得到足够的报酬，以买得起我的汽车”，很明显，这个原因只是一句笑话。他的工人的购买只占他的销售份额的微不足道得可笑的一小部分，而付给他们的报酬却能给他带来比他付出的成本大得多的价值……提高工人工资的真正的原因，是福特面临的可怕的劳动力的转移。他决定给工人暴涨工资是为了把工人固定在这一链条上……[1]

① Daniel Cohen, *Richesse du monde, pauvretés des nations* (Paris: Flammarion, 1997), pp.82-83.

用科恩的话说，这条使工人目不转睛地盯住自己工作岗位和阻止工人流动的看不见的链条，就是“福特主义的核心”。这一链条之被摧毁，也是在生活经历上的与福特主义模式的衰弱和加速死亡相联系的决定性、转折性的变化。科恩评论说：“以微软公司为事业生涯起点的人，对于事业生涯在何处结束毫无把握。恰恰相反，以福特公司或雷诺公司为事业生涯起点的人，对在这同一个地方的事业生涯的自然发展，需要一种近似的确定性。”

在资本主义的沉重时期，资本像劳动力一样固定在那个领域。现在，仅仅通过一个只包括公文包、移动电话和笔记本电脑的行李箱，资本就能轻松地流动。它几乎可以在任何地方作短暂停留，只要自己不满意，它在任何地方都不需要待得太久。另一方面，劳动依然像它过去那样纹丝不动——但是，它曾经希望被固定在那儿的地方，已经一劳永逸地失去了它过去的固定性；它徒劳地寻找落脚的乐土，没想到会落在脆弱不堪的沙地上。这个世界有一些居民在运动着；但对于剩余的人来说，却是世界本身拒绝保持静止状态。一旦立法者、法官和最高上诉法院合而为一，而这个世界看起来又越来越像一个把号牌挂在胸前、设置陷阱并等着由它来进行欺骗的运动员，约书亚话语听起来就会觉得是空洞无物的。

“沉重的资本主义”轮船上的乘客相信（毫无疑问，并不总是
明智的），被授予特权登上船长舱的选定的船员能够将这艘巨轮驶 59
向它的目的地。这些乘客全神贯注地学习并遵守专为他们制定的、用醒目的字体挂在每一条过道上的规则。如果他们发发牢骚（或者有时甚至发生骚乱），那就是他们因船长不尽快地将轮船驶向港口

或者是因船长特别不注意乘客的舒适，而反对船长。另一方面，乘坐“轻快的资本主义”（Light Capitalism）飞机的乘客则发现自己对这一情况的恐惧：驾驶舱空无一人，而且没有法子从标有“自动驾驶”字样的神秘的黑匣子中获得任何这方面的信息：飞机正在哪里飞行，将在哪里着陆，谁来选择着陆的机场，是否有为让乘客安全抵达而必须遵守的规则。

有汽车，就能旅行

我们可以说，在资本主义统治下的世界事情的转变，原来就是马克斯·韦伯在选择官僚制度作为社会原型并把它描绘成理性行为勉强的形态时，他预期的和信心十足地预言的东西的对立物。从当今沉重的资本主义［那个创造“钢铁般的外壳”（steely casing）的词语的人，是不可能意识到“沉重”（heaviness）仅仅是资本主义一定时间内的一个特征，不可能意识到资本主义秩序的其他特性也是可以想象并即将来临的］实践来推断他对未来的想象，可以说韦伯预见到了工具理性即将取得胜利：人类历史的终点就和一个开着和关闭的箱子一样，人类行动的目标问题也已解决，再也不会引发争论了。这样，人们将要全力关注的问题主要就是或许也只是手段和方法的问题了：未来将会沉迷于手段和方法（means-obsessed）。所有进一步的理性化，都将体现在对方法和手段的加强、调整和完善上，这一点已成定局。知道人的本质中的理性能力将会持续遭到
60 感情倾向和其他非理性倾向的削弱这一点，人们可能就会怀疑，对

目标的争论将不可能永远完全停止；但是在将来，那种争论将会遭到当前受持续的理性化推动的主流的蔑视，并被留给那些忙于至高无上的（和决定性的）生活事务极限的预言家和鼓吹者。

韦伯还把另一种目标取向的行动称为“价值理性”（value-rational），不过他的意思是指“为了其本身的缘故”对价值的追求和“对外在成功的任何希望的独立追求”。他还作出澄清说，他心中的价值是一种道德伦理、美学和宗教上的价值。也就是说，对于计算即对它推动的理性行为来讲，它如果不是起着彻底的破坏作用，也是属于几乎被现代资本主义降格并宣称为多余的并且毫无意义的那种类型。[①] 我们只能这样猜测，在布尔什维克革命——它似乎要驳斥那种认为目标问题已经一劳永逸地解决了的结论，相反它还暗示，在某些人坚持自己理想的时候，新的情况还有可能出现，只是达到目的的机会非常小，而尝试的代价又非常高——的强烈冲击和影响下，韦伯想到了把价值理性作为一个事后的想法而加进他的行为类型的清单中的必要性，这样，对适于确定目标的计算方法的唯一合理的关注就将被转移。

不管在韦伯的历史计划中“价值理性”这一概念多么有用，但如果有人想要抓住当今历史转向的本质，这一概念就毫无用处。即使当今轻灵的资本主义背离了工具理性秩序之理想类型，它也并非韦伯意义上的“价值理性”的资本主义。在韦伯式的价值理性与轻灵的资本主义之间，距离看起来非常非常遥远：如果在历史中价值是被绝对信奉的，那么在今天可以非常肯定地说不是这种情况。在

① Max Weber, *The Theory of Social and Economic Organization*, trans. A.R. Henderson and Talcott Parsons (New York: Hodge, 1947), pp.112-114.

资本主义由沉重向轻灵过渡的过程中确实发生了的事情是，能够让最高法院的价值“绝对化”（absolutizing）——这意味着通过了有关什么是值得追求的目标的、不准上诉（no-appeal-allowed）的裁定——的无形的“政治局”（这一机构是独立的，而且也是约书亚话语的核心）已经消失。

在不存在一个最高权力机关（或者更确切些，如果存在许多相互争夺绝对优势的权力机关，任何一个机关都不会夸耀自己获得了赢得竞争的比赛机会）的情况下，目标的问题再一次被推到易遭猛烈攻击的位置，而且一定会成为无尽痛苦和多数犹豫不决的原因，
61 它会削弱人们的信心，并使人们对绝对的不确定性产生一种紧张不安的感觉，并因此而出现一种持续的焦虑不安的状态。用舒尔茨（Gerhard Schulze）的话来说，这是一种新型的不确定性：“是一种不知何为终点目标的不确定性取代了传统的不知何为工具方法的不确定性。”[1]在知识不完全的条件下，不再是试图去检验以既定目标为标准的方法和手段（那些已经获得的和那些被认为是需要并正在急切地寻找的方法和手段）的问题。在面临所有知道的或只是猜测的风险的情况下，考虑到占有的方法和手段的数量和它们微不足道的持续有效的机会，恰恰相反，是在许多流动的充满诱惑且又能够达到（指那些能够理性地追求）的目标中，考虑和决定哪些目标享有优先权的问题。

在新的情况下，问题是，多数人的生活和多数人的生命将在目

---

① Gerhard Schulze, “From situations to subjects: moral discourse in transition”, in *Constructing the New Consumer Society*, ed. Pekka Sulkunen, John Holmwood, Hilary Radner and Gerhard Schulze(New York: Macmillan, 1997), p. 49.

标选择的折磨中度过，而不是在寻找并不要求反思的实现目标的方法和手段中度过。与它的前身相反，轻灵的资本主义注定是迷恋于价值的。登在“求职”栏目中的作者身份不明的“有汽车，就能旅行”的小广告，可以当作生活新问题的缩影，与之相比的是属于当今科学技术研究所和实验室领导们的问题：“我们已经找到了解决办法。现在让我们再去发现一个问题。”“我能做什么”的问题已经支配了行动，并使“如何才能将无论怎样我都必须做或应该做的事情做得最好”这一问题相形见绌，不值一提。

随着最高权力机关监视着世界日常按部就班运转，并严密守卫错误与正确之间不再一目了然的边界，这个世界就变成了一个各种可能性的无限集合体：一个在它的边缘充满无数的尚在寻找或已经失去的机会的容器。它比任何个体生活都有更多（充满痛苦地多出）的可以努力去发掘更不用说是去采用的可能性，不管这种个体生活是多么长久、勤勉和敢于进取。是机会的无穷无尽性(infinity)，占满了那个紧随最高权力机关的消失而来的、空空如也的地方。

难怪在这些日子里并没有描写反面乌托邦的作品：后福特主义的（post-Fordist）、流动现代性的、自由选择的个体之世界，并不担心将会惩罚那些越界者的阴险的老大哥（Big Brother）。然而在这样一个世界中，并没有为善良的、关心人的大哥哥（Elder Brother）——他是一个当要决定什么东西值得去做或者值得拥有，并且是一个在他的小弟弟去争取这些东西时，能保护他们免受挡在 62
前进道上的恶棍伤害的、值得信赖和依靠的大哥哥——留下多大的空间；因此，也没有出现描写良好社会的乌托邦的作品。这也就是说，对个体而言，所有事物都没有确定下来。去发现自己能够做什么、去尽可能地扩大这种能力、去选择那种使能力可以发挥得淋漓尽致的目标——实现自己可以想象的最大限度的满足——倒是个体义不容辞的责任。将没有意料到的东西驯化成一种乐趣和快乐，倒是个体义不容辞的责任。①

生活在一个充满机会——每一个机会都比前一个机会更为刺激和诱人，每一个机会都为最后一个机会提供补偿，并为向下一个机会的转变提供基础②——的世界，是一件激动人心的事情。在这样一个世界中，几乎没有什么东西是事先决定了的，甚至于没有什么事情不可改变。很少有失败是最终的失败，也很少有什么灾难——如果有的话——不可逆转；也没有什么胜利是最后的胜利。因为可能性是无限的，没有任何事物会被承认化成了永恒的现实。它们最好还是保持一种液体和流动的状态，并附上一个有效日期，以免造成剩余机会无法进入而未来激动人心的活动被消灭于萌芽状态之结果。正如梅洛斯科（Zbyszko Melosik）和兹库德拉雷科（Tomasz Szkudlarek）在他们对身份认同问题富有创见性的研究中指出的③，生活在明显的无限机会（或者说，至少在比一个人能够合理希望的机会还要更多的机会）中间，给人们提供了一种“成为要人的自由”（freedom to become anybody）的甜蜜滋味。这种甜蜜在品尝

① Turo-Kimmo Lehtonen and Pasi Mäenpää, “Shopping in the East-Central Mall”, in *The Shopping Experience*, ed. Pasi Falk and Colin Campbell (London: Sage, 1997), p.161.

② David Miller, *A Theory of Shopping* (Cambridge: Polity Press, 1998), p.141.

③ Zbyszko Melosik and Tomasz Szkudlarek, *Kultura, Tozsamosc i Demokracja: Migotanie Znaczen* (Kraków: Impuls, 1998), p.89.

之后有一种苦味，不过既然这种“变成”（becoming）多少表明任何东西都没有结束，每一件事情都还在前头，那么这一“变成了要人”（being somebody）的状况（“变成了”就说明安全了），就意味着裁判结束比赛的最后哨声吹响了：“当终点已经到达，你也就不再自由了；当你变成了一个要人时，你也就不是你自己了。”这种未完成（unfinishedness）、不彻底（incompleteness）和欠决（underdetermination）状态也就充满了风险和焦虑；但是它的对立物也没有带来纯粹的快乐，既然它阻止自由需要之物处于开放状态。

游戏仍在继续，很多事情还要发生，生活可能提供的关于奇迹的清单远没终止，意识到这点是非常值得高兴和令人满意的事情。没有任何已经得到检测并被专用的东西，能够确保不会衰退并保证持续下去，这种怀疑就好像是一大桶可口的油料食物上的众所周知的苍蝇。损失会抵消收获。生活注定要航行在收获和损失之间，没有任何水手能吹嘘说，自己已经找到了一条安全的（更不用说是能免除风险的）航线。

这个充满可能性的世界，就好像一张摆满各种可口小菜的餐 63
桌，它太丰富，以至就是最为饥不择食的食客也无法将它们一一品尝。这些就餐者又是消费者，消费者面临的最为繁重和恼人的挑战是，确立优先权的必要性：抛弃一些未经探明的选择，并让它们保持未被探明的状态的必要性。消费者的痛苦，源于选择的过量而非选择的不足。“我是否充分地、最大限度地使用我的方法和手段？”这个问题是令消费者最为苦恼并引起失眠的问题。正如比安奇（Marina Bianchi）在一项由经济学家进行的、对生活消费品的销售者心中所想所作的集体研究中所说的：

> 就消费者来说，目标的作用……是空泛的……
>
> 目标要求手段与它保持一致，但是目标本身是不能理性地加以选择的……
>
> 在假定的意义上说，是消费者而非企业，才可能永不犯错或者永远不被发现犯错。[①]

不过，即使你可以永不出错，但你也不能确定你永远都是对的。如果不存在错误的行动，那就没有任何东西可以把一个行动区分为更好的行动，在它的许多选择中，也就没有任何一个行动能被认为是正确的选择——既不在这一行动之前也不在这一行动之后。犯错误的危险不可能发生，这是一件复杂的值得庆幸的事——既然它要求的代价是永久的不确定性和一个永远不可能满足的期望，那么这就是一件令人生疑的好事。对销售者而言，这是一个可望生意兴隆的好消息，而对购物者来说，却要处于痛苦之中。

不要告诉我；做给我看

沉重的、福特主义模式的资本主义，是立法者、规则设计者和监督者的世界，是一个以别人确定的方式，来追求由别人确立的目

① Marina Bianchi, *The Active Consumer: Novelty and Surprise in Consumer Choice* (London: Routledge, 1998), p.6.

标的、受他人指引的男人们和女人们的世界。因此，它还是一个领袖（他更具理解力，比常人理解得更好）权威和导师（他能告诉你如何才能比你现在做得更好）权威的世界。

轻灵的、对消费者有利（consumer-friendly）的资本主义并没有彻底破坏立法者的权威，也没有使它们显得多余。它只是导致了并容许太多权威同时存在，以至对任何一个权威来说，都不能长久 64
地掌权，更不用说是成为唯一的权威。与过失不同，真理只有一个，并且只有在它是唯一的情况下它才被承认为真理（赋予它宣布“任何对它的取代都是错误的”这一权力）。一提到“许多权威”，就觉得这在语法上是矛盾的。当出现许多种权威时，它们往往会相互抵消，而且这一领域的唯一有效的权威，是在众多权威里必须作出选择的人。正是因为作出选择的人的作用，才使得自称的权威变成了真正的权威。权威不再发号施令，而只是一味地去迎合作出选择的人，并说服和引诱他们。

“领袖”是这样一个世界的副产品和必要的补充物，这个世界以“良好社会”或“公正和高尚社会”为目标，而同时又在限定并努力抑制它的遥远的、不合适的或坏的替代物。这个“流动的现代性的”世界却不是如此。撒切尔夫人的“不再有诸如社会一样的东西了”这一臭名昭著的口号，同时也是对资本主义性质变化的敏锐反思，这是一个意向声明，是一个自我实现预言。随之而来的是，大大有助于让这句话变成现实的标准的保护性网络的摧毁。“没有社会”意味着没有积极的和消极的乌托邦。正如德拉克（Peter Drucker）这个轻灵资本主义的权威所指出的，“不再有社会救济了”——这是要含蓄地表明（尽管这与其说是任务不如说是疏忽懈怠）承担惩罚不是社会的责任：罪孽和赎罪一样是你自己一手酿成的，而且你这个自由行动者自由地处理你的生活之结果，也只与你自己有关。

当然，并不缺乏声称了解内情的人，而且在这些了解内情的人中，有许多人有为数众多准备赞成的追随者。然而这些“了解内情”的人，甚至那些知识能力（knowledgeability）并没遭到公开质疑的人都不是领袖；充其量，他们只能算是顾问——而且领袖和顾问之间的关键差别是，领袖是被追随和跟从的，而顾问需要被雇用并且可以被解聘。领袖需要并指望纪律，顾问则最多只能指望领袖的自愿听从和注意。他们只有通过迎合领袖，才能赢得领袖的这一意愿。他们之间另一个关键性的差别在于，领袖在“个体之善”和“大家之善”，或者在［正如米尔斯（Wright C. Mills）所说的］
65 “私人困扰”和“公共问题”之间，扮演着一个双向翻译（two-way translators）的角色。而顾问则相反，唯恐永远离开这一闭关自守的私人领域。疾病是个人的，治疗也是如此；困厄是私人的，解除困厄的方法也是私人的。顾问们提供的建议适合于生活政治，而不适合于真正的名副其实的政治；他们的建议提到的只是被建议的人可以为他们自己单独地行事，每个人都可以为他自己行事——而不是一旦他们把他们的力量联合起来，他们就可以一起让他们中的每一个人获得什么。

在一套极其畅销的“指南”丛书中，其中的最佳畅销书（此书自从 1987 年出版后，共发行了五百万册）的作者比蒂（Melody

Beattie）曾警告 / 劝告他的读者："让我们自己疯狂的最为可靠的方法，是参与其他人的事务；而让我们变得清醒和愉快的最为快捷的方法，是料理自己的事务。"此书的迅速成功是因为它的《不再相互依赖》（*Codependent No More*）这一撩人的书名，它浓缩了此书的信息：试图去解决别人的难题，会使你变得具有依赖性，而这又意味着让你自己成为命运——或者更为准确地说，你自己无法抓住的东西或你无法控制的人——的人质；因此问心无愧地去留意你自己的事情，只去留意你自己的事情。为别人做事你将得不到什么东西，反而会使你从没有人能做而只有你自己能够处理的事情中转移注意力。作为一种更为人们所必需的慰藉、免除责任和许可，对所有那些喜欢自行其是、被迫听从巴特勒（Samuel Butler）的"愉快毕竟是一个比权利或义务更为安全的路标"之劝告，遵从或违背自己更好的判断都会受良心谴责的人来说，这个消息听起来很讨人喜欢。

"我们"（We），是一个领袖使用最为频繁的人称代词。对于顾问们来说，他们很少用到它："我们"只是"我"（I）的集合，不像涂尔干的"团体"（group）概念，它并不比它的部分之和更大。在咨询会议结束前和在会议开始前，提出建议的人都一样孤立。要说有什么区别的话，只是在会议结束前加强了他们的孤立：他们对自己将会沉溺于手段和策略之中的预感，已经得到证实并且快要变成事实。无论他们的建议有些什么内容，它们也只是提到这些东西：被建议的人必须自己行事，完全承担起恰当地处理事务的责任，并且不要因为只能归咎于自己的失误和疏忽而出现的不愉快的结果，从而责备他人。

66 最成功的建议者，是一个了解这一事实的人：咨询服务的接受者希望得到的是一个教训实例（object-lesson）。假如困难是这样一个仅凭个体的个人努力就能独立地加以解决和应对的东西，那么寻求建议的人需要（或者相信他们需要）的就是，其他的男人或女人们在面临相似的困难之时如何处理这一事情的事例。而且，他们需要他人的事例还有更为重要的理由：更多的人只是感觉到自己的不愉快，而不能够确认并指出他们不愉快的原因。“不愉快”这一情绪过于冗蔓和不确定；它的轮廓是模糊的，根基是分散的；为了将这个相当模糊的对幸福的追求锻造成一个特殊的任务，它还需要变得更加明确些和实际些——需要反复推敲它的形状和含义。看看其他人的经历——看看其他人所受的折磨和痛苦——人们就会希望去发现并查明这一引起他不愉快的困扰，给它取上一个名字，并且这样就会知道，从哪里去寻找阻止并战胜它的方法。

在解释《简·方达锻炼手册》（*Jane Fonda's Workout Book*，1981）一书现象级的畅销和此书为成千上万美国妇女所提供的可随意使用的自我锻炼技巧时，拉德纳（Hilary Radner）指出：

> 教练展示的只是一个示范……而不能把自己当成一个权威……训练者是通过认同外在于她自己的那一作为范例的身体呈现给她的图景，来塑造自己的体形的。

简·方达对她所提供的东西相当坦率，对她的读者与观众应该学习的榜样也相当坦率，她说：“我喜欢这样认为：我的身体的许多部分是我自己的作品，是我自己的血液和内脏。这是我的责任。”[①]方达对每个妇女的启示是，把她的身体当成是她自己的所有物（即当成是我的血液和内脏）、自己的作品（即当成是自己的表现），首要的是当成是她自己的责任。为了维持和加强后现代人们对体形的自我迷恋、孤芳自赏（amour de soi），她求助于对正好是前-后现代（pre-postmodern）——实际上是比现代（modern）更为前现代（pre-modern）——的工艺天分的记忆（与之并列的是这一倾向，即消费者借助财产来对自我身份进行认同）：我创作的作品和我倾注在它的制作上面的技能、专注和细心一样好（也不是更好）。无论结果如何，我都不会感激其他任何一个人（当然也不会 67
正如情况可能的那样去责备其他任何一个人）。这个启示的主要方面也毫不含糊，即使它没有用与下面这句话一样清晰的语言来加以详细说明：你应该给予你的躯体以考虑和关注，而且如果你忽视了这一职责，你将感到内疚和羞愧。你的躯体的不完美，这是你的罪过和耻辱。但是赎回罪孽却受到有罪者的支配，而且只受他的支配。

让我们借拉德纳的话来重申一遍：说起所有的这些，方达并没有让自己来充当权威（立法者、规范制定者、传道士或者导师）这一角色。她正在做的就是“把自己当成是一个榜样和范例”。我声名远播，受人爱戴；我成了人们渴望和敬重的偶像。这是为什么呢？无论可能的原因是什么，情况如此，那是因为我让它如此。看

① Hilary Radner,“Producing the body: Jane Fonda and the new public feminine”, in *Constructing the New Consumer Society*, ed. Sulkunen et al., pp.116，117，122.

看我的躯体：它是苗条的、有弹性的，有型有款有模有样——并且永远年轻、充满活力。你也一定可以有（而且会有）我这样的躯体。我的身体是我自己的杰作；如果你像我那样去做，你也可以拥有它。要是“像简·方达那样就好了”，这是你们的梦想，记住，是我，方达，让我自己变成你们梦想中的方达。

有钱和有名当然发挥了作用，它加重了这一启示的分量。尽管方达自愿把自己当成是一个范例而不是一个权威，但是否认这一事实将是愚不可及的：既然她就是方达那个她（she is who she is），那么她的榜样“自然地”就是一个权威，这是其他人的榜样需要付出艰辛的努力才能达到的。在一定意义上来说，方达是一个例外的情况：她继承了“公众注意中心”这一状态，并且通过在她很久以前就承担起把自己的身体当成是一个范例的责任的多种多样的、广泛的公开活动，而更加成为媒体关注的焦点。然而，简单地说，在追随榜样的意愿和榜样个人发挥作用的权威这一因果联系中，人们不知何去何从。正如丹尼尔·布尔斯丁（Daniel J.Boorstin）在《幻象》（*The Image*）一书中妙趣横生地——然而又并不完全是开玩笑地——指出的，名流是一个因他的广为人知（well-knownness）而广为人知的人，而畅销书则是因它正在畅销而畅销的书。权威扩大了其追随者的等级，但是在一个目标和终点并不确定并且它的根据长期地不充分的世界里，正是那些为数众多的追随者制造了这一权威。

无论情况如何，在榜样－权威（example-authority）这组角色关系中，正是榜样这一角色是最为重要的，也是最为需要的。有足够的权威资本、去使他们说过的话（甚至在他们开口之前）让媒体觉得值得关注，这样的名流太少，以至无法充塞无以计数的电视脱 68
口秀节目［他们难得出现在像奥普拉（Oprah）或特里沙（Trisha）主持的脱口秀节目中］，但是对成千上万的需要指引的人们来说，这并不妨碍脱口秀节目成为逼迫他们每日观看的电视节目。分享生活经历的人的权威，有助于让观众细心地去收看关于他们的榜样的情况的节目，并给电视收视率增加许多个百分点。不过故事讲述者如果没有权威、如果他不是名人甚至默默无闻，却可以使这一榜样更易于被人仿效，并因而可能给他自己带来潜在的价值增益。那些像你我一样普通的男人和女人——他们只是出现在电视屏幕上一片刻（不会比他们花在讲述故事上的时间和因为他们的讲述而享受对他们的鼓掌更久，也不会比因为他们隐瞒精彩的片断或者花太多的时间去详述乏味的细节而指责他们的时间更久）——是一些和他们的观众一样无助和不幸的人，在同样的打击下痛苦不堪，并绝望地寻找告别生活艰辛的出口和通向更为幸福生活的光明之路。并且他们能做的事情我也能够做得一样好，甚至做得更好。我可以从他们同样的胜利和失败中，学到一些有用的东西。

把人们对脱口秀节目的嗜好指责或嘲笑为释放人们对闲话的永恒贪欲和迎合“低下、卑劣的好奇心”的结果，这是对它的贬低，而且还是错误的和误导性的。在一个充满手段而对目标却如众所周知的那样不明确的世界里，既然我已经知道使我的生活过得最为幸福快乐（并这样持续下去）是我也只是我的义不容辞的责任，那么从脱口秀节目中吸取的经验教训，就符合人们的真正要求，并有着不可否认的实际价值。既然我还知道完成这一任务可能需要的任何资源，都只有通过我自己的技能、勇气和沉着果敢才能寻找到，那么去了解其他人在面对相似的挑战时是如何应对的就非常重要。他们可能已经偶然发现了一个我已错过的奇迹般的策略；他们可能已经探寻到了“内在思想”其中的一部分，而我却因为没有加以注意或挖掘得不够深，而失之交臂。

然而，这并非它的唯一好处。正如在前面已经提到的，给它命名是它自己的一个令人气馁的任务；然而，如果不给这种不自在和不愉快的感觉取上一个名字，就没有疗救的希望。尽管痛苦是个人
69 的和私有的，但是“私人话语”是不合适的。无论它叫什么，包括最为隐秘的、个人的、私密的感情在内，只有在所选择的名字具有公共的流通性时，并且是能够在人与人之间共享的、公开的并能为使用这一话语来进行交流的人所理解时，它的命名才是合适的和恰当的。脱口秀节目是一场使用尚未形成但就要形成（as-yet-unborn-but-about-to-be-born）的语言来讲授的公共课。它提供了可以用来给这一问题——用公众易于理解的方式来表达，就是到目前为止还是无法表达，但如果没有这一语言的提供将永远无法表达的问题——命名的语言。

这就是它独自的、意义最大的收获——但是它还使我们得到了更多的收获。使用脱口秀的语言，来对被认为是个人的并因而是不适于谈论的经验品头论足——包括普遍的赞同、取乐和喝彩欢呼，都是在公开地评论他人。同样，脱口秀节目使得关于私人生活的公共话题合法化。它使不可谈论的变得可以谈论，使让人感到羞耻的

东西变得体面起来，并将丑陋的个人隐私变成引以为荣的东西。在很大的程度上，它成了驱妖除魔的仪式——而且是非常有效的仪式。因为有了脱口秀节目，我从现在开始，可以公开谈论过去我认为是（正如我现在明白的，这是错误的）可耻的、使人丢脸的和必须保密的、只有默默承受的东西。既然我坦白了不再是秘密，我就得到了比解脱后的轻松更多的东西：我再也不必感到惭愧，或唯恐因厚颜无耻而让人不满、被人指责和遭到排斥。这些就是人们在成千上万的观众前面谈论而不会感到不安的东西。他们个人的问题，以及我自己的和他们如此类似的问题，都可以公开谈论了。不是它们实际上变成了公共问题，不是私人问题的能力让它们进入公共讨论中，也不是无论你对它们谈论多久，它们都会像狮子一样本性难移，恰恰相反，是它们被再度确定为私人问题，是它们因强化了它们的隐私性的公开暴露而显现出来。毕竟，每个谈话者都同意这点：和这些事情被私人地、秘密地经历一样，这些事情也必须被私人地、秘密地去面对、控制和处理。

许多颇具影响的思想家（哈贝马斯是其中最为突出的一位）警告过私域（private sphere）被公域侵略、征服和占领的可能性。如果回到激起奥威尔或赫胥黎式的反面乌托邦灵感的令人记忆犹新的时代，指出这种担心和恐惧就是可以理解的。然而，看来这种预感源于他们理解了这一经由错误地展示而正在我们眼前发生的进程。70
事实上，一种与这种警告相反的倾向，即公域正被以前划归为不适于公开表达的私人问题占领之倾向看来正在形成。

正在发生的事情，并不只是就公域和私域之间众所周知变动不居的边界展开的重新谈判。看来成问题的是，作为私人戏剧公开上演并被公开观看的场所的公域之重新界定。被社会各行各业或几乎各行各业广为接受的、当前媒体对“公共利益”(public interest)的界定，是指使那些戏剧公开上演的责任和公众观看他们表演的权利。根据前面的论述，让人对这一发展并不感到惊奇甚至颇感“自然”的这一社会状况，应该是非常明显的，但是这种发展会是一个什么结果，这远远没有完全探明清楚。它可能比被普遍理解和广为接受的要难以理解得多。

正如我们所知，也许会有争议，这一结果最重要的影响是“政治”的死亡，是真正的、名副其实的政治之死亡，即是这一承担将私人问题转译成公共问题（以及与此相反）责任的行为的死亡。正是这一转译的努力，现在正慢慢地停止下来了。私人问题因为在公共空间的表达而没有转换成公共问题；甚至在公众的注视下，它们也没有结束属于私人的状态，而且看来，它们通过被搬上公共舞台而将要实现的东西，正将所有其他的“非个人”(non-private)的问题从公共的议事日程中撵走。更为普遍地且总是更易被看成“公共问题”的问题，是公众人物的私人问题。民主政治的传统问题——公共人物履行他们对其选民 / 主人福利安康之公共义务的途径有多大用处或害处？——已经被人们抛于脑后，而去寻求存在于良好社会、公共正义，或者存在于被它们淹没的对个体福利的集体性责任中的公共利益。

在遭到一系列“公共丑闻”（公众人物在私生活上道德败坏

的公开揭露）的打击后，英国首相布莱尔（Tony Blair）抱怨（在1999年1月11日的《卫报》上报道过），“政治沦落为对他人隐私飞短流长的专栏园地”，并要求他的听众正视这一选择：“我们要么让新闻的议事日程受丑闻、闲言碎语和生活琐事的支配，要么让它受真正要紧的东西的主宰。”[①]这些话不能不使人感到困惑，因为 71
它们就像那些闲言碎语一样，出自这样一个政治家之口：他怀着从基层感情和他的选民舆论真正要紧的东西中能有规律地获取到什么信息的希望，每天去考虑“被关注的焦点问题”，而且他对那些对他的选民生活状况真正要紧的东西的处理方式，本身就是这样一种——对他为之悲伤的、“把政治降格为一个闲言碎语的专栏”负责的——生活的一个重要方面。

刚才提到的生活状况促使人们去寻找榜样，而不是去寻找领袖。促使人们去期待成为关注焦点的——所有和任何一个——名人来为他们展示什么是“要紧的东西”（现在仅局限于他们家庭）。毕竟他们每天都在被告诫说，他们自己生活中的问题是由于他们自己的错误造成的，有他们自己的缺陷，并且应该通过他们自己的努力、通过他们自己的方法才能得以弥补。因此如果他们认为，向他们展示如何使用自己的工具并作出努力，是自称熟知内情（in the know）的人的主要的或许也是唯一的好处，这就一点也不奇怪了。他们被那些“熟知内情的人”一再告诫，没有其他任何人会去

① 菲茨－基蓬博士（Dr Spencer Fitz-Gibbon）给《卫报》的一封信中针对布莱尔的困惑得出了一个恰当的、有针对性的推论，他写道：“罗宾·库克（Robin Cook，布莱尔内阁的国防部长）是一个坏小子，现在他的混乱的婚外情被披露了。然而在不久前，他涉嫌卷入一桩对在被占领的东帝汶屠杀了二十万人的印尼独裁者的武器出口的丑闻中。如果英国媒体和公众对种族灭绝和性乱行为表示出同样的愤怒，那么这个世界就将变得更为安全了。”

做只有他们自己和他们每一个人独自能做的事情。假使对许多人而言，正是政治家（或者其他名流）个人的所作所为吸引了人们的注意力并引起人们的兴趣，那么为什么有人会对此感到困惑不解呢？在“强大的”更别说是被冒犯的“公众舆论”中，没有一个人因比尔·克林顿废除作为一个联邦问题的福利，并且因他实际上取消了集体性的承诺和责任（这一承诺和责任，是确保个体防范因他们确定个人奋斗目标的坏习惯而引起的不测事件的），而对他提出异议和加以指责。

在丰富多彩的广播场面和占据头版头条位置的名人中，政治家并不占有优势地位。那些名人出名的原因是什么（但按照布尔斯丁的观点，就是因为他是名人他才出名），这并没有多大的关系。他们成为公众关注焦点的这一地位，是他们凭本身的实力和资格挣来的，在这一点上，电影明星、优秀的足球射手和政府部长在相当程度上是一样的。适用于他们所有人的其中一个必要条件是，他们被认为——有一种公开的义务——应该坦白，以为公众所了解，把他们的私人生活展现在公众面前，即使在其他人曝光其私生活时也不要抱怨。一旦私生活被曝光，才发现它们原来没有任何教益，或者完全没有吸引力：并不是所有的私人秘密都蕴含着于其他人而言可
72 能有用的教训。然而大量的失望并不可能改变要求坦白的习惯或者消除人们对坦白的欲望：毕竟，（让我重申一遍）这一方式，即个体的人个人地界定他们的个人问题，并试图通过使用他们个人的技能和资源去解决这些个人问题，依然是“公共问题”，并且是“公众兴趣”的唯一对象。而且只要这种情况持续下去，那些被训导

在寻求启发和指南时应该依靠他们自己的判断和努力的观众和听众们，将一如既往地打探其他“像他们自己一样”有着同样热情和希望的人的私生活，因为这些热情和希望，他们可能已经为充满远见卓识的传道者的教义、启示和教训做好了准备。这时，他们也已认识到了只有通过“集思广益”“结束等级观念”并且“步调一致”地行动，才能减轻或者治疗个人的痛苦。

被迫行为变成了上瘾行为

寻找榜样、寻求建议和指导的行为，是一种“上瘾”行为(addiction)：你寻求得越多，你就越需要这样做，并且当你没有“毒品”提供时，你就会感到更不舒服、自在。作为一种缓解饥渴的手段，所有上瘾行为都具有自我毁灭性；它们会毁灭永远满意的可能性。

只要榜样和诀窍还没有加以检验，它们就能保持住吸引力。但是它们中的任何一个，几乎都没有履行自己的诺言——事实上，每一个都差点完成了它们作出过保证的事情。既然在这个世界，消费者的可能性是无限的，既然提供的富有吸引力的目标是源源不断的，那么即使它们中的任何一个被证明正是按照预期的方式运转，满意也不会持续太久。虽然谋求美好生活的诀窍和为它们服务的精巧装置有一个使用期限，不过它们中的大多数在那个日期之前就已被停止使用，由于有了“新的和得到改进的”产品的竞争，它们也从而显得毫无价值、相形见绌、没有任何魅力。在消费者的比赛中，终点线移动的速度总是比最快的短跑运动员还要快；但是多数被迫在跑道上跑下去的短跑选手们，肌肉过于无力、呼吸过于急促，以至不能跑得快一些。正如一年一度的伦敦马拉松比赛，人们可能会敬佩并赞扬胜利者，但是真正有重要意义的，是将比赛进行到终点的人们。至少伦敦的马拉松比赛有一个终点，但是其他的那些比赛——去实现这一难以用语言来表述的、永远渺茫的、过没有
78 烦恼的生活的希望——一旦开始，就没有终点：我已经出发了，但我不可能结束。

因此正是这一持续不断的奔跑，这一对置身比赛的令人快意的觉悟，成了真正的上瘾行为——对于少数几个可能通过终点线的人，没有任何特别的奖励在等着他们。没有一项奖励能够让人足够满意，以至它能将其他奖项的吸引力剥夺得一干二净，而且在那里还有其他许多项具有诱惑力和吸引力的奖项，因为（到目前为止，总是到目前为止，无法结束的到目前为止）它们还未经尝试。欲望成了它自己的目标，而且是无可非议、不容置疑的唯一目标。其他的所有目标（它们紧随其后，只是为了在下一圈中被放弃，在后面的圈里被忘记）的作用就是，让赛跑者按照“领跑者”（pace-setters）的模式继续跑下去，领跑者由比赛的组织者聘请，他们要以自己尽可能快的速度狂跑数圈，在吸引其他选手也以破纪录的速度奔跑后再退出比赛，或者像助推火箭，一旦它们将宇宙飞船带到必要的速度就被抛向太空，并可以解体。在这样一个目标可选择范围太宽并且总是要宽于可行手段的追求安逸的世界中，正是手段的数量和效率，需要人们去给予最密切的关注。置身于比赛中而不掉

队是最为重要的手段，事实上也是这样一个超手段（meta-means）：一个激活对其他手段的信心的手段，是一个为其他手段所必需的手段。

这一消费社会（在一个消费社会中，除了强迫选择的行为——它慢慢地演变成上瘾行为并因而不再被认为是强迫的行为——之外，任何事情都是选择行为）中每个成员都在赛跑的特殊比赛，它的原型是购买行为，只要我们在到处寻找，我们就在参与这场赛跑。并且我们不只是在商店、超市、专卖店或者如乔治·雷特泽（George Ritzer）的“购物天堂”（Temples of Consumption）里购买商品。如果“购买”（shopping）意味着检查、鉴别、触摸、感觉、把玩陈列的商品，意味着将它们的标价和自己钱夹子里的钞票或信用卡里的额度进行比较，意味着把其中的一些商品放到购物车而将其他商品放回货架，那么我们在商店外的购物和在商店里的购物一样多。我们在街道上购买，在家里也在购买，在工作或闲暇时、在醒来时或在睡梦中，都在购买。无论我们在做什么，也无论我们把我们的行为称作什么，它都是一种购买，一种像购物那样展现的
行为。我们用来撰写生活政策（life-policy）的符号，源于购物的 74
语用学。

购物不只是指购买食物、鞋子、汽车或者家具。我们的个人福祉取决于我们的个人能力，但是（正如迈克尔·帕伦蒂指出的[1]）

① Michael Parenti, *Inventing Reality: The Politics of the Mass Media* (New York: St Martin's Press, 1986), p.65. 用帕伦蒂的话来说，无论他们试图要销售什么，构成大量广泛的商业行为基础的信息是，“为了生活得更为安逸和舒适一些，消费者需要企业生产者来引导他们”。事实上，生产厂商能够依靠并指望企业咨询机构、私人顾问和“指南”书籍的作者们来提供个体到底是多么无能为力的信息。

我们个人是力不从心的，或者说，我们无法具备只有在我们更加努力时才能具有和应该具有的能力。鉴于这两个密切相关的教训，那么，对新的改进了的生活榜样和生活诀窍的急切的、永无休止的追求也是一种购物，而且确切无疑是一种最为重要的购买行为。有许多领域需要我们变得更有能力，并且每一个领域都需要我们“逐店寻找”(shopping around)。我们“购买”谋生必备的技能；购买如果拥有它就能确保我们成为老板的方法；购买具有良好形象的方法和使他人相信我们就是那种具有良好形象的人的方法；购买如果我们需要就能交到新朋友而如果不再需要就能把老朋友清除掉的方法；购买能吸引注意力的方法和躲过监督与检查的方法；购买从友爱（love）中获得最大的满足而又避免变得依赖于我爱的人和爱我的人的方法；购买赢得心爱的人的爱情，而又能在爱情褪色、关系不和时，能以最小的代价来终结这种结合的方法；购买最为合算的应付不测的存钱方法和在我们赚到钱之前最为便利的花钱方法；为更快地做好需要做的事情，为做那些做是为了打发空虚时间的事情而购买资源；购买那些令人垂涎三尺的食物，以及最为有效的能消除因吃了它们而引起的副作用的减肥方法；购买音量最大的音响和最有疗效的头痛片。需要购买的东西是没完没了的。但是不管这张购物清单有多长，能够让人决定不再购买的方法，却无法在它上面找到。在我们这个目标明显无限的世界中，最为需要的本领是能成为熟练的、孜孜不倦的购物者。

然而，现今的消费主义（comsumerism）不再满足这些需要(needs）——甚至不再满足这些身份确认和达到足够程度自信的更为崇高、独立、超然（有人会不十分准确地把它们说成是人为的、不自然的、派生的）的需要。据说，消费者行为的精髓（spiritus movens）不再是一组可测量的具有明显特征的需要，而是欲望（desire）这一比需要短暂多变、难以捉摸、变幻莫测得多，而且重要的是比需要更无所指的实体，一个不需要其他证明和理由的自我遗忘、自我驱动的动机。尽管它连续地并总是短命地具体化，欲望 75
本身却在寻找持续的目标，并由于这一原因而注定总是无法满足，然而一大堆标识它过去历程的其他目标（物质的或心理的）却可能出现。

而且，无论欲望比启动更为缓慢的，更别说是易受影响的需要有多么显而易见的优势，欲望都会比合意的或者确实能承受的消费品的供应者对消费者的购买打算施加更多的限制。毕竟要激起欲望，并将它带到要求的程度和将它引导到正确的方向上，需要花费时间、精力和相当的经济支出。受欲望引导的消费者必须被再一次地以高昂的代价“制造”（produced）出来。确实，消费者的制造本身难以承受地吞没了总的生产成本中的一大部分——竞争使它倾向于进一步扩大而不是削减的成本的一部分。

但是正如哈维·福格森（Harvie Ferguson）指出的，（对消费品的生产者和推销者而言，幸运的是）当今的消费形态，不是建立在对欲望（刺激）的管理控制上，“而是建立在一厢情愿的幻想的解放上”。福格森觉察到，欲望这一概念，

> 将消费与个性表现联系在一起，将消费与人的品位和差别特

征的观念联系在一起。个体通过他的财富来表现他自己。但是对发达的资本主义社会来说，生产的持续扩张，这是一个十分有限的心理框架，它最终将让位于一个完全不同的“精神经济”(psychic economy)。希望(wish)取代欲望成了消费的推动力量。[①]

消费主义的历史是一个打破并抛弃连续的“坚固”障碍——它们限制了幻想的自由飞翔并将“快乐原则”(pleasure principle)削减到受“现实原则”(reality principle)支配的程度——的历程。被19世纪的经济学家认为正是“坚固”——顽固不化、永远受到限制和约束、有限的——典型的“需要”，在一段时间里为比需要更具流动性和扩张性的“欲望”所抛弃和取代，欲望之所以更具流动性和扩张性，那是因为它与一个期待“表现”的“内在自我”(inner self)的不真实的、变化无常的真实性梦想半非法地联系在一起。现在该轮到欲望被抛弃了。它的实际寿命超过了它的效用允许的程度：它已经把消费者的瘾带到了现在的这种状态，它再也不能发挥
76 领跑的作用了。需要有一个能让需求与供应保持一致的、更具力量的并且首先是功能更多的刺激物。“希望”就是这个非常需要的替代品：它要完成对快乐原则的解放任务，清洗并去除现实原则这一障碍的最后残余——自然，气态的物质已经最终从这一容器里被排出来了。让我们来再一次引用福格森的话：

欲望的助长，是建立在对比、自大、嫉妒和“自我陶醉”需要

① Harvie Ferguson，*The Lure of Dreams: Sigmund Freud and the Construction of Modernity* (London: Routledge，1996)，p.205.

的基础上的，这些助长欲望的东西，没有一个是“希望”的直接成因。购买行为是偶然的、自发的、没有预料到的。它有表达和实现“希望”的理想色彩，并和所有的希望一样，是不可信任的、天真幼稚的。①

消费者的身体

我在《碎片化的生活》（*Life in Fragments*，Polity Press，1996）一书中指出过，后现代社会使它的成员首先忙于的是他们作为消费者而不是作为生产者的能力。这种差别是有重大意义的。

围绕生产者角色而组织的生活，往往被合乎规范地管理和控制起来。人们的需要不仅有一个下限以保持活力，并能够让消费者完成生产者角色可能要求做的任何事情，同时，在指望社会对某人的抱负加以认可——这样就不用担心被社会不满、指责和约束——时，对人们的梦想、欲望和追求还有一个上限。任何超出那一上限的东西都是奢侈品，对奢侈品的欲求却是一种罪孽。因此我们主要关注的是限制的一致性，即在上限和下限之间找准自己安全可靠的位置，以与大众的消费趋势保持一致（赶上别人的消费时髦，与别人在消费上并驾齐驱，或者如情况可能的，限制自己的消费）。

另一方面，围绕消费而组织的生活，却不能有任何规范和准则：它受诱惑的指引，总是生发出再也不受控制和管理的欲望和各

① Harvie Ferguson，“Watching the world go round: Atrium culture and the psychology of shopping”，in *Lifestyle Shopping: The Subject of Consumption*，ed. Rob Shields (London: Routledge，1992)，p.31.

种各样的希望。没有爱炫富的邻居给你自己的成功生活提供一个参照点；一个消费社会就是一个普遍攀比的社会，而且只有天空才是上限。关于“奢侈”的思想没有多大意义，因为关键在于，为今天准备奢侈品就是为明天准备必需品，并最大限度地缩短“今天”和“明天”的差距——以从稀缺中获取自己期待的东西。因为没有将欲望转换成需要和将其他的欲望非合法化（delegitimize）为“虚假需要”的规范和准则，也就不存在人们度量“一致性”水准的基准
77 点。因此，我们主要关注的是永远充分准备就绪的状态，是在机会到来之时有能力抓住这一机会，是生发新的、依据新的和闻所未闻的、没有预料到的诱惑物而定的欲望，是比以前收获更多，而不是允许既定的需要去使新的感觉变得多余，或者去制约吸收和感受它们的能力。

如果生产者的社会是将“健康”（health）定为它的成员应该达到的标准的话，那么这个消费社会在它的成员面前挥舞的则是“身体的良好感觉”（fitness）[1]的大旗。“健康”和“身体的良好感觉”这两个词语，常被认为是重叠相连的，并常常被作为同义词而使用；毕竟，它们都是指对身体的关注和爱护，是指人们希望他们的身体达到的状态和身体的拥有者接下来能实现那一愿望的养生之道（regime）。然而，像同义词一样来对待这两个词语却是错误的——不仅因为并非所有的养生之道对健康而言都有好处这一众所周知的事实，还因为有助于人们保持健康的东西，并不一定会让人身体感觉不错。健康和身体的良好感觉，是两个完全不同的话题，要求关

① Fitness 通常被译为“健身”，但在本书中并非健身之意，而是指高于健康的“身体的良好感觉”。——译注

注的东西也是很不相同的。

“健康”这一词语，像生产者社会中所有其他的规范性概念一样，在“正常”（norms）和“反常”（abnormality）之间保持并守护着它们的界限。“健康”是人们身体和精神的一种恰当而又可求的状态——一种或多或少（至少在理论上）能准确地加以描绘并因而能准确地加以测量的状态。它是指承认指定的角色能满足自己需要的身体和心理状况，而且那些需要往往是持续和稳定的。“健康”在多数情况下就意味着“可被雇用”（employable）：他能在厂房里适当地作业，能“承受”那份工作可能经常要求雇员去承受的身体和心理的重负。

相反，身体感觉不错则恰恰不是“固定的”，它天生地不能被准确地加以限定和说明。尽管它常被当成是对“你今天感觉如何？”这一问题的回答（如果我感觉不错，我将可能会回答说“我感觉棒极了”），对它的真正的检测却永远是将来的事情：“感觉良好”意味着有一个易于适应的、可以调整的、具有吸收性的身体，准备经历这种还未经尝试并且不可能事先明确说明的感觉。如果说健康正是指一种状态的话，那么身体感觉不错，将永远不是单指
这一状态：它不指任何特定的身体能力的水平，而是指这种感觉的 78
（毋宁说是无限的）潜在扩张。“感觉不错”意味着，对非正常的东西、非一般的东西、特别的东西，并且首先是新鲜的、令人惊奇的东西加以接纳的准备就绪状态。人们几乎可以这样说，如果健康是“信守规范”的话，身体感觉不错就是打破所有规范，并放弃每一个已经达到的水准。

既然在不同个体身体感觉的程度之间无法进行客观的比较，那么无论从哪个角度来看，要达成一个人与人之间的规范都将是一个过分的要求。身体不错的感觉，不像身体的健康，它是一种主观的体验（从经历的感受这一意义上来说，被感觉到了的体验不是一种可以从外部观察的状态或事情，它只是被表达和传递出来了）。众所周知，和所有的主观状态一样，“身体”不错感觉的体验，是很难用适于人际交流更别说是人际比较的方式来明确地表达出来的。满足和愉悦是不能用抽象的语言来领会理解的东西：要理解它，需要主体的经历和感受。你永远也不会确切知道你的感觉是否和下一个人的感觉一样强烈兴奋，或者确实是一样令人满意。追求良好的身体感觉，就像是在追逐一个直到得到它之前都无法形容的目标；但是，人们没有办法去确定这一被追逐的目标确已达到，而且每一个理由都可以怀疑目标并没达到。围绕身体良好感觉的追求而安排的生活，预示着许多将能获胜的小规模的冲突，但是，这种胜利永远都不是最后的胜利。

因此不像保健，对身体良好感觉的追求，没有任何自然而然的终点。在无法穷尽的努力过程中，目标可能只是为当前的阶段而设定——达到一个既定目标带来的满足只是暂时的。在对良好感觉的贯穿生命始终的追求中，没有休息的时候，对迄今为止的成功的所有庆祝，只是另一轮艰辛劳动前的短暂休息。这种感觉的追求者确切地知道，他们自己的良好感觉并不够，因而他们必须继续努力。对这种感觉的追求，处于一种永恒的自我监督、自我谴责和自我否认的状态，因而也处于一种持续的焦虑和渴望的状态之中。

健康，受它的水平的限定（可以像体温和血压那样加以量化和度量），并且在“正常”和“反常”之间有着清晰的界限，从理论上讲应该说是摆脱了这种无法满足的渴望的。还是从理论上说，为了达到这种健康状况并对它加以保护，应该做些什么，以及在何种状况下一个人就可以宣称某人处于“良好的健康状况中”，或者 79
在哪个治疗效果的临界点上，某人就可以说已经恢复了健康状况并不再需要做任何事情，对这些问题应该是清楚的。是的——从理论上……

然而，事实上所有的正常状态，包括健康的正常状态，在流动的现代性的保护下，在一个有无限可能性和不确定性的社会中，都严重地动摇起来并变得脆弱了。昨天被认为是正常并因而是令人满意的东西，今天可能就变得令人担忧了，甚至是一副病态而急需治疗了。首先，身体的常新状态成了医学介入的正当理由——而且产生的治疗效果也并非固定不变。其次，曾被清晰界定的“疾病”（disease）的概念，也变得永远朦胧模糊了。与其把它当成是一个有起点也有终点的例外的一次性的事情，还不如把它看成是一个持久的健康的实现，看成是它的“另一面”（other side）和总是存在的威胁：它要求有永不衰减的警惕性和夜以继日地处于一种战斗和抵抗的状态中，一周七天，日日如是。保健变成了一场对疾病的持久战。而且最后，“健康的养生之道”的意思也并非保持静止不变。“健康地节食”（healthy diet）的理念，比任何一个连续或同时被建议的节食方法的自生自灭的发展过程都要更快。被认为是有益于健康或者是无害于健康的营养，在它的有益作用还没充分被体验到，就被宣称对健康有着长期的破坏性影响。把注意力集中在某种疾病危险上的治疗和预防性的养生，在其他方面却是致病性和病原性的；“医源性疾病”——由过去疾病治疗的过程引起的疾病——总是要求更大程度的医疗介入。几乎每一种疗法都散布着风险，而且更多的疗法需要用来克服或消除过去接受风险所引起的后果。

从各方面总的来说，与它的本质相反的是，保健变得和对身体良好感觉的追求惊人相似：根据它当前正常的发展趋势和在它的进程中产生出的许许多多的渴望，可以说，它是连续的、永远不可能完全满足的，是不确定的。

在保健变得越来越像对身体良好感觉的追求时，后者也在努力模仿成为保健自信心基础的东西：健康水准的可测性，因而还有它的医疗的发展进步。然而通常情况下，它是徒劳无功的。这种信心，说明了在提供的诸多“养生之道”中，节食减肥为什么会明显受到欢迎：逐渐消瘦的身材和逐渐削减的体重，是两个明显的收
80 获，实际上它们可以度量，并能一定程度地予以准确地界定——就像健康诊断中的体温一样。当然，这种相似性是一种错觉和假象：这就像去想象一个刻度没有底线的温度计，或去想象一个下降得越多就越让人感到称心的体温计一样。

随着近期对支配性的“身体良好感觉”模式的调整而来的是，保健（包括自我护理）的发展真相往往会被揭露，这样就如伊里奇（Ivan Illich）最近指出的，“对健康的追求自己已经变成压倒性的致病因素”。诊断学不再把个体当作它的对象：它在日益增加的情况中的真正对象是，可能性——对接受诊断的病人已经发现的状况可

能产生的结果的估计——的扩展和蔓延。

健康正日益被等同于风险最优化。不管怎么说，这就是消费社会的居民——他们被训练和灌输要为他们身体的良好感觉而工作——期望他们的医生去做的东西，同样，这也就是使得他们愤怒并对没能尽到责任的医生表示敌意的东西。有这样一个判例，图宾根的一个医生因告知孕妇她将生出的婴儿畸形的可能性“不太大”，而不是引用这一可能性的统计数字而受到了指控。[1]

作为驱妖除魔仪式的购物

人们可能会这样推测：萦绕在“身体所有者”——他们沉湎于身体感觉无法到达的高度，沉湎于总是很少清晰界定的、更类似于感觉舒适之类的无法企及的高度——心头的担忧和恐惧，将引起和推动谨小慎微、节制紧缩的做法（这种做法完全与消费社会的逻辑背道而驰，并且潜在地可能对消费社会逻辑带来灾难性的后果）。然而，这种推测的结论是错误的。驱除心魔（inner demons）要求有一个积极态度并付诸大量行动——而不是退却或是保持沉默。像消费社会几乎所有的行动一样，这一行动也是一件代价高昂的事情；它要求许多只有消费品市场才能提供的设备和工具。这一认为“我的身体是一座被围攻的堡垒”的态度，并不会导致禁欲主义、节制和自我克制；甚至还不如说，它意味着消费得更多——只不过是去消费那些商业化地供应着的特殊的“健康”食品。在它因破坏性的副作用而遭人放弃并最终退出市场之前，在减肥者中最受欢迎 81

① Ivan Illich, “L’ Obsession de la santé parfaite”, *Le Monde diplomatique*, March1999, p.28.

的是一种名叫“仙尼玲”(Xenilin) 的减肥药，它的广告词是“吃得越多，重量越轻”。根据格拉斯纳 (Barry Glassner) 的计算，在1987年一年中，关注形体的 (body-conscious) 美国人在减肥食品上就花费了740亿美元，在健康俱乐部上花费了50亿美元，在维生素上花费了27亿美元，在锻炼设备上则花费了7.38亿美元。[①]

总之，完全有足够的理由去“逐店寻找”。任何把对购物的痴迷归因于单一原因的化约式的解释，都会有抓不住要点的危险。把强迫性购物一般性地解释为后现代价值革命的体现，或者倾向性地认为，购物癖好是潜在的物质主义和享乐主义本能的公开体现，或者把它当成是一个“商品阴谋”的产物，这是在矫揉造作地（或者狡猾地）煽动人们把追求快乐作为生活的首要目标，这些观点充其量只说明了部分真相。另一方面，对所有这些解释的必要的补充是，购物由强迫性行为转变成上瘾行为，这是一场针对严重的、让人伤透脑筋的不确定性 (uncertainty) 的艰苦斗争，也是一场针对恼人的、让感觉变得迟钝起来的不稳定性 (insecurity) 的艰苦斗争。

正如马歇尔 (T. H. Marshall) 在另一场合评述的，当许多人同时向着同一个方向奔跑的时候，有两个问题需要回答：他们孜孜以求的是什么东西，他们的起点又在哪里。消费者可能在追求快乐的——触觉、视觉或嗅觉——感觉，也可能在追求由陈列在超市货架上五光十色、闪闪发亮的自己喜欢的东西可能带来的快乐，或者在追求由有咨询专家参加的会议可能带来的更深入的甚至更为舒适的感觉。但是，他们也在试图逃避一种被称为“不稳定性”的痛

① Barry Glassner, “Fitness and the postmodern self ”, *Journal of Health and Social Behaviour*, 30, 1989.

苦。他们想要破例一次地免除对失误、疏漏或者是糟乱的担忧。他们想要破例一次地变得确定、确信、自信起来。他们在到处寻找时发现那些陈列的商品之令人敬畏的优点是，它们已经变得（这看起来也就一次左右）具有那种确定性的可能性了。

无论其他的强迫性的/上瘾的购物行为可能会如何，它都是一个在白天举行的仪式，对这些一直在晚上徘徊的、可怕的不确定性和不稳定性幽灵加以驱除。它的确是一个每日一次的仪式：既然几乎没有任何陈列在超市货架上的商品不加盖最佳使用期限的印章，既然在商店里可以出售的那种确定性对于彻底铲除这一促使购物者第一次光顾这家商店的不稳定性意义不大，那么这种仪式就需要每 82
天重复一次。然而，真正重要的并允许这一游戏持续下去的——尽管这一游戏明显没有最终结果，并且没有前途和希望——是这一驱妖除魔令人惊叹的特性：它之所以是有效的和令人满足的，与其说是因为它驱赶那些幽灵（这一点它几乎做不到），还不如说正是这一正在表演的事实。只要驱妖除魔这一艺术还存活着，这些恐惧就不能说是不可战胜的。而且在这个个体化了的消费社会，每一件需要做的事情都是按照 DIY 的方式去做的。除了购物外又还有其他什么东西，能这样好地符合需要自己完成的驱妖除魔仪式必备的这些前提条件呢？

自由购物——和看起来的差不多

阿尔贝·加缪（Albert Camus）指出，我们这个时代的人们，常为不能完全地占有这个世界而受尽折磨：

除了成功时的耀眼时刻，对他们而言，所有的现实都是不完整的。他们的行动被他们以其他行动的方式来加以忘掉，又以其他料想不到的名义和伪装去评价它们，并像坦塔罗斯（Tantalus）[①]想喝的水一样，消失在某一个尚未发现的洞中。

这就是我们每个人从反省式的顿悟中知道的东西；这也就是在事后详细检查我们自己的历史时，教育我们关于这个我们居住的世界的东西。然而，当我们环顾左右时，并不是这样的：至于其他我们认识的人，尤其是那些我们了解的人，“从远处看，他们的存在看起来像具有在现实中他们不曾具有但在旁观者看来又是很明显的协调一致性和统一完整性”。当然，这是一种视觉上的错觉。这个距离（我们知识上的不足）模糊了所有细节并使每一件不适合于完形看法[②]的东西消失殆尽。不管是不是错觉，我们往往把别人的生活当成是艺术作品。并且因为这样去看他们，我们自己也努力去做同样的事情：“每一个人都试图使他的生活变得像艺术杰作一样。”[③]

我们想要用易碎的生活原料塑造的那件艺术品，被称作“身份”（identity）。无论我们什么时候提到身份，在我们理念的背后都

① 坦塔罗斯，希腊神话中宙斯之子，因泄露天机，被罚立在齐下巴深的水中，头上有果树。口渴欲饮时，水即流失；饥饿难耐时，果子就被风吹去。——译注

② 完形看法，是格式塔（Gestalt）心理学的一个术语。格式塔心理学（Gestalt psychology），又称完形心理学，由德国心理学家科勒（W. KÖhler）和考夫卡（K. Koffka）等首创的一个心理学派，强调整体不是其组成部分的相加而有其本身的特性。——译注

③ Albert Camus, *The Rebel*, trans. Anthony Bower (London: Penguin，1971), pp.226-227.

有一个和谐性、条理性和一致性的模糊的镜像：所有的那些东西在我们体验之流中——让我们永久绝望地——看起来都是严重的、极度的缺乏。对身份的追寻，是一场抑制和减缓流动、将流体加以固化、赋予无形的东西以有形的持续性斗争。我们努力去拒绝接受，83
或至少去将这一可恶的流动性掩盖在外形这层薄薄的包装纸下；我们试图将目光从我们无法洞察或者无法注意到的东西上转移开。然而，我们迄今还远远不能减缓更别说是终止这一流动，身份更像是火山熔岩顶部上一再被固化的表层部位，在它有时间冷却和固定下来前就再度被熔化。因此，有必要进行一次又一次的试验，而且只有通过孤注一掷地紧紧抓住有形的、牢固的并因而有望持续的东西——而不管它们在一起是否适合或是适宜，也无论它们是否能为了这样的期待而作出让步，即一旦把它们放置在一起，它们就能一起相处的期待——它们才能被尝试。用德勒兹和加塔利在《俄狄浦斯情结[①]：资本主义和精神分裂症》中的话来说就是，“欲望始终如一地将连续流和本质上是碎片化了的部分客体，联结在一起”[②]。

身份只有在从外部被扫上一眼时，才像是定型的和固定的。无论身份可能的固定性是什么，当从一个人自己的历史体验内部来凝视时，它就显得脆弱易碎，并连续地被剪应力（它把自己的流动性暴露出来）和逆流（它威胁要将它们可能获得的任何形状撕成碎片

① 俄狄浦斯情结（Oedipus Complex），又称恋母情结，指儿子亲母仇父情结，是弗洛伊德的心理学术语，与此相对的是女儿亲父仇母情结。俄狄浦斯是希腊神话中忒拜的国王拉伊俄斯（Laius）和王后约卡斯塔（Jocasta）的亲生儿子，曾解怪物斯芬克斯（Sphinx）之谜，因不知底细，竟杀死亲父，又婚娶亲母，两不相知，后发觉，无地自容，母亲自缢，他自己刺裂双目，流浪而死。——译注

② Gilles Deleuze and Felix Guattari, *Oedipus Complex: Capitalism and Schizophrenia*, trans. Robert Hurley (New York: Viking Press, 1977), p.5.

并卷走）撕开。

这些体验到的、尚存活的身份，只有用“异想天开的或许是白日做梦的黏合剂”才能固定在一起。然而考虑到个人体验的迹象很难驾驭，任何更加有力的黏合剂——这样一种比容易溶解和消灭的想象的东西更有固定力的物质——看起来就如白日梦一样前景渺茫。正如泽伦（Efrat Tseëlon）注意到的，那种比想象之物既不更弱也不更强的材料，正是使得时尚如此适合于那份清单的原因。它为“探究没有行动承诺的和……不用承受结局之痛的界限提供了途径”。泽伦提醒我们，“在童话中，想象中的盛装才是说出王后真实身份的关键，因为仙女只有在王后打扮成拾煤渣的灰姑娘（Cinderella）[1]时才能很好地认识她”[2]。

鉴于所有或大多数身份固有的易变性和不定性，正是在身份超市里“逐店寻找”的能力，正是选择某人身份并只要需要就能坚持下去的、消费者真正的或者推定的自由的程度，才是它们正成为实现身份幻想的捷径。具备了那一能力，人们就能随心所欲地、自由地赢得或取消那一身份。和看起来的差不多。

在消费社会中，对消费品的依赖性——对购物的依赖性——是
84 所有个体自由的必要条件；尤其是保持不同自由和“获得身份”自由之前提条件。脆弱的真诚一闪即逝后（尽管它与此同时还在向知道游戏是怎么一回事以及它如何进行的老练的顾客示意），在一个电视商业广告的画面上，走来一群有着各式各样发型和发色的妇

① 灰姑娘，是童话中的女孩，受继母虐待，日日与煤渣为伴，后得仙女相助，与王子结为夫妇。——译注

② Efrat Tseëlon, “Fashion, fantasy and horror”, *Arena*, 12, 1998, p.117.

女，这时也在画面上打出“所有人的发型都是独一无二的，所有人的发型都是有独特个性的，所有人都选择 X（X 是护发剂的广告商标）”这样的字幕。大量生产的特定器械是个体多样性的工具和手段。身份——唯一的和独特的——只有在每个人购买的东西中才能获得，并只有通过购物才能对它加以控制。人们通过投降而获得独立性。在电影《伊丽莎白》中，英国女王决定“改变她的个性”，变成“她父亲的女儿”，并强迫她的臣子尊重她的要求，她通过改变自己的发型，在脸上涂上一层厚厚的手工艺师制作的胭脂和戴上手工艺师制作的头饰，来达到自己的目的。

自由依赖消费者选择的程度，特别是消费者通过使用大量生产和推销的商品来确立身份认同的自由，这是真实的还是推论的，这个问题没有实际意义。没有市场供应的设备和东西，那种自由是不可能存在的。但是考虑到这些，快乐的购买者想象和试验的范围又有多大呢？

毫无疑问，消费者的依赖性不会局限于购买行为。比如说，请注意大众传媒对大众——集体或者个体——想象力施加的可怕影响力。屏幕上无所不在的、强有力的、“比现实更加现实”的图像，除了为使活生生的现实更加如意而制定激励标准外，它还定下了现实的标准和现实评价的标准。人们渴求的生活往往就是“和在电视上看到的”一样的生活。屏幕上的生活，剥夺了现实生活的魅力，并使得现实生活相形见绌：是现实生活看起来不真实，而且只要没有变成和屏幕上的生活一样，那么无论是看起来还是感觉起来它都将宛如梦幻，并不真实。（要使自己的生活现实更加完美，人们首先需要将它“拍录”下来，当然，在用作这一目的时，录像带——令人宽慰的是，它是一个可以抹去里面信息的东西——时时准备擦除旧有的内容，并录上新的东西。）正如拉斯奇（Christopher Lasch）指出的：“电子图像如此彻底完全地传播着现代生活，以至我们情不自禁地对其他人作出回应，就好像他们的行为——还有我们自己的行为——正被录制下来，并同时传递给一个从来没有见过的观众，或者好像储存起来以在日后的某一时间里接受严格的审查。”[①]

85 拉斯奇在其后来的一本著作[②]中提醒他的读者，“身份旧有的含义既适用于人也适用于物。在现代社会中，二者都丧失了它们的固定性、边界性和连续性”。拉斯奇暗示，在所有固态物的普遍溶解中，主动权属于物；而且，因为物是身份的象征性的装饰品和身份确定努力的途径和手段，不久人们就必然会与它一致。在提到罗思奇尔德（Emma Rothschild）对汽车工业的著名研究时，拉斯奇指出：

> 斯隆（Alfred Sloan）[③]在市场营销上的革新——汽车型号一年一度的改变，产品质量的持续改进，努力将汽车与社会地位联系起来，对追求变化的、无限欲望的蓄意灌输——必然构成了对亨利·福特在产品创新上的挑战……他们二人都倾向于挫伤进取心和独立思考，并使得个体不信任他们自己的判断力，甚至于在品位方面，也开始对自己产生怀疑。斯隆自己天真无知的偏好，看来可能

① Christopher Lasch, *The Culture of Narcissim* (New York: W. W. Norton and Co., 1979), p.97.

② Christopher Lasch, *The Minimal Self* (London: Pan Books, 1985), pp.32, 29, 34.

③ 斯隆（1875—1966），美国企业家，通用汽车公司总裁（1923—1937），董事长（1937—1956），曾捐款给以其姓氏命名的基金会并经常资助慈善事业。——译注

落后于时尚，它们太需要定期地加以改进了。

斯隆后来成为一位引领普遍潮流的先驱。总体看来，商品生产用“设计成立即淘汰的一次性产品”取代了“耐用商品的世界”。西布鲁克（Jeremy Seabrook）对那一取代所产生的结果，有着深刻的描绘：

> 与其说是资本主义已经把商品传送给人们，还不如说是人们已经日益被资本主义传送给商品；这即是说，正是这一特性和人们对它的感知，已经通过它们与赋予我们生活以形状和意义的商品、经历、感觉……保持近似一致的、协调的方式，被重新制作和型塑。[①]

不稳定的东西蓄意成为势必不稳定的身份之建筑原材料，在这样一个世界中，个体们必须始终保持着警惕；但是，对随之迅即而来的外部世界的变化模式，人们首先必须保护自己对它的变通性、适应性以及适应的速度。正如马塞森（Thomas Mathiesen）最近注意到的，用边沁和福柯的“全景监狱”的有力比喻，再也无法理解权力运行的方式。因此，马塞森认为，我们已经从一个全景监狱模式（Panopticon-style）的社会转移到了一个纵观全局模式
（Synopticon-style）的社会：局面已经发生逆转，现在是多数人在 86
监控着少数人。[②]公开展示取代了监控，却没有失去它先辈们的任

① Jeremy Seabrook, *The Leisure Society* (Oxford: Blackwell, 1988), p.183.

② Thomas Mathiesen, “The viewer society: Michel Foucault’s ‘Panopticon’ revisited”, *Theoretical Criminology*, 1/2, 1997, pp.215-234.

何规训力量。现在，通过引诱和引导而不是强制的方式，往往易于达到对规则的服从（我要补充一点的是，对非常有灵活性的规则之可适应性的、近乎完美的可调整性的服从）——而且这看起来是在自由意志实施的伪装下，而非将自己展现为一个外界强制力量。

在保罗·阿特金森（Paul Atkinson）与大卫·西尔弗曼（David Silverman）恰当地把它称为“面谈社会”（interview society）（普遍地依靠面对面的晤谈来展示个体性、私人性的主体自我）的做法和现今的大部分社会研究（这些研究，怀着在个体叙述中发现内在真理的希望，要通过对个体叙述的诱导，以及之后对它的解剖来“认真考虑自我的主观真理”）的共同努力下，既然这一已被废弃且又不切实际的“自我”概念（它要推测隐藏在所有外部现象和表层现象下的深层的内在本质）在今天可能会被人为地复活，那么这些真理就需要一再地加以重申。阿特金森和西尔弗曼反对那种实践：

> 我们在社会科学中不通过集中叙述来展现自我，我们通过传记作品的叙述来创造自我……
>
> 甚至在正是这一真实性的可能性也存在问题之时，展示的欲望和欲望的展示都提供了真实性的表象。[①]

这一有问题的可能性确实是非常有问题的。大量的研究表明，个人的叙述只不过是由公共媒体为“表现主观真理”而设计的公共辞令的演习。但是所谓的真实自我的不真实性，已经完全为真诚的

---

① Paul Atkinson and David Silverman, “Kundera’s Immortality: The interview society and the invention of the self”, *Qualitative Inquiry*, 3, 1997, pp.304-325.

公开展示——深层访谈和脱口秀这个最为突出的（尽管绝非唯一的例子）公开坦白的大众仪式——所掩盖。很明显，这些公开展示必须表达努力要得到解脱的“内在自我”（inner selves）的激动和兴奋；事实上，它们是情感教育在消费社会独特表现的工具和手段：它们展示了并使得情绪心态的故事和从中构造“纯粹的个人身份”的表述具有可接受性。

正如福格森最近以无与伦比的方式所指出的：

> 在后现代世界中，所有的区别都变得流动易变，所有的界限也 87
> 都被消除，而且每一样东西都能够表现得和它的对立物一样；出乎意料（irony）成了可能多少有些不同然而又非根本不同或完全不同的事情之永恒意义所在。

在这样一个世界，对身份的关切往往会获得一个新的解释：

> “出乎意料的时代”（age of irony）已经终止，并被一个表象（appearance）被神圣化为唯一的现实的“冒险时代”（age of glamour）取代……
>
> 这样，现代性就从一个“真实的”自我的阶段，转变到另一个“出乎意料的”自我的阶段，再转变成可以用“联想性的（associative）自我”——它对社会关系的“内在”精神和“外在”形式之间的纽带持续地加以解除——这一词语来称呼的当代文化……因此，身份就处于持续的摇摆波动中……[①]

① Harvie Ferguson, “Glamour and the end of irony”, *The Hedgehog Review*, Fall 1999, pp.10-16.

这就是现在的情况放在文化分析家的显微镜下看到的样子。公众对它在心中不真实可靠的印象可能是真实的，证明这一真实性的论据也确实是势不可当的。但是并非由心中印象的真实性来决定“诚实的公开展示”（spectacles of sincerity）的作用和影响。真正重要的是，设想的身份建设和重建的必要性是如何受到影响的，它如何被“内心”（inside）认识、理解和感觉，它如何被经历和度过。不管在分析家的眼中，它是真实的还是推断的，这一自由的“联想性的”身份地位，这一“到处寻找”、挖掘并倾吐“真实自我”，保持前进和发展的机会，已经在今天这个意味着和预示着自由的消费社会中出现和形成。消费者的选择，现在凭它自身的资格成了一个价值准则；选择行动比被选择的东西更为重要，而且情况被赞扬还是被责难，被喜欢还是被抱怨，这都取决于表现出来的选择范围。

然而，一个选择者的生活将总是一件复杂的幸事，即使（更确切些是因为）可选择的范围很宽，即使可能的新的经历和体验的数量是无限的。那种生活充满着风险：在自由选择这一美味可口的煎饼上，永远会有一个非常令人恶心的苍蝇待在上面。此外（而且这也是一个非常重要的补充），购物瘾的幸福和痛苦之间的平衡取决于很多因素，而不是只受展示出来的选择范围的影响。并非所有展示出来的选择都是符合现实和实际的；而且符合实际的选择的比例，并不是选择项目数量的一个因变量（function），而是选择者可以支配的资源的数量的一个因变量。

88 在资源足够丰富的时候，某人可以总是希望——或正确或错误地——保持对事情的掌控或占领先机，总是希望能够赶上快速变化的目标；这样，他就往往可能会对风险和危险不太重视，并想当然地认为，大量的选择可以多次重复地抵消生活在黑暗中的不快，抵消——对这种努力将在何处何时结束，或者它是否根本有一个终点——永不确定所带来的不快。正是这一在跑道上的激动人心的奔跑本身，无论它可能会让人多么疲惫不堪，总比冲破终点线更让人心动和愉悦。“充满希望的旅行比到达终点总是更好”这一格言，适用的正是这一情况。到达，即所有选择的明确终点，看起来比明天的选择废除今天的选择这一可能性还要更为令人生厌和可怕得多。只有渴望——几乎永远也不是渴望的满足——才是值得渴望的。

可能有人会认为，奔跑的热忱会和肌肉的力量一同减退，在资源减少和选择一个真正值得追求的选择对象的机会变得日益模糊起来时，对风险和冒险的热爱也会消退。然而，既然竞赛选手很多而且各不相同，而对所有人而言跑道却只有一条，这样一种观点就肯定会遭到反驳。正如西布鲁克指出的：

> 穷人并没有居住在一个与富人割裂的不同文化之中。他们必须生活在一个为富人的利益而设计的相同世界；他们的贫困因经济增长而加剧恶化，就像经济衰退和零增长加剧了他们的贫困一样。[①]

在一个购物/监视成瘾的纵观全局式的社会（synoptical society）里，穷人无法移开自己的目光；在这个世界里，已没有任

① Jeremy Seabrook, *The Race for Riches: The Human Costs of Wealth* (Basingstoke: Marshall Pickering, 1988), pp.168-169.

何一个地方可以用来转移他们的目光。屏幕上的自由越大，购物区货架上陈列的商品的诱惑力越大，对贫困现实的感觉也就越深，对选择的片刻快乐的尝试欲望就更加势不可当。有钱人看来拥有的选择越多，所有生活没有选择的人可以承受和容忍的就越少。

89 分裂了，我们就去购物

自相矛盾的是，虽然这绝非料想不到，这种自由（它在有着购物瘾的社会中，已经被提高到价值准则的最高层次——自由首先被解释为消费者的充分选择，并被当成是应对任何作为消费者选择的生活决策的能力）对不情愿的旁观者比对那些自由明显对他们具有意义和影响的人，会带来大得多的毁灭性的影响。资源丰富的阶层的生活方式，掌握了选择艺术的人的生活方式，在这一生活方式的电子化的过程中，经历了一个决定性的重大变化。它滴淌（trickling）进社会等级中，并且作为一个讽刺物或是作为一个怪异的突变体，从电子监控的渠道中和减缩的资源总量中渗透并传播开来。“滴淌”的这一最终产物，其所带来的愉悦（原初的愉快有望被传送——现在它的毁灭性的潜力却暴露无遗）已被剥夺殆尽。

把整个生活当成一种扩展了的大买特买的自由，意味着把这个世界看成是一个消费商品泛滥的大型零售商店。鉴于充满诱惑的东西大量存在，制造愉快的潜能往往会迅速枯竭。对于资源丰富的顾客而言，幸运的是，他们资源丰富，能确保他们免受商品化的令人不快的结果。他们可以像抛弃自己不再需要的东西一样，轻而易举地获得他们自己曾经渴望的东西。他们采取了预防措施，来应对欲望的迅速老化和固有的落伍过时以及他们的短暂满足。

资源丰富不仅意味着有挑选和选择的自由，还意味着，也许这是最为重要的，有免于承担错误选择的结果的自由，因此又意味着他们可以摆脱最没滋味的生活选择的自由。比如说，“可变的性别”“交汇的喜好”和“纯粹的关系”，人类伙伴关系商品化和消费者化的这些方面，被安东尼·吉登斯描绘成解放的工具和手段以及新的幸福（它是新的、规模前所未有的、个体自主和选择自由的结果）之保证。无论这是否确实属实，但任何东西都是不真实的，因为富裕且强大的流动精英是有问题的。甚至在人们可能全力支持吉登斯论断的情况下，人们也只能把注意力集中在更为强大的和资源更为丰富的有伙伴关系的成员上面，这些有伙伴关系的人也包括更 90
加弱小的成员（他们并没有被如此慷慨地赋予自由地实现自己的欲望所必备的资源。不要去提那些孩子——那些受同伴的持续性的然而也是偶然结果影响的人，他们几乎从不把婚姻的破裂看成是他们自身自由的体现）。身份的改变可能是一件私人的事情，但是它总是包含有解除某些束缚与取消某些义务的内容；那些处于接受一方的人，很少被顾及和考虑到，更不用说被给予实施自由选择的机会。

而且，即使某人把“纯粹关系”的“次要影响”考虑进去，他还是可能会这样认为，对于那些心高气傲的人来说，惯常的离婚解决和对孩子们提供生活来源，对于减缓普遍存在于有待进一步通知（until-further-notice）的伙伴关系中的不安全感，会有一定的帮助。

而且他还可能会认为，为了减少他的损失，为了避免对自己曾经犯下的罪过进行必需的永久悔恨，无论还会留下什么不安全感，这都不算一个过分的代价。但是，几乎毫无疑问，当“滴淌”到穷人和无权无势的人们之中时，婚姻契约脆弱无力的新型的伙伴关系和对除了“相互满足”功能外的联盟的“纯净化”，酿成了许多人的悲惨、痛苦、苦难，以及永远增长的、破裂的、没有关爱和希望的生活。

现在做个总结：（使“到处寻找”式的生活特性化的）身份认同的机动性和灵活性，与其说是解放（emancipation）的工具和手段，不如说是自由再分配（redistribution of freedoms）的工具和手段。因为这一原因，它是一件复杂的幸事——它的魅力和被渴望的东西，与被拒斥和令人害怕的东西一样多，而且它还引发出最为矛盾的复杂情感。它是高度矛盾的价值准则，往往会产生出不连贯的半神经过敏性的反应。正如巴黎大学迈考德（Yves Michaud）这位哲学家指出的，“随着机会的过量，毁灭、碎化和错位的威胁也增加了”[①]。自我身份确定的任务有着严重的破坏性的副作用。它变成了冲突的焦点和互不相容的冲动的引爆器。既然这一所有人的共同任务，必须由每一个人在完全不同的条件下来完成，那么它就把人们的处境割裂开来，并加剧了残酷无情的竞争，而不是将人们的境况统一起来以产生合作和团结。

① Yves Michaud, “Des Identités flexibles”, *Le Monde*, 24 October 1997.

第三章

时间/空间

哈泽尔登（George Hazeldon），这位英国出生的、定居在南非 91
的建筑设计师做了一个梦：梦见一个不像普通城堡的城堡，这个城堡满是看来不祥的陌生人，他们从黑暗的角落中冒出来，蹑手蹑脚地从破旧不堪的街道上悄悄走出，从臭名昭著的简陋小区里慢慢地溜出。哈泽尔登梦中的城堡，更像是中世纪城堡（在它厚厚的城墙、塔楼、护城河和吊桥的防护下，它被安全地保护在这个世界的风险和危险之外）的一个现代化的、高科技的变体。这是一个按照那些希望能控制和监视他们的友爱情谊的个体们的要求定做的城堡。正如哈氏自己所说的，在有些地方看来，它与圣米歇尔山（Mont-Saint-Michel）没有什么不同，它既是一个修道院（cloister），同时还是一个不可进入的、严密守卫的要塞。

正如任何一个看了哈氏设计图纸的人都会同意的，很明显，这个“修道院”是由制图员仿照拉伯雷（François Rabelais）[①]的德廉美修道院（Rabelais's Théléme）[②]设计而成的，那是一座强迫人们

① 拉伯雷(1483—1553)，法国作家、人文主义者，代表作为长篇小说《巨人传》，作品反映了文艺复兴时期新兴资产阶级的思想要求。——译注

② 德廉美修道院，是拉伯雷在《巨人传》里虚构的一个修道院，这一修道院与众不同，它的院规是“随心所欲，各行其是”，充满着自由的精神。它规定，女修士要容貌端庄，体质健全，对男修士也有这一要求。他们都可以随时离去，来去自由。修士可以结婚、发财和有自己的生活方式，想几点起床就几点起床，想几点睡觉就几点睡觉。在那里，不是根据法规、章程和条例而是按照自己的意愿和自由的主张来生活的。在这一修道院里，还有军事训练场。工作不是根据时间来衡量，而是根据能力和需要来分配。总而言之，这是一个与传统修道院完全不同的、崇尚自由和享受的地方（拉伯雷．巨人传．成钰亭，译．上海：上海译文出版社，1981：191-209）。——译注

高兴和喜悦的城堡，那里与其说是一个宗教性的供自焚、祈祷和斋戒的理想世界的修道院，还不如说是一个幸福是唯一法令和戒律的地方。为了换一下口味，说它是一个“要塞”，是相当名副其实的。赫里特奇花园（Heritage Park），这一哈氏将要在离开普敦不远的一块 500 英亩的空地上从零开始建成的城堡，因自己的围场而显得与其他的城堡不同：它有着高压的电子防护网、入口道路上的电子监控仪，以及沿路的栅栏、装备精良的保安。

如果你能买得起在这个赫里特奇花园的居住权，你将能在这个
92 远离混乱、敌意、恐惧的危险和风险的荒野（它只存在于城堡大门的另一边）里，度过你一生中的多数时间。为了得到完全满足，那里能够提供满足优美雅致生活需要的任何东西：赫里特奇花园有自己的商店、教堂、餐馆、剧院、公共游乐场、森林、中央花园、满是鲑鱼的小湖、慢跑跑道、运动场和庭院网球场——而且还留下了足够的剩余空间，以添加任何未来体面的生活可能要求的项目。哈氏在向许多现今居住在那里的人解释赫里特奇花园的优点时，相当坦率：

> 在今天，首要的问题是安全问题。不管喜欢还是不喜欢，安全保障都是差别所在……当我在伦敦长大时，我就生活在一个和谐的社区之中。人人都不能做错任何事情，因为每个人都认识你，他们会告诉你的父母……我们想在这里重建一个用不着有所担忧的和谐公社。①

① Chris McGreal, “Fortress town to rise on Cape of low hopes” , *the Guardian*, 22 January 1999.

因此，这就是它在起作用的地方：你在赫里特奇花园买了一套房子，你就等于买到了成为和谐公社（community）成员的入场券。“和谐公社”是这些日子里古代良好社会乌托邦的最后一个遗迹；它象征着任何要过——有着良好和谐的邻里关系，每个人都服从共同生活的更好的规则——更好生活的梦想遗留下来的东西。现实地看，这种和谐的乌托邦已经沦落为直接的邻里关系。难怪“和谐公社”是一个很好的卖点，也难怪在哈氏和土地开发商的计划书里“和谐公社”变成了一个对良好餐馆和风景如画的健身跑道（其他地方都可以提供这些东西）独立的也是别的地方没有的补充。

然而请注意，那个让人感觉到公社友爱情谊的深层意义在哪里。哈氏的这个受他在伦敦的童年时代启发并想要建在南非的那片未加开发的土地上的和谐公社，即使不是唯一的也首先是一个被严密监控的地方，在那里，那些做其他人可能不喜欢并因此而遭到抱怨的事情的人，将会马上受到惩罚，并将被强迫遵守那里的规范——而“不属于那里”的浪子、流氓和其他闯入者要么被拒绝进入，要么被围捕然后驱逐出境。哈氏甜蜜回忆的过去那个社区和它在南非这个现代化的复制品之间的其中一个差别就是，哈氏童年记忆中的和谐社区，是居民用他们自己的眼睛、舌头和手来取得的，
这种成功事实上没有更多的考虑，而在赫里特奇花园，则是通过隐 93
藏的闭路摄像机和一批一批荷枪实弹的士兵来检查进出安全门的人，以及秘密地（而如果有必要，就大摇大摆地）在街上巡逻来加以确保的。

澳大利亚维多利亚司法心理健康研究所（Victorian Institute of Forensic Mental Health in Australia）的一群精神病专家最近发出警告："越来越多的人正在假称自己是悄悄的跟踪者（stalker）的牺牲品，并且他们正在用尽公共信用和国家财产。"正如报告的作者指出的，"那些钱财本来应该花在真正的受害者身上"[①]。有一些被调查的"假装的受害者"，被诊断为患有"严重的心理紊乱症"，"认为他们产生'正成为每个人密谋行动的对象'这一错觉，并正被人秘密地追踪和监视着"。

我们可以对精神病专家的观测报告发表如下评论：相信其他人有针对我们自己的阴谋，这绝对不是新奇之事；确实，在所有时候，在地球的每一个角落，都有特定的人在遭受着别人阴谋的折磨。在任何时候和任何地方，都不会缺少渴望去发现自己生活不幸、挫折和令人羞愧的失败之原因并将责任归咎于别人的险恶用心和可怕阴谋的人。真正新鲜的是，那些悄悄的跟踪者（与他们经过之地之外的闲逛者和其他流浪者那些怪人一起）现在承担着这一别人失败和不幸的责任，并成了恶棍、妖魔、无赖、幽灵、爱搞恶作剧的地痞、眼光恶毒的流氓和令人作呕的女巫的代表。如果说"假装的受害者"可能"用尽公共信用"的话，那正是因为"悄悄的跟踪者"已经变成了一个萦绕在我们当代人心头无处不在的恐惧之一般的、流行的代名词；因而悄悄的跟踪者的无处不在，也就变得确切无疑了，对被跟踪和被监视的恐惧也正降临在很多人的头上。而且如果那些假称为这一被跟踪的威胁搞得心神不宁的人"能够花

① Sarah Boseley, "Warning of fake stalking claims", *the Guardian*, 1 February 1999, quoting the report signed by Michel Pathé, Paul E. Mullen and Rosemary Purcell.

尽国家财产”的话，那是因为，国家财产被逐年增加地大量地留出来，以用于追捕和驱逐那些悄悄的跟踪者、流浪者和其他现代恐慌的翻版，以及流动的百姓——那些处于流浪状态的或零星地或成批地涌进只有高贵者才有资格进入的地方的低贱者，还因为对人们可能在那里被跟踪的街区的防护，就像曾经驱除徘徊在屋顶上的妖魔一样，被看成是保护需要保护的人免受使他们胆战心惊、神经过敏的恐惧和危险之恰当手段和有意义的目标。

莎伦·祖金（Sharon Zukin）援引迈克·戴维斯（Mike Davis）的《石英城》（*City of Quartz*, 1990）一书中的话，来这样描绘洛杉 94
矶的公共空间——那里的居民和由居民选定或指派的监护人的安全关心再次塑造了这一公共空间——的新面貌：“直升机在居民居住区的上空嗡嗡作响，警察在与被他推断为流氓团伙成员的青少年发生争执，只要自己能够支付或者有足够的胆量去使用它，家族户主就会出钱去买那种武装防护组织的保护……”祖金说，整个 60 年代和 70 年代初期，是“都市恐惧制度化过程中的一个分水岭”。

> 选民和精英——美国的一个被宽泛理解的中产阶级——本来应该是选择赞同政府消除贫困、控制种族冲突和将每一个人融合进普遍的公共制度中的政策。然而相反的是，他们却是去选择购买保护，这刺激了私人安保产业的增长。

祖金在“日常恐怖的政治”（the politics of everyday fear）中发现了对她所谓的“公共文化”（public culture）的最易感知的危险。

不安全的街区里令人毛骨悚然、魂飞魄散的幽灵，让人们远离公共空间，并使得他们对探求处理公共生活所必需的方法和技巧感到深恶痛绝。

对于恐怖政治而言，通过建造更多监狱和实行死刑来“对犯罪变得强硬起来”，是一个过于普通寻常的答案。我在公共汽车上听到一个人说“把所有人都关起来”，他一下子就把解决问题的方法简单化到了荒谬绝伦的地步。另外有一个人的问题解决方法是，把公共空间私有化和武装化——使街道、公园甚至还有商店都变得更为安全起来，但是这又少了一些自由……[①]

社区根据它被严密监控的边界，而不是根据它的内容来划定界限；“保护社区”被理解成雇用武装门卫来控制人员进入；悄悄的跟踪者和流浪闲逛者升格成第一号公共敌人；公共区域被削减为一个有着选择性入口的“能防守的”飞地；脱离（separation）取代了公共生活中的协商（negotiation），并因它的非法化（criminalization）这一残存差异而变得集中起来——这些就是当今都市生活演化的首要方向。

当陌生人遇上陌生人

在理查德·塞纳特对城市的经典定义中，“城市就是一个陌生

① Sharon Zukin, *The Culture of Cities* (Oxford: Blackwell, 1995) , pp.39, 38.

人（stranger）可能在此相遇的居民聚居地”[①]。让我补充一点，这意思是说，陌生人适合于以陌生人的身份相遇，而且作为一个陌生 95 人，出现在意想不到的、开始和结束都同样突然的、意外相遇的场景中，这似乎也有几分道理。陌生人以适合于陌生人的方式相遇；陌生人之间的相遇不同于亲戚、朋友或者熟人之间的邂逅——相比而言，它是一个不合适的相遇（*mis*-meeting）。在陌生人之间的相遇中，不会去重新找到他们最后相见的地方；在两次相遇的间歇期间，他们既谈不上痛苦也谈不上高兴，更不会产生任何共同回忆：对任何东西都不会产生回想，也没有任何东西需要在当前的邂逅过程中去加以遵循。**陌生人的相遇是一件没有过去（a past）的事情，而且多半也是没有将来（a future）的事情**（它被认为是并被相信是一个摆脱了将来的事情），是一段非常确切地“不会持续下去的”往事，是一个一次性的突然而至的相遇，在到场和它持续的那个时间里，它就会被彻底地、充分地完成，它用不着有任何的拖延，也不用将未了之事推迟到另一次相遇中。就像一个把自己的世界完全局限在用自己腹部吐出的丝编织而成的网中的蜘蛛一样，相遇中的陌生人可能依赖的唯一支撑网，必定是用他们的表情、语言和手势这一稀疏的细线编织而成的。在他们相遇之时，没有试错的余地，无法吸取错误的教训，也没有另一次尝试的机会和希望。

结果就是，都市生活要求有相当特殊和熟练的技巧，一套塞纳特把它归为“礼仪客套”（civility）规则的完整技巧：

---

① Richard Sennett, *The Fall of Public Man: On the Social Psychology of Capitalism* (New York: Vintage Books, 1978) , pp.39ff.

> 相互设防而又能让每一个人和谐相处的社交活动（activity）。戴着面具是礼仪客套的核心所在。面具使得纯粹的社交应酬（sociability）成为可能，从而远离那些戴着面具的人的力量背景、不自在和个人感情。因为礼仪客套的目标是要掩饰并保护自己，它正使得每一个运用它的人自己负累重重。①

当然，人们是怀着有所回报的希望来努力实现这一目标的。只要人们有相似的对他人保持自我克制的宽宏大量，那么因克制自己不去与别人的习性发生冲突从而过度地加重了掩饰自己这一负担，这也就顺理成章了。礼仪客套和语言一样，不可能是“个人的”(private)。在它成为个人习得和私人运用的技能之前，礼仪客套首先必定是社会环境的一个特色。如果都市的每个居民都能学到礼仪客套这一艰难技巧的话，都市环境就必定会成为一个“文明和谦恭礼让的”（civil）环境。

然而对这个都市环境而言，“文明和谦恭礼让”意味着什么呢？让它成为一个利于和适宜个人礼仪客套行为的地方，这又
96 意味着什么呢？首先，它意味着，要提供作为这样一个**公众形象**（public personae）人人都可以分享的空间——这是一个没有被推动、被强迫或被欺骗去摘下他们的面具，以让他们“随心所欲”“展示自我”，以让他们表明他们自己的内在感情，并让他们私人的秘密思想、渴望和担忧展示出来的公众形象。但是它还意味着，它是这样一个作为普遍的善（common good）（但不能把它简单看成个体目标的总和）、作为共同任务（但它不能为众多的个

① Sennett, *The Fall of Public Man*, p. 264.

体追求而耗尽）和作为这样一种生活方式（它有着自己及自己日程的词汇和原理，这些词汇和原理要比任何最为丰富的个人关心渴望的事情的清单内容都要丰富）而展现在它的居民面前的地方，因此“戴着公共面具”，与其说是在放弃承担自己的义务，在逃避“真实的自我”，在退出人际交往和互相卷入，在表明自己天马行空、独来独往的希望，还不如说是一个在作出承诺并准备参与进去的行动。

在当今的城市中，存在大量被看作“公共空间”的场所。它们表现在很多种类和形态上，但是它们中的大多数可以被划到两个宽泛的类别中去。每一类都在两个相对的地方然而又是相互补充的方向上背离了“文明空间”（civil space）的理想类型。

在巴黎有一个叫作“拉德芳斯”（La Défense）的广场，它是一个坐落在塞纳河右岸，由弗朗索瓦·密特朗总统设计、委托并建设的大型广场（它是作为他的总统任期的永久纪念物而建造的，它的壮丽雄伟与他任期内的个人软弱和失败没有任何关系），它表现出了两类公共空间中第一类的所有特点，确定地说，它不是一个“文明的”（civil）都市空间。它留给游客的第一印象是这个地方的不友好表现：视线内的所有东西都让人产生敬畏和灰心。环绕空荡荡的大型广场的建筑物，都是为了让人观看而不是为了让人进入的：从上到下都被反光的玻璃给罩住，它们看起来就好像是既没有对着广场打开的窗户也没有对着广场敞开的大门；巧妙的是，它们想要把屁股对着它们面对的广场。从外表上看来，它们是傲慢专横和不易损伤的——它们之所以傲慢专横，是由于它们是不易损伤的，这两个特点互相补充又相互加强。这是个封闭式的、严禁进入的堡垒 / 修道院——它们促使每一个沉湎于广场的平坦和恢弘的人，都以它们为榜样并产生同样的感觉。没有任何东西可以减轻更不用说是去打破广场单调乏味、千篇一律的呆板空旷。那里
97 没有长椅可以休息，没有大树可以躲避炽热的阳光并在树荫下面乘凉。（毫无疑问，在这一空阔地区的很远的边上，有一组按几何图形排列的长椅；它们被设置在高于广场几英尺的平坦台地上，这一台地是一个像平台一样的台地，这一平台将让那些在此坐下并休息的人的行动变成一个向所有其他的、与坐在那里的人不同的、到这里有事要办的人的公开展示。）因为地铁时刻表呆板的规律性，其他的那些人——像蚂蚁一样一堆堆行色匆匆的步行者——一次一次地从地下涌现出来，一直延伸到把地铁出口与环绕在广场上其中一个刺眼的怪物分隔开的栅栏边，又迅速地消失在人们的视线中。然后，这个地方再度空空如也，直到下一列火车的到来。

第二类不文明的公共空间，目的是要服务于消费者，更确切地说，是要让城市居民变成消费者。用尤西塔罗（Liisa Uusitalo）的话来说，“消费者常常共享诸如音乐厅或展览馆、旅游胜地、运动场馆、商业大厦和自选商店这样的有形消费空间，而没有任何实际的、社会的相互影响和相互作用”[1]。这些公共空间鼓励的是行动，而不是互动（*inter*-action）。与其他从事类似活动的行动者共享实体性的公共空间，增强了行动的重要性，并在它的上面盖上了“多数人同意”的印记，从而证实了它的意义，并证明了它没有讨论的

① Liisa Uusitalo, “Consumption in postmodernity”, in *The Active Consumer*, ed. Marina Bianchi (London: Routledge, 1998), p. 221.

必要。然而，任何行动者之间的互动，将让他们远离个体从事的行动，并可能变成每个人的不利条件而不是成为有利条件。行动者之间的互动，不会给购物的愉悦带来任何好处，而只会使他们的注意力从手头上的任务彻底地移开。

这一任务是指消费，而且消费绝对地、无可挽回地是一种个人的娱乐和消遣，是能且只能由个体主观体验——经历——的一连串的感觉。充斥雷特泽的“购物天堂”的人群是人的聚合（gatherings）而不是人的整合（congregations）；是人的群集（clusters），而不是人的集体（squads）；是人的集中（aggregates），而不是人的总体（totalities）。无论他们有多么拥挤，在这些集体消费场合都没有任何“集体性”（collective）的存在。用阿尔都塞（Althusser）的话来说就是，无论是谁进入这个空间，作为个体，他都会“受到质询”（interpellated），要求中止或撕毁协议，要求摆脱忠诚的制约或是将它们放在边炉之上烧毁掉。

邂逅，这在一个拥挤的地方是不可避免的事情，不过却妨碍和干扰了这一目的的实现。它需要简单和浅显一些：不再也不会变得比行动者所希望的更深入。这个地方得到了很好的保护，以防 98
止那些打破游戏规则的人——各种各样的闯入者、干涉者、令人扫兴者和其他妨碍干扰消费者或购物者“光荣的孤立”（splendid isolation）的爱生事端者。这个严密布防、密切监视和监控的购物天堂，是一个充满秩序的安全孤岛，在那里没有乞丐，没有跟踪者和流浪者——至少希望的和假定的是这样。为了聊天和社会交往（sociate），人们是不会挤进这些购物天堂的。无论他们可能希望有

（或者情愿容忍）什么样的社会交往，他们的社会交往就像蜗牛搬家一样进展缓慢。

禁绝之地、吞噬之地、乌有之乡和虚幻空间

无论在购物天堂里可能发生什么事情，都很少或根本影响不到“门外”人们日常生活的节奏和进程。置身于购物区中感觉就好像“置身于别处”一样。[①] 但是，到购物区的旅行不同于巴赫金的狂欢节（Bakhtin' s carnivals），后者也含有被带到“特定时空”的体验：购物之旅首先是空间的旅行，而时间的旅行只是其次。

狂欢节同样是穿插在改造了的居民聚集地退回到平常性之前的转型过程中的时间。对严格界定的却又循环往复、周而复始的时间延伸而言，狂欢节揭露了平常现实的“另一面”（the “other side”），这个“另一面”经常处于够得着的状态中，不过人们平常既无法看到它，也无法接触它。发现的记忆和对其他终归会到来的发觉的期望，并不允许对“另一面”的察觉完全处于被压制的状态中。

购物天堂之旅却完全是另外一回事。设法走进购物之旅与其说是去见证熟悉事物的奇妙变化，还不如说像是被带到另一个世界中。购物天堂（它与以前的街头小店根本不同）可能存在于城市中（要不就象征性地高高耸立在城外的高速公路边上），但它不是城市的一部分，也不是一个暂时变得怪异的平常场合，而是一个“完全不同的另一个”世界。使它成为“完全不同的另一个”世界

① Turo-Kimmo Lehtonen and Pasi Mäenpää, “Shopping in the East-Central Mall” , in *The Shopping Experience*, ed. Pasi Falk and Colin Campbell (London: Sage, 1977), p. 161.

的，不是对诸如狂欢节中支配性的惯常规则的反转、否定或中止，而是存在模式（mode of being）的展现（平常性要么阻止它，要么 99
徒劳无功地努力去取得它，而且很少有人曾经希望在他们平常栖居的地方去对这一存在模式加以体验）。

雷特泽的“购物天堂”这一比喻是恰当的；购物／消费空间，确实是朝圣者的天堂——但它绝不意味着会和当地的狂欢教徒在一年一度的狂欢节期间举行的安魂弥撒仪式（black masses）[1]相适应。狂欢节表明，现实并非和它看起来的一样顽固，城市是可以改变和塑造的；购物天堂除了揭示了它的僵化呆板的顽固和不可动摇外，对平常现实的实质并没有揭示出什么。购物天堂，就像福柯的“小船”(boat)，“只是一个漂移的空间，一个找不到自己合适位置的地方（place without a place)，它孤独地存在着，自我封闭着，而且与此同时，还放任自己漫游于大海的无限（infinity）之中”[2]。它之所以能够“献身于无限”是因为它离开了并和港口保持着一段遥远的距离。

这一自我封闭的、没有自己合适位置的地方，与人们平常居住或穿越的所有其他地方都不同，是一个纯净化了的空间。不是它已清除掉了所有的差异和不同——这些差异和不同，不仅会污染其他地方并使它们变得混乱和糟糕起来，而且会让那些自称洁净和清晰的人，无法变得洁净和清晰；相反，是购物／消费的地方，应该把它们大部分吸引力归功于供出售的、千变万化的、丰富多彩的感

① 安魂弥撒仪式又称追思弥撒、黑弥撒（因举行仪式时神父穿黑衣服而得名）。它的另一个意思是传说中撒旦的崇拜者渎神的戏拟弥撒。——译注

② Michel Foucault, “Of other spaces”, *Diacritics*, 1, 1986, p.26.

官体验和感觉。但是内在的差异不同于外在的差异，它们的危险成分得到了控制和净化处理，并且保证不存在——这样它们也就没有任何威胁了。人们能够毫无顾虑地享用它们：一旦风险已被从中移开，剩下的就是纯净的、没有杂质的、未被污染的快感和幸福：购物 / 消费天堂提供了任何外界真实的现实都无法带来的东西，那就是在自由和安全之间近乎完美的平衡。

此外，在这一天堂里面，购物者 / 消费者可以找到他们在外面万分急切地然而也是徒劳无益地寻找的东西：令人舒心的归属感——成为共同体之一员的安慰性感觉。正如塞纳特指出的，差异的缺乏，那种“我们都是一样”的感觉，那一个“既然我们的想法都一样，那么就没有商谈的必要”的假设，正是“共同体”理念的最为深刻的意义所在，同时也是共同体具有吸引力——人们知道，它与生活背景的多元性和意义的模糊性成正比例增长——的最终原因。我们可以说，“共同体”是人们得以和睦相处亲密无间
100 (togetherness) 的捷径，是在人们的“真实生活”中很难出现的那种和睦相处亲密无间的捷径：一种绝对的、类似于“我们都是同样的”、“我们”群体的和睦相处；一个因这一原因而毫无问题的、事实注定如此的、不需要保持任何警惕和作出任何努力的和睦相处；一种不是任务而是在付出任何使它如此的努力之前就已经给定了的、特定的和睦相处。用塞纳特的话来说如下：

> 共同体团结一致的理念被锻造出来，这样人们就可以避免互相敌视……如果你出于自愿而喜欢谎言，那么这一虚构的、没有事实

根据的共同体团结一致性，就会给这些现代人一个成为懦夫和互相掩饰的机会……这一共同体理念将所有可能会带来差异感觉更别说是引起冲突的东西，都从“我们”的头脑中清除出去了。在这一意义上，共同体团结一致的神话就是一个净化和清除的仪式了。[1]

然而，潜在的困难和麻烦在于，“共同的身份认同感……只是一种体验和经历的伪造品”。倘若果真如此的话，那么任何一个设计、监督、管理和经营消费天堂的人，事实上都是最为重要的支配性的伪造者和狡猾的骗子。在他们的控制之下，印象就是一切：进一步的问题不需要加以回答，如果仍然有人对此表示怀疑，也将保持一种不必回答的状态。

在这一购物天堂内部，理念变成了现实。那些云集于购物区过道上的胆小鬼和人们可以想象到的一样，加入了这一虚构的、理想状态的、众所周知没有差别［更为确切地说，是没有重要的差别，需要去面对，需要去勇敢地接受他者的不同性（the otherness of others），需要谈判，需要澄清和需要对妥协达成一致］的“共同体”。因为这一原因，这一共同体不需要任何商量，任何交易，任何追求共鸣、理解和妥协的努力。大墙内的任何一个人，都可以放心地认为，其他所有可能与自己偶然相遇或擦肩而过的任何一个人，都抱着同样的目的来到这里，都受同样的吸引力的吸引（在那件事上都认为它们是有吸引力的），都受相同动机的引导和驱动。“置身里面”制造出了一个相信这一理念的人的真实的共同体，他

① Richard Sennett, *The Uses of Disorder: Personal Identity and City Life* (London: Faber & Faber, 1996) , pp.34-36.

们是通过相似的目标和方式，通过他们怀有的观念和他们遵从的行为准则而联结在一起的。总之，“消费空间”之旅，就是一次到糟糕地错过了的共同体——它就像购物的体验和经历本身一样，现在永远在“别处”去了——中去的远航。只要这种“消费空间”之旅持续几分钟或是几个小时，某人就能够与“其他像他一样”的“教
101 友”“教堂伙计”，与其他那些对他们随处可见的不同性，至少在这个地方可以安全地置之不理的他者（others）相遇。实际上，那个纯洁的地方，只有举行宗教顶礼膜拜仪式的地方和想象中的（或推断的）可能最为纯洁的共同体，才和它一样纯洁。

列维-斯特劳斯（Claude Lévi-Strauss），这位当今时代最为伟大的文化人类学家，在他的《忧郁的热带》（*Tristes Tropiques*）一书中指出，无论在何时，只要存在着应付他者不同性的必要，人类历史中通常就运用这两种策略：一种是人的**禁绝策略**（anthropoemic），另一种是人的**吞噬策略**（anthropophagic）。

第一种策略，是将那些被认为是不可救药的怪人和与集体格格不入的人清除出去：禁止与他们进行身体接触，对话，社会交往和所有各种各样通商、共餐或通婚。现在这种策略的极端变体如平常一样，是监禁、流放或屠杀。这种策略的改良了的、文雅一点的（现代化的）表现形式是空间上的隔离，是将他们隔离在城市贫民区，是有选择性地使用和禁止使用某些空间。

第二种策略，是自称的对异己成分的“非异化”（disalienation）：是对外来体的容纳、吸收和吞没，以便通过代谢作用将他们变得与接纳体保持一致，并让他们变得不再与接纳体有所不同。这一策略

采取的形式的范围异常广泛：从作为原始仪式的同类相食到强迫性的同化——包括文化改革运动，以及对地方习俗、日历、异教、方言和其他的“偏见”与“迷信”的旷日持久的消耗战。如果说第一种策略的目标是要将他者加以放逐或消灭，那么第二种策略的目标却是要终结或消灭他们的不同性、差异性。

列维－斯特劳斯的策略二分法和当今时代两种“公共的但不文明的”（public but not civil）空间类型之间产生的共鸣，是令人惊讶的，尽管这一点儿也不令人羡慕。巴黎的拉德芳斯广场［与它并列的是，多种多样的“禁止进入的空间”——按照史蒂文·弗鲁斯汀（Steven Flusty）的话来说，这“在当今的城市规划专家的创新中看来，是引以为荣的”[①]］是禁绝（emic）策略在建筑艺术上的再现，而“消费空间”体现的却是另一种吞噬（phagic）策略。二者都以自己的方式对相同的挑战作出反应，即作为都市生活的结构性特征的应对遇见陌生人的可能性这一任务。如果缺乏礼仪客套的习惯或是这一习惯没有得到充分的发展并没有得到足够牢固的确立的话，那么应对这一可能性就是一个寻求助力手段的问题。这两种“公共的但不文明的”都市空间，明显都是缺乏礼仪客套技巧的派生物；它们都必须应对这种欠缺潜在的破坏性后果，不是通过推动对这一 102
欠缺的技巧之研究和掌握，而是通过使得对这种技巧的掌握在都市生活艺术的实践中变得没有意义，而且变得确实没有必要。

在迄今描述的这两种再现方式上，还必须将一种首要的并日

① Steven Flusty, “Building paranoia”, in *Architecture of Fear*, ed. Nan Elin (New York: Princeton Architectural Press, 1997), pp. 48-49. Zygmunt Bauman, *Globalization: The Human Consequences* (Cambridge: Polity Press, 1998), pp. 20-21.

益变得普遍的再现方式补充上去。这种反应被乔治·本柯（Georges Benko）和后来的马克·奥奇（Marc Augé）取名为“乌有之乡”（non-places）[在格罗（Garreau）那里，却被命名为“子虚之地”（nowherevilles）]。[①]“乌有之乡”和第一类表面上是公共的但明显不文明的场所有着一些共同点：它们都对“定居”的思想进行打击，使移居和常住几乎变得没有可能。然而，它又不像巴黎拉德芳斯广场。在拉德芳斯广场，它的唯一命运是被穿过并尽可能快地将它抛在后面，或者说，拉德芳斯广场这个“禁止进入的空间”的主要作用是严禁进入，而且严禁进入又意味着只能绕行而过，而在“乌有之乡”，却接受陌生人旷日持久的有时甚至是极为漫长的逗留的不可避免性，并力所能及地去做这样一些事情——认为他们只不过是在“体形上”与这些人有所不同，而在社会特征上却几乎没有什么不同，更为可取的是，甚至于认为他们自己在体形上也与陌生人难以作出区分；并力所能及地将这些旅人的主观特性的差异加以取消或将它们提高一个层次以和自己拉平，或者是认为这些旅人的主观特性的差异根本没有束缚力。“乌有之乡”的暂住居民之间可能也会有所不同，每一种人都有自己的习惯和想法；窍门就是在他们的逗留期间认为所有的这些不同都无关紧要。不管他们还有其他什么样的差异和不同，他们应该遵守相同的行为暗示方式；而且引发统一的行为方式的暗示，对他们所有人而言都必须是明确清楚的，不论他们在日常活动中选择或习惯使用的是什么语言。不管

① Marc Augé, *Non-lieux: Introduction à l'anthropologie de la surmodernité* (Paris: Seuil, 1992).Georges Benko, “Introduction: modenity, postmodernity and social sciences”, in *Space and Social Theory: Interpreting Modernity and Postmodernity*, ed. Georges Benko and Ulf Strohmayer (Oxford: Blackwell, 1997), pp. 23-24.

在“乌有之乡”需要做些什么和做了些什么，那里的每一个人都应该有宾至如归的感觉，尽管没有任何一个人会真的像在家里一样行事（behave）。“乌有之乡”是一个毫无身份、关系和历史的象征性体现物和表达物的空间：比如机场、高速公路、无个性特征的旅馆房间、公共交通工具……在世界的史前时期，“乌有之乡”从来没有占领那么多的空间。

既然“乌有之乡”的人们，把公众行为简化为几条简单而又容易掌握的戒律，那么，它就不要求掌握那些复杂而又难于学习的礼仪客套的艺术。因为那一简化，它也就不是学习礼仪客套的学校。而且既然在这些日子里，它“占领了那么多的空间”，既然它总是
占据大量的公共空间并以它的方式来重新塑造它们，那么，可以学 103
到礼仪客套艺术的地方就会越来越少。

差异可能会逐渐被人们唾弃掉和侵蚀掉，被人们远远地离弃，而且在那里有专门对付每一种可能性的地方。但是差异也可能会被弄得难以察觉和辨认，更确切地说，是防止差异被人们看见。这是“虚幻空间”（empty spaces）的实现。正如发明了这一词语的凯西基维茨（Jerzy Kociatkiewicz）和科斯特拉（Monika Kostera）指出的：

> 虚幻空间是没有被赋予任何意义的地方。它们不必通过围栏或障碍物来和外界加以隔绝。它们不是禁止进入的地方，不过，它们的不可进入是因为它们是无形的、不可见到的。
>
> 如果……意义构建（sensemaking）是一个模仿、领会、消除诧异和创造意义的行为，那么我们对虚幻空间的经历就不包括意

义构建。[①]

虚幻空间首先是没有意义的空间。不是说它们没有意义是因为它们是虚幻的：因为它们没有包含任何意义，人们也不会相信它们能够包含什么意义，所以它们才被看作是虚幻的（更准确地说，是看不见的）。在这些拒止意义（meaning-resistant）的地方，从来不会有就差异展开谈判的问题：那里没有任何一个可以谈判的对象。其他各类地方想方设法要消除或减轻陌生人的影响，它们在这一点上无法和虚幻空间相提并论，在这一意义上，虚幻空间处理差异的方式是相当彻底的。

凯西基维茨和科斯特拉列作特殊空间类型的虚幻空间，是一些没被移民的地方，也是一些无论是设计者还是得过且过的使用者的管理者，都不希望或是没有感觉到有必要指定它们用作移民的地方。我们可以这样说，这些地方是在结构化的任务在这一作为真实实体的虚幻空间上完成之后，保留下来的“残留之地”：他们将它们的朦胧存在归因于在结构的典雅和世界（任何世界，也是刻意设计的世界）的混乱——这种混乱，众所周知，是因为这一世界蔑视简明划一、整齐匀称的分类——之间缺乏重叠。但是虚幻空间这类东西，并不仅仅局限于建筑设计草图的残余地和城市规划专家视野外的被忽略的边缘地带。实际上，许多虚幻空间并非无法避免地只能是残留之地，而可能是另外一些项目的必要的组成要素：它们可能是许多不同用户规划图上的必要部分。

① Jerzy Kociatkiewicz and Monika Kostera, “The anthropology of empty space”, *Qualitative Sociology*, 1, 1999, pp. 43, 48.

在我的一次讲学旅程（到一个人口众多的、发展缺乏规划的、充满活力的南欧城市）中，一个年轻的大学讲师到机场迎接我，她 104 是一对受过良好教育的、较为富有的专家夫妇的女儿。她向我道歉说，因为无法避开那条通往市中心的常常发生交通堵塞的繁忙街道，通往宾馆的旅程将是一段不容易的旅程，这段路程会花费很长一段时间。事实上，到达目的地几乎花了我两个小时的时间。在我离开的当天，我的导游提议用汽车送我到机场。因为我知道在那个城市开车是多么令人烦恼和疲惫不堪，我为她的热心和好意向她表示感谢，并回答说，我将搭乘出租车去机场，而且我确实是那样做的。这一次到机场少花了十分钟的时间。但是，出租车司机沿着破破烂烂、死气沉沉、偏僻的，满是举止粗野、游手好闲的人和衣不蔽体的小孩的贫民区迂回前进。我的导游作出的没有任何可以避开市中心繁忙街道的这个保证并不是托词。她头脑中的这张她出生和成长的城市地图，是非常真实和可信的。在她脑中的那张城市地图里，没有记录下出租车带我经过的“简陋的”街区中她没有见到的街道。在我的导游的心理地图中，在那些本应该在地图上加以标识的街道中，不折不扣地有着一个虚幻空间。

那座城市和其他城市一样，有许多的居民，每个人在他的头脑中都装着一张这个城市的地图。每一张地图上都有它的虚幻空间，尽管在不同的地图上这些虚幻空间所处的位置并不一样。那些指引各种居民移动的地图并不重叠，但是对任何一张“有意义”的地图而言，这个城市有一些区域就必定会因为没有意义而加以忽视和遗漏，而且就意义建构而言，那些地区也是没有希望的。

在地图上删除那些地方，也就让其他的地方变得突出起来并充满着意义。

那些地方的虚幻却出现在旁观者的眼中，出现在城市旅客的脚下或是车轮之下。虚幻空间是人们没有进入的、人们感觉到消失了的、敏感的地方，而且从人的外表看来，他会感到惊奇、困惑并有些许的恐惧。

不要和陌生人说话

让我重申一下，礼仪客套的核心意义是与陌生人互动的能力，而不用抓住他们的怪异之处不放并强迫他们放弃自己的怪异特性，或是强迫他们放弃原先使他们成为陌生人的一些或全部
105 特性。“公共的但不文明的地方”——前面列出了这些地方的所有四种类型——是互动的多余物。如果说身体上的接近——共享一个空间——是无法完全避免的，那么它包含的“和睦相处”(togetherness) 的挑战或许能够和它明显招致相遇、对话和互动的东西一起被剥夺一空。如果与陌生人相遇是不可避免的，人们至少可以努力去避免和陌生人的交往。让那些陌生人，像维多利亚时代的小孩一样，只是被看见而不会被听到，或者，如果听到是不可避免的，那么至少不用去仔细聆听。关键在于，无论他们说些什么，都让这些变得毫无意义，并让他们能做的、将要做的或是渴望做的事情，都没有任何结果。

毫无疑问，所有的这些对策都只是不彻底的折中方法 (half-measures)，是次优的解决办法，或是最不可憎的、损害最小的坏点子。“公共但不文明的地方”允许人们不与周围的任何陌生人交往，并允许人们去避免和他们进行充满风险的交易，避免和他们进行伤透脑筋的交流、商谈，避免和他们进行使人烦恼的妥协。然而，这并没有阻止和陌生人的相遇；相反，这一折中方法认为，相遇是不可避免的——因为这一假设，这一折中方法才是用作此一目的并已得到使用的。这也就是说，它是一种对已经感染了的疾病的治疗方法，而不是一种使得这一治疗变得没有必要的预防性的疗法。而且正如我们所知道的，所有的治疗方法可能也不可能治愈这一疾病。即便有连傻子都懂得的疗法，也是寥寥无几的。通过肌体对疾病的免疫而使治疗成为多余，这是多么好的一件事情。因此，将陌生人的群体清除出去这一方法，看起来比使陌生人的存在变得无效的任何最为老练的方法，都具有更为安全和更有吸引力的前景。

这看似是一个更好的解决问题的办法，但是这一方法自身当然不可能没有危险。对免疫系统的干预是一件充满风险的事情，而且它可能本身就是致病因素。此外，使得肌体能够抵抗某种威胁最终会使肌体更容易受其他威胁的侵害。几乎没有任何干预手段可以免除可怕的副作用：众所周知，有很多治疗手段会产生医源性的疾病——这些疾病源自治疗手段本身，它们的危险一点也不比它们要治疗的疾病更小（如果不是更加危险的话）。

正如塞纳特指出的：

> 共同体与这一城市的其他居民隔绝得最为严重的时候……法治 *106*

和秩序的呼声也就最为强烈。

在过去的二十年中，美国城市中的种族区域变得相对均匀，美国的城市就是在这一意义上得到发展的；种族区域外人们的恐惧的增长，已经达到了种族集团已被隔绝开来的程度，然而，这绝不是偶然的。

与差异共处的能力，更不用说去喜欢这一共处并从中受益，并不会轻易地产生，当然也不会在自身的推动下形成。这一能力像其他所有的技能一样，也是一项需要学习和实践的技能。相反，无力勇敢地面对这一令人苦恼的人类的多元性和复杂性，无力勇敢地正视所有分类/整理决策的矛盾心理，却是永恒的、不断自我强化的事实：谋求同质性的压力和消除差异的努力越是强烈有效，在面对陌生人时要让自己感到自在也就越是困难，差异看起来也就越具有威胁性，它产生的焦虑也就越深和越强烈。在集体同一性、单调性和重复性的掩护下，躲避都市嘈杂性的那令人胆怯不安的影响的计划，就像它是自我驱动的一样，它也是自拆台脚、有违自己利益的。要不是对差异的怨恨也碰巧是自我证明自我支持的这一事实，这也会是一个微不足道、无关紧要的真理：谋求同一性的压力会产生更多的紧张，同样，因“陌生人就站在门边”所带来的危险而感觉到的恐惧也会越多。一群陌生人会带来危险，这是一个经典的自我实现预言。要将看一眼陌生人和对不安全可靠的弥散性的担忧融合在一起，这越发变得容易起来了；在开始时只是被推测到的东西，变成了一个已经得到多次证实的东西，并且最终变成了不证自明的真理。

无所适从的窘境现在变成了恶性循环。随着达成公共利益和共同命运的艺术难得一用，并处于半遗忘之中，或者是从来没有很好地被掌握过，从而陷入了废弃的状态，随着“普遍的善”的理念（更不用说“良好社会”的理念了）被打上值得怀疑、具有威胁、模糊不清或是愚蠢的污名，在公众的身份认同中而不是在共同利益的达成一致中去寻找安全可靠性是最为明智的而且是最为有效和有利的可行之道；但是，对身份认同的关注和对保护它以使它免受污染的关注，又使得公共利益尤其是**协商达成的**公共利益更不可信且越发荒诞不经，使得追求公共利益的能力和意志越发不可能出现。正如莎伦·祖金在对这一作为结果而出现的困境作出总结时所说的，“任何人都不知道该如何与其他任何人进行交往”。

祖金认为，“共同命运这一最终理想的耗竭衰亡，加强了社会 107
阶层（culture）① 的吸引力”；但是，在普通的美国用语中，社会阶层首先是“地位集团性”（ethnicity）② 的——而地位集团，接着又是一个“在社会中努力获得合适职位的合法的途径”③。假设这是毋庸置疑的，努力获得一个合适的职位首先意味着地域上的分离，意味着分离的“可以防御的空间”的权利（这一空间需要防御和值得防御正是因为它是分离的）——这是因为，这一空间被戒备森严的边防岗哨所环绕着，它只允许具有“相同身份”的人进入其中，而不

① 在美国英语中，culture 一词还有社会阶层的意思，以指采取同样生活方式的一群人。比如说 the singles culture 就指独身阶层。——译注

② 在美国英语中，ethnicity 是指少数民族集团中的一员，尤其指保留其固有习俗和社会观点的人。在此处并不能译成“种族”或“族群”。——译注

③ Zukin, *The Culture of Cities*, p.263.

允许任何其他的人进去。因为地域的分离其目的是要寻求邻里的同质性，因此，“地位集团”比任何想象的“身份认同”更适合于这一目的。

与其他假定的各式各样的身份不同，地位集团是一个充满符号意义的概念。它像公理一样，不证自明地假定存在一个任何人为力量都无法将它分裂开来的紧密的结合。它假定，在对权利与义务进行的所有商谈和最终达成一致之前，注定会存在一个紧密联结的统一体。换言之，所谓的标志着地位存在的同质性，是他律的、**不由自主的**（heteronomous）：它不是一个人工制品，而且非常肯定的是，它也不是当代人的产物。那么这就难怪，当它从令人恐惧的、有着多种声音的、“任何人都不知道该如何与其他任何人进行交往”的空间撤退进入一个“安全可靠的位置”——在那里，“任何人都和其他任何人一样”，因而很少有东西需要商谈，而且商谈也是容易的——时，地位集团都会比其他任何假定的身份认同，更为优先地成为第一选择。也难怪，不用关注太多的理由，其他假定的集体在吵嚷着要为自己谋求一个“社会地位”时，急不可待地要夺取地位的标志，并忙于创造和虚构它们的渊源、传统，共有的历史和共同的未来——但是首要的，是创造它们独立的、唯一的社会阶层性，这是因为社会阶层真正的或推断的唯一性，才是他们“凭自身资格有权要求的价值”。

把我们这一时代再度出现的社群主义，辩解为还没完全消除的、在进一步的现代化进程中或早或晚必定会消除和平息的、本能的或天性的中断和挫折，这是错误的；把它简单地理解为理性的暂时性的失败——把它简单地理解为非理性的一个明显与理性追求的“公共选择”所意味的内容发生冲突而令人遗憾但事实上又是无法避免的事情，这也是相当错误的。每个社会环境都提倡和促进它自己的理性类型，都将自己的意义融入理性生活策略的理念中去—— 108
为了支持当今社群主义的化身是对“公共空间”真正危机的理性回应这一假设，人们可以有很多说法——而且对公共空间是其天然家园的人类行为即对政治来讲，也是如此。

随着政治王国纯粹降格成了隐私的公开坦白、公开展示和对个人高尚品德与道德败坏的评价和检测，随着公众考虑的人的可信性的问题取代了对政治使命是什么和应该是什么的考虑，随着良好社会和公正社会的理想几乎完全没有引起政治讨论，难怪（正如塞纳特在二十年前就已经注意到的[①]）人们适合以消极的旁观者身份，去扮演一个提出自己对消费的想法、感觉而不是付诸行动的政治角色。然而，核心问题在于，这一旁观者并没有对政治角色这一身份寄予过多的期望，就像他们除了在闪光灯下的公开表演外，不会对其他角色寄予过多的期望一样。因而政治表演，和其他公开的舞台表演一样，变成了一个无休无止单调乏味的、反复推敲和重复的、“身份要比你真正感兴趣的事物更为重要”的启示，或者变成了这样一个教训——是身份而不是你对什么东西感兴趣，才是真正有意义的事情；是“你是谁”而不是“你正在做什么”，才是真正重要的事情。是真实自我的展示，正日益彻底地变成公众关系和诸如此类的公共生活的关系的实质性东西；而且一旦由兴趣导航的小船沉没了，正是身份的自我确定和认同，变成了遭遇海难寻求救援的人

① Sennett, *The Fall of Public Man*, pp.260ff.

最有可能抓住的救生圈。而且，正如塞纳特指出的，“维持这一共同体的存在，成了它本身的一个目标；而将那些并不真正属于那一共同体的人清除出去，也就成了这一共同体的任务所在”。再也不需要“拒绝谈判和持续清除外来者的任何更多的理由”。

与“他者”，与不同的、陌生的和外来的人保持距离的努力，把交流、谈判和相互承诺之要求排除在外的决定，不仅是对不确定性作出的可以理解的反应，而且是对它作出的可以预料的反应，既存的这些不确定性植根于社会纽带的新的脆弱性和流动性之中。我们倾向于认为，我们的个人安全的危险和“外来人”的闯入是有关联的，而我们的不受威胁的安全和保障，也与净化有着必然联系。毫无疑问，那一决定与我们当前对污染和净化的着迷般的关注，与
109 我们的这一认识倾向是非常合拍的、一致的、吻合的。对这一无孔不入的闯入集体的东西的深切忧虑和关注，对鬼鬼祟祟地潜入这一共同体旁边的外来陌生人的深切关注，一起在这同一的认识框架中落地生根了。这两种关注都推动和加强了这一“把他（他们）从我（我们）的集体中驱除出去”的近似渴望。

这些渴望，聚集、集中和浓缩在地位集团分隔的政治中，尤其是聚集在防止“外来陌生人”涌入的政治中。正如本柯所说的：

> 存在着比他者（外来陌生人）还要更为“他者”的他者。把人们当作外来陌生人而拒之门外，这是因为我们再也不能够设想出其他不同的社会病变的表现。[①]

① Benko, “Introduction”, p. 25.

尽管这完全可能是一种病变现象，但是，这并非一种试图徒劳地将意义强加在一个丝毫没有稳定的和可信赖的意义之世界上的心理病变，而是一个导致政治病变的公共空间的病变：对话和谈判技能的枯竭和萎缩，而代之以逃避参与的技能和避免相互承诺的技巧。

“不要和陌生人说话”，这个忧心忡忡的父母曾经给予他们不幸的孩子的警告，现在已经变成了成年人的一个具有战略意义的戒律。这一戒律把陌生人是人们在生活中拒绝和他说话与交往的人这一生活现实当成一个谨慎小心的原则。政府只能在心理上急切和乐意去帮上摧毁其主人存在着的忧虑和不安全感的基础的这个忙，可是没有能力去这样做。“侨民”作为最充分也是最可感知的“他者”化身，他们之间的联合阵线，倒是非常有希望将各种各样的分散的充满恐惧和无所适从的个体，拼凑成一个模糊的使人联想到“民族共同体”之类的东西；而且这也是我们这个时代的政府能做和正在被看到做的仅有的几件事情之一。

哈泽尔登的赫里特奇花园，终将成为一个所有的过路人都能够相互自由交谈的地方。既然在他们之间将没有什么东西可以交谈，那么他们就将能够自由自在地交谈——除非改变惯例，并改变不需要任何争论也不需要任何承诺的这一熟知的规则。赫里特奇花园这一共同体中幻想的纯洁性，只能以不参与和脱离联系的高昂代价来获得。

110 作为时间历史的现代性

在我还是一个孩子的时候（而且这也碰巧会在其他时间和空间里发生），听到“从这儿到那儿有多远”的问题，并回答说“大约一个小时，如果你走得更快一些或者还要少一点”，并不奇怪。在比我的童年时代还要更久远的时间里，我猜想，更为平常的回答会是“如果你现在就开始走，你会在中午前后到达”，或是“如果你想在天黑之前赶到那儿，你最好现在就走”。现在，你或许偶尔能听到类似的回答。不过在它之前加上“你有车吗？”或者“你是指步行吗？”这样一个更为特殊的问题，会更为合适。

“很远”和“很久”，就像“附近”与“不久”一样，常常用来指代这一相近的东西，即人们要跨越一定的空间距离需要作出多大的努力——无论它是指走路、收割，还是指犁地。如果人们被竭力要求对“空间”和“时间”的含义作出解释，他们可能会说，空间是在一个给定的时间里你能够穿过或越过的东西，而时间是你在穿过它时需要的东西。除非被竭力要求这样做，否则人们根本不会去玩这样的概念游戏。那么，人们为什么会是这样的呢？对多数已经渗透进日常生活的事物，人们有着足够的理解，直到被要求对它们进行定义时都是如此；而且除非被问到这类定义问题，否则人们首先就根本没必要去对它们作出定义。人们对我们常常称之为“时间”和“空间”的那些东西的理解方式不只是令人满意，而且还和需要的一样准确，只要它是“湿件”（wetware）①——人、牛或

① “湿件”是计算机专家的用语，用来指硬件、软件以外的“件”，即人脑。在此处主要是指有生命的动物的动力和力量。——译注

马——努力的结果，或者是由他（它）们来对它作出限定。某人的两条腿可能会与其他人的两条腿有所不同，但是用其他人的腿来代替某人的腿，这并不会使是把它叫作尺度还是把它叫作人的肌肉的力量有多大的差别。

在希腊奥运会的年代里，没有人会想起跑道或是奥运会纪录，更不用说会想到打破奥运会纪录了。创造和使用不同于人或动物肌肉力量的一些东西，对这些观念来说是必要的，对这一决定——把它的重要性归因于人的个体运动的能力、想象的能力和促进实践的能力之间的差别——来说也是必要的，而且这对于漫长的受制于使用牲畜时代的史前时期来说也是一样的，最后，这对于开始的时间历史来说，也是如此。时间历史以现代性为起点。确实，除了是任何其他事物外，也许还不止于是任何其他事物，现代性就是**时间的历史**（the history of time）：现代性是时间开始具有历史的时间。

为什么空间和时间一旦融入人们的生活劳动，就会破裂并在人 111
们的思想与实践中分离呢？如果你为了解这一原因而去翻开历史书籍，你将会发现书上充斥着各种各样的理性大师——勇敢无畏的哲学家和充满勇气的科学家——的发现发明的故事。人们可以从书上知道测量天体距离和运行速度的天文学家，可以知道计算加速度和“物体”运动距离之间准确关系并精心地用数字——那些最为抽象和客观的可以想象的数值——来表达这一关系的牛顿，还可以知道把时间和空间当成是人类认识的两个先验地分离并相互独立的范畴并因这一成就而永载史册的康德。然而，不管用什么方式证明了哲学家以永恒的形式（*sub specie aeternitatis*）思考的资格，但总是无限和永恒中的一个有限部分——当今人们能够达到的只是这一无限和永恒中的有限的部分——在为哲学和科学思考以及能够转化成永恒真理的经验材料提供“认识论基础”；实际上，这一限制使得伟大的思想家们比那些作为愚蠢的空想家、神话的创造者、诗人和其他喜欢幻想的幻想家而被“名垂青史”的人，显得更加引人注目。因而，在这一时空领域必定已经发生了一些什么事情，并促使这一人类为拥有对空间和时间的自主权而进行实践的能力，在哲学家的视野中突然显眼起来。

人们有权这样猜测，那些在时空领域发生了的“什么事情”，是交通工具的建造，它们比以往任何时候的人和马都要跑得更快，而且与人和马截然不同的是，人们可以把它们造得跑起来越来越快，这样在跨越不断加大的空间时可以花费越来越少的时间。在这些非人力和非畜力的运输工具出现的时候，运动需要的时间就不再是距离和不容改变的“湿件”的特点；相反，它成了运动技术的标志。时间变成了一个“硬件”(hardware) 的问题，人类能够对这一硬件加以发明、建造、使用和控制，时间再也不是绝望地无法延伸的“湿件”问题，也不是变化莫测的、反复无常的、人类无法加以控制的风力和水力的问题。同样因为这一原因，时间变成了一个独立于大陆和海洋永恒不变的面积之外的一个因素。时间不同于空间，这是因为它不像空间，它能够被人类加以改变和控制；它已经变成了一个分裂因素——一个时空结合中的变化不断的动态角色。

112 富兰克林 (Benjamin Franklin) 的名言是“时间就是金钱”；既然他已经把人界定为“制造工具的动物”，他就能够自信地作出这一论断。在总结此后两个世纪以来的经验时，约翰·肯尼迪（John Fitzgerald Kennedy）在 1961 年向他的美国同胞们指出，“我们必须把时间当成工具来使用，而不是把它当成一个长沙发”。一旦时间成了人类在克服空间阻力——缩短空间的距离，把阻碍更不用说是限制人类理想的障碍物的意义中的“遥远性”彻底消除——的持续努力中的一个基本工具（或者是武器？），时间也就变成了金钱。装备有这一武器，人们就能够为自己制定征服空间的任务，并最为热切地去履行这一任务。

国王或许会比他的代表旅行得更为舒适一些，贵族也可能会比他们的奴仆旅行得更为方便些；但是从本质上来讲，他们中的任何人的旅行，都不可能比其他人在速度上快很多。湿件使得人们都大体相似，而硬件却可以使人大不相同。这些差异（不像那些源于人的肌肉的不同性的差异）是在那些硬件成为它们效率的条件之前、在它们能被用来制造更多的差异（而且这些差异比以前要更有意义更加不容置疑）之前的人类活动的结果。随着蒸汽机和内燃机的出现，建立在湿件基础上的这些特性也就渐渐地消失了。现在，有些人可以先于其他任何人很久而到达他们想要到达的地方；他们也能够躲避坏人的跟踪，并有效地防止被赶上、被耽搁和被挡住。不管是谁，只要他走得更快，他就能够声称有更多的地方——而且，因为他们这样做了，所以他们能够控制、勘测并监视这些地方——来和对手保持一定距离，并让闯入者无法进入。

人们可以把现代时代的起点和不断变化的人类实践的各个方面联系起来，但是，时间从空间中的解放——从属于人类的创造性和技术能力，并由此作为一个征服空间和使用土地的工具而和空间相对比——并不是一个会比其他任何的计算起点都更为糟糕的计算起点。现代性诞生在加速和陆地征服的“星象”中，而且这些星象形成了一个包含所有关于它的特性、行为和命运的信息的星象。要解读它，只需要一个专业的社会学家，而不是一个充满想象的占星学家。

从现在开始，时空关系就变得是流程性的（processual）、不定
113 的和动态的，而不再是预先注定的和静态的。“空间的征服”，开始指运行更快的机械。加速运动意味着更为广大的空间，而且加快这一运动是扩大空间的唯一方式。在这一追逐中，空间的扩展成了游戏的别名，而空间就是这一游戏的赌注；空间是价值而时间却是手段工具。为了使这一价值最大化，需要将工具磨得更快一些：多数“工具理性”（在韦伯看来，它们是现代文明运行的准则），集中于尽快完成任务的方法设计上，然而忽略了“非生产性的”、闲置的、空闲的并因而浪费了的时间；或者，老生常谈地根据行动的效果而不是根据行动的手段来说，工具理性集中于将客体更为稠密地充塞进空间中，并扩大这一在特定时间内能被填满的空间。向前看，笛卡尔（Descartes）[①]在现代空间征服的开端时期就把存在和空间性（spatiality）等同起来，并把任何物质存在界定为广延性实体（res extensa）。[正如罗勃 · 西尔兹（Rob Shields）绝妙地指出的，人们可以将笛卡尔“我思故我在”的这一著名观点重新表述为

① 笛卡尔（1596—1650），法国哲学家，自然科学家，解析几何学的奠基人，提出“我思故我在”，其哲学基础是灵魂和肉体、“思维”实体和“广延”实体的二元论，主要著作有《哲学原理》《方法论》《几何学》。——译注

“我占有空间，因而我存在”，而不会扭曲它的含义。[1]］向后看，在这一征服耗尽了精力并要慢慢地结束时，塞图（Michel de Certeau）却宣称权力是领土和边界的事情。(正如克罗斯韦尔最近在总结塞图的观点时所说的，“强者的武器是……分类、勾勒轮廓和分界。强者依赖于绘制地图的确定性”[2]；注意，上面列出的所有武器都是针对空间作出的行动)。人们可能会说，强者和弱者之间的差别，是体现在地图上的领土（它被严密地保卫着并被牢牢地控制着）和允许人们进入、允许重新划定边界并重新绘制地图的领土之间的差别。至少，它已经变成这样了，并且在很大一部分现代历史里，它是保持这种状态的。

从沉重的现代性到轻灵的现代性

那一部分现在快要终结的历史，因为没有一个更好的名字，所以可以给它取名为“硬件”时代，或者叫作沉重的现代性——一种大量占有的现代性，一种“越大越好”的现代性，一种“大就是力量，多即是成功”的现代性。那就是硬件时代：一个比以往任何时期的机器都要更为笨重的重型机器的时代，一个用比以往任何时期都要更长的围墙来围住工厂场地并容纳比以往任何时候都要更多的工作人员的时代，一个笨重的机车和大型的远洋客轮的时代。征服 *114*

① Rob Shields, “Spatial stress and resistance: social meanings of spatialization” , in *Space and Social Theory*, ed. Benko and Strohmayer, p. 194.

② Michel de Certeau, *The Practice of Everyday Life* (Berkeley: University of California Press, 1984); Tim Crosswell, “Imagining the nomad: mobility and the postmodern primitive” , in *Space and Social Theory*, pp. 362-363.

空间是它的最高目标——去尽可能地、最大限度地抓住它，坚守住它，并且在这个空间上四处插满占有的标志和“外人禁止入内”的标牌。领土是现代人迷恋的东西里头最为敏感的东西，对它的获取，也是现代人的强制性的欲望里头最具强制性的欲望——然而保卫这些边界，在最为普遍存在的、最有活力的和最为绵绵不绝地增长的现代上瘾行为中，是最为突出的“毒瘾”。

沉重的现代性是领土征服的时代。财富和权力牢牢地植根于或者深深地蕴藏在土地之中——就像铁矿和煤矿矿床一样，体积庞大，又大又笨，无法移动。帝国不断扩张以渗透到地球的每一个角落和每一个缝隙中。只有其他在力量上能和它分庭抗礼或是还要比它强大的帝国，才能限制它的进一步扩张。位于竞争性的帝国领土边界之间的任何领土，都被看成是无主的，并被当成是一个无人地带，因而也是一个“虚幻空间”——而且这一虚幻空间是对流浪者提出的挑战，也是流浪者的耻辱。(这个时期的通俗科学在告知外行“自然界没有空白”这一信息时，说明它完全领会了这一时代的思想心态。) 甚至更让人气愤更让人不能容忍的，是对地球上的“空白点”的想象：迄今为止没有听说过和在地图上没有标记到的岛屿和群岛，等着去发现和移居的大陆，人迹罕至、无人认领的大陆的内陆腹地，以及无数的大声疾呼阳光的“黑暗的中心地带”。英勇无畏的开拓者，是指新的、现代版本的、本雅明（Walter Benjamin）“水手传奇”中的那些英雄们，是指孩子梦想中的和成人怀旧中的英雄；他们为了寻找迄今未知的山脉、湖泊或者平原，一次一次地冒险穿越丛林、灌木或是永久冻土层。人们热烈欢送他们的离去，在他们凯旋时荣誉又像雪片般的向他们飞来。而且像希尔顿（James Hilton）的香格里拉，这一现代天堂就出现在那个地方，出现在一个“尚未发现”的地方，在一个隐藏的、难以到达的地方，在一处没有穿越和不可穿越的山脉或致命的沙漠之外的地方，在一条等待开拓的山间小道的尽头。冒险和幸福，财富和权势是地理性的概念，确切地说是“土地财产”——它受它的地理位置的约束，不可移动，也不可转让。所有的这些都要求有无法通过的围墙，有戒备森严的边防检查站，有毫不松懈的边防卫士和秘密的地理位置。（第二次世界大战中戒备最为森严的秘密地方之一，是美国的空军基地，它的绰号就是“香格里拉”。1942 年，美军飞机 115
就是从那里起飞发动了对东京的空袭。）

取决于硬件规模与质量的财富和权势，往往是缺乏活力的，既不便移动也难以操作。它们二者都是“具体化的”、固定化的，并用钢筋水泥联结在一起的，并且都是按照数量和重量标准来加以衡量的。它们是通过它们占有的领土的扩张来保持增长的，并且通过保护那一地方，从而使它们也得到保护：那些地方同时是它们的温床、它们的堡垒和它们的监狱。丹尼尔·贝尔（Daniel Bell）对那种最为强大最令人羡慕也是最有竞争力的温床 / 堡垒 / 监狱的其中之一进行了描述，即位于密歇根州的通用汽车公司威伦（Willow Run）制造厂。[1]那个工厂厂房长 2/3 英里，宽 1/4 英里。生产汽车需要的所有原材料都被聚集在一个简单的巨型仓库的庞大屋顶下面。权力逻辑和控制逻辑，建立在“里面”和“外面”的严格的分离和对二者之

① Daniel Bell, *The End of Ideology* (Cambridge, Mass.: Harvard University Press, 1988), pp.230-235.

间边界的严密守卫之上。这两大逻辑融会成了一个体现为规模的逻辑，并且都组织在这一戒律周围：更大即意味着更高的效率。在现代性的沉重性的表现中，进步即意味着规模的增大和空间的扩张。

是时间的惯例化常规化（routinization），使得整个空间变得紧凑起来，并服从于相同的逻辑。[贝尔在把那些时间称作“衡量标准”（metric）时，借助了惯例化的基本工具。]

在对空间的征服中，时间必须具备适应性和柔韧性，而且首要的是要有收缩性，而不管每一时间单位日益增长的“吞没空间”（space-devouring）的能力：周游世界八十天是一个诱人的梦想，但是真正周游世界八天绝对是更具吸引力的事情。从飞越英吉利海峡然后到飞越大西洋，这都是衡量进步的里程碑。然而，当对征服的空间开始进行防卫，并对它进行开发、移民和治理时，却需要一个严格、一致和不容改变的时间：这种能被切割为厚薄相同的薄片的时间，适合于被排列成单一的无法选择和替代的序列。当空间被控制着，空间才真正是被占有着，而且对空间的控制，首先即意味着对时间的驾驭，并使它内在的推动力变得无效：简言之，即是时间的一致性和协同性。在其他的探险者成功找到它之前，到达尼罗河的源头是一件激动人心的美好事情，但是火车提前开出，或是汽车部件在其他部件到来之前就来到组装线上，却是沉重现代性的令人可怕的事情。

116 惯例化了的时间，把力量和高高的砖墙（它装有带刺铁丝或是插有碎玻璃，并安装有防止外人进入的戒备森严的大门）结合在一起；它也防止里头所有的人随心所欲地离开这一地方。“福特主义的工厂”，那一在沉重现代性的时代里最为让人渴望和迫切追求的理性管理模式，是一个面对面地相见的场所，但也是一个在资方和劳方之间有着“白头偕老、相伴终生”的婚姻誓言的地方。它们之间的这种结合，是一种方便自己迫切需要的结合，一种在它们之间几乎永远没有爱情的结合——但是它们却想要相伴终生（而不管这对它们的个人生活可能意味着什么），而且多半是这样的。对双方来讲，这种婚姻是一次婚姻主义（monogamic）[①]的婚姻。离婚是不可能的。不论是福是祸，是好是坏，结合关系注定会在相互的交往中保持下去；离开了对方，任何一方都无法生存。

惯例化了的时间将劳动和土地结合在一起，而工厂建筑物的宏大、机器的沉重和——最后但又并非最不重要的一点——持续被束缚在土地上的劳动，都和资本联结在一起了。无论是资本还是劳动，都不急于要或者都不能够发生流动。像其他任何缺乏分离与没有痛苦这一安全阀门的结合一样，它们共处相依的历程，满是争吵和愤怒，充满着敌意仇恨的强烈喷发，并多少带有虽然没那么激动人心但却更为残忍和持久的、没日没夜的壕堑战的色彩。在任何时候，平民都不会想起要离开那座城市，贵族也不再能自由地离开。在让双方都安守本分这点上，再也不需要阿格里帕（Menenius Agrippa）的雄辩了。冲突的强烈性和永恒性，正是命运共同性的生动体现。工厂条例中按部就班的时间，连同构建工厂围墙的砖块砂浆一起，像限制劳动力的流动一样，有效地将资本固定进来。然而，随着软件资本主义（software capitalism）和“轻灵”（light）的现代性的到来，它们都发生了改变。巴黎大学经济学家科恩（Daniel Cohen）简

① 一次婚姻主义，是指一生当中只结一次婚的思想和做法。——译注

要地概括说："无论是谁，只要他的事业生涯（career）的起点是从微软公司开始，他就根本不会知道自己事业生涯会在何处结束。无论是谁，只要他的事业生涯的起点是从福特公司或雷诺公司开始，就几乎可以确定，他的事业生涯也将在这同一个地方结束。"[1]

我不能确定在科恩描述的两种情况下"事业生涯"一词在用法上是否恰当合理和合乎逻辑。"事业生涯"，它使人想到固定不变的发展轨迹，不像美国大学中的"终身职位制度"，有着一系列的阶段，事先有着适当的、明确的批准条件和批准规则。"事业生涯的路线"（career paths）往往会受到时间和空间的协调性压力的塑造。
117 无论微软公司的雇员或它难以计数的监督者、模仿者发生了什么，在那里经理们的所有关注都在更能跟上流动和变化的更为宽松的组织形式上，企业组织正日益被看成是这样一种永不确定的、持续进行的努力和尝试——要在一个被想象为"多元复杂和快速运动"并因而被想象为"模糊不清或者易于变化的"[2]世界中，创立一个具有

① Daniel Cohen, *Richesse du monde, pauvretés des nations* (Paris: Flammarion, 1997), p. 84.

② Nigel Thrift, "The rise of soft capitalism", *Cultural Values*, April 1997, pp.39-40. 斯累夫特文章中的思想只能被称为是启发性的、萌芽性的，但是在标题和整篇文章中的"温和资本主义"（soft capitalism）这一概念看来命名有所不当，而且是一个错误的、误导他人的定性。在轻便现代化的软件资本主义（software capitalism）中，没有任何东西会是"温和的"。斯累夫特指出，在所有对资本主义的比喻里头，"舞蹈"（dancing）和"冲浪"（surfing）是最为接近资本主义实质的最好的比喻和新的化身之一。既然舞蹈和冲浪意味着运动的轻便灵巧和流畅，那么这两个比喻就非常恰当。但是在平常的舞蹈和冲浪中，并看不出有任何的"温和"。舞蹈演员和冲浪运动员，尤其是那些置身于拥挤不堪的舞厅和遭受凶猛的海潮连续拍打的海滨的人，他们需要的是激烈紧张、粗犷奔放，而不是温和宁静与柔和轻松。而且他们也是很不幸的——就和他们的先辈们一样，很难保持稳定不动的状态或是沿着明确划定的服务良好的路线前进。永恒不变的是，软件资本主义，一点也不会比它的前任硬件资本主义过去那样更为轻松和容易。液体绝对不会是温和轻柔的。想一下洪水泛滥和江河决堤，你就会有点赞同了。

超凡适应能力的孤岛。而这些都会对持久性的结构，尤其会对这个结构——它具有固有的、内在的生活期望，而且这一期望可用惯常的工作寿命这一标准来加以衡量——产生不利影响。在这些情况下，“事业生涯”的观点看来就显得含糊不清，并完全不合时宜了。

然而，这只不过是一个对术语的批评意见。不管这个词语使用得是否正确，主要的地方在于，科恩作出的比较准确无误地抓住了时间历史中的转折性变化，并且预示了它将要对人类生存条件产生影响。这一正在引起争论的变化是空间的新的不相关，是假装成时间的湮灭。在以光速运动的软件世界中，空间简直可以在“须臾”（in “no time”）之间穿越；“近在天边”和“远在眼前”之间已经没有差别了。空间不再对行动和行动的绩效产生约束，空间已没有多大意义或者根本没有意义。军事专家会这样认为，空间已经丧失了它的“关键性的、战略性的价值”。

正如西美尔（Georg Simmel）[①]所说的，所有的价值，说它们是“有价值的”（valuable），这是在“只有通过抛弃其他的价值”而获得这些价值的意义上而言的；正是“获得某些东西的迂回曲折”，才是人们把它们“看成是有价值的原因”。西美尔在描述“价值迷信”（value fetishism）时并没有使用这些字眼，他说：“事物的价格是多少钱，它们就值多少钱”；而这种情况看起来又不合情理地意味着，“事物值多少钱，它们的价格就是多少钱”。正是那些在通向对价值的占有的道路上需要越过的障碍，即“为之努力奋斗的紧张

① 西美尔（1858—1918），德国社会学家，新康德派哲学家，以关于社会学方法论的著作而闻名，著有《货币哲学》等。——译注

状态”，使得价值是有价值的。[1]如果到达甚至是最为遥远的地方都不会损失和失去——牺牲——任何时间，那么按照西美尔的观点看来，那些地方也就失去了任何价值。一旦人们能够以电子信号的速度来跨越（因而人们能够作用并影响到空间极为遥远的部分）空间距离，用德里达（Jacques Derrida）的话来说，它与时间的关系看来就“需要加以修改”（sous rature）。“瞬时”（instantaneity）明显就是指称非常迅疾的运动和异常短暂的时间，但是事实上，它预示的是作为事情一个方面并由于同样原因而作为价值计算中的一个因
118 素的时间的缺失。时间再也不是“获得某些东西的迂回曲折”，并因而不再赋予空间以任何价值。软件时间的“接近瞬时”（near-instantaneity）预兆着空间的贬值。

在硬件的、沉重的现代性的资本主义的时代（用韦伯的词来说，就是工具理性的时代），时间成了为使价值得以回归，即为使空间最大化而必须加以细心管理和谨慎运用的手段；在软件的、轻灵的现代性的资本主义的时代，时间作为价值获得的手段，因为它在把潜在目标领域的所有组成部分的价值提高（更确切些说，是降低）到同一水平上具有反常的、有悖常理的效果，它的绩效往往接近于无穷大。问题已经从手段一边移到了目标一边。如果运用于时空关系中，这就意味着，既然能在同一时间段内（在同一异常短暂的时间内）到达空间的所有部分，那么空间的任何部分就都不具有优越性，也就没有“特殊”价值。如果能在任何时刻到达空间的所有部分，就没有理由要在任一特殊时刻到达空间的任一地方，也没

① Georg Simmel, “A chapter in the philosophy of value” , in *The Conflict in Modern Culture and Other Essays*, trans. K. Peter Etzkorn(New York : Teachers College Press, 1968), pp. 52-54.

有理由去担心确保进入空间任一部分的权利。如果你知道你能在你想要的任何时间去访问某地，就不会经常产生访问它或是花钱购买一张有有效使用时间的车票的欲望和冲动。甚至更没理由要去承担持续的土地监督管理费用，去承担充满风险的、辛苦的土地保养和开发的费用，因为这些土地能够容易地得到，并随着利益和“时兴话题”（topical relevances）的转变，同样能够容易地加以放弃。

诱人的轻巧性质

软件世界（software world）的无实体的、虚幻的瞬时时间，也是一个不连贯的、不合逻辑的时间。“瞬时”意味着直接、立即地“当场”实现和完成——不过，它的重要性也在直接、立即地枯竭和衰减。把起点和终点分隔开来的时间－距离（time-distance）正在一起缩减或者消失；时间的这两个曾被用来标明时间消逝并因而被用来计算时间“失去的价值”的概念，已经失去了它们大多数的含义——这些含义和所有的含义一样，源于这两个概念对立面的明显突出、毫不掩饰。只存在时间的“片刻、瞬间”（moments），而它们只是一些没有维度的点。这样一个有着由时间片刻聚合而成的时间形态的时间，还是“如我们所知道”的时间吗？“时间瞬间”的这种表达，至少在某些重要的方面，是一个矛盾的形容和表述（oxymoron）。或许，消灭了空间的价值，时间也就消灭了自己？难 119
道不仅仅空间才是时间疯狂的自我毁灭的第一个牺牲品？

当然，这里描述的情况，只是时间历史中的一个**勉强感觉到**

的情况——在它的现在这个阶段，它看起来是历史的最终倾向。无论到达空间目的地需要的时间是多么接近于零，但所需时间并不完全等于零。即使是受前所未有的大功率的数据处理系统支持的最为先进的技术，要达到真正的“瞬时”也还有一段路要走。随之推想而来的空间的无价值，并没有真正地完全出现，人类能动作用的无限的可变性和多变性也没有达到。但是描述的这些状况确实是轻快的现代性发生的端倪。然而更为重要的一点是，尽管（或者因为）它是它多数的控制者的一个从来没有完全实现的理想，但正是这一一直在追求的轻快的现代性，作为新的规范和准则的化身，渗透到社会机体的每一个器官、组织和细胞。米兰·昆德拉（Milan Kundera）把这种“不可忍受的轻巧性质”描绘成现代生活悲剧的中心。轻巧和速度（一起！）被卡尔维诺（Italo Calvino）——那些总体而言的自由自在、不受约束特性（它们完全地自由自在不受约束，是因为它们无法领会，难以捉摸，不可理解）的发明者，这一跳到树上的贵族和没有团体的骑士（the tree-jumping baron and the bodyless knight）——认为是文学艺术永恒的解放作用的最充分的、最终的体现。

在三十多年前 [克罗齐（Michel Crozier）在他的经典著作《官僚现象》（*Bureaucratic Phenomenon*）一书中]，把（不管以什么样的形式）统治（domination）和接近不确定性的渊源联系在一起。他的这一原理依然有效：是努力让自己的行动不受约束、不受规则制约并因而让行动不可预料，然而却规范地管理（通过条例化，使得支持者的行动单调、重复和可以预测）他们的支持者的行动的人在统治着。是没有束缚自己手脚的人在统治着束缚了自己手脚的人；第一种人的自由是第二种人的不自由的根源——而第二种人的不自由却是第一种人的自由的终极内涵。

虽然沉重的现代性转移到了轻巧的现代性，但在这一方面，并没有发生任何改变。然而，现代性的架构中却已经充满了新的内容；更为准确地说，对“接近不确定性的渊源”的追求，已经减缩并集中在“瞬时”这个唯一的目标上。现在，谁运动和行动得更快，谁在运动和行动上最为接近“瞬时”，谁就可以统治别人。而且正是那些不能同样迅速地运动的人，更为明显的是，正是那些更 120
为根本不能随意地离开他们的地方的那类人，在被别人统治着。统治存在于自己逃避、退出、到别的地方去的能力和决定做所有这些事情的速度的权利之中——然而，同时又将站在被统治一方的人的终止、压制或减慢自己行动速度的能力剥夺得一干二净。当今的统治之争，是在各自装备有加速和减速武器的力量之间进行的。

在所有各种变化形态的、永恒的、不可毁灭的社会分工基础的当今版本中，不同程度的接近瞬时是决定性的因素：不同程度地接近于不确定性，并因而不同程度地接近于自由。在一个满是在地上艰难行走着的无自由的受压迫者的世界，对贵族而言，跳到树上是一个连傻瓜都会的获取自由的诀窍。正是现今贵族能够便利娴熟地以一种近似于跳到树上去的方式行事，使得无自由的受压迫者的后继者置身于原地，而且正是这些后继者的强化了的固定不动和被束缚在土地上，使得那些贵族可以继续跳到树上去。不管无自由的受压迫者的悲惨和痛苦有多深和多么令人沮丧，却看不到有任何人会起来反抗，而且即使受压迫者起来反抗了，他们也跟不上他们反抗的快速变化的目标。沉重的现代性把资本和劳动放在了一个谁都无法逃脱的铁笼之中。

轻快的现代性却让其中的一个角色脱离囚笼。“固态的”现代性是一个相互承诺的时代。“液态的”现代性却是一个解除承诺、捉摸不定、熟练地逃避和没有希望的追求的时代。在“流动的”现代性中，是那些最为捉摸不定的人，是那些自由行动而不被注意的人在统治着。

卡尔·波兰尼（Karl Polanyi）在《大转型：我们时代的政治与经济起源》（*The Great Transformation: The Political and Economic Origin of our Time*，1944）一书中宣称，劳动作为“商品”的待遇只是一个虚构的谎言，并且剥去了基于这一虚构谎言的社会安排的结果的面皮。他指出，既然劳动不能从它的载体中独立地进行买卖，那么劳动就不可能是一个商品（至少不是一个类似于其他商品的商品）。波兰尼提到的劳动事实上是一种具体化、实体化了的劳动，是一种如果没有移动劳动者本人就无法被移动的劳动，人们只能连同劳动者的躯体一起雇用来使用劳动，而且被雇用者躯体的惰性限制了雇用者的自由。为了监督劳动和依照计划将劳动付诸实
121 现，人们不得不对劳动者进行监督和管理；为了控制工作流程，人们必须控制工人。那些必要条件，将资本和劳动置于一种面对面的境地，并且无论情况是好是坏都使它们相互结合在一起。结果就是，不仅会产生许多冲突，而且会带来许许多多的相互调和与适应：不仅有尖刻的指责、残酷的斗争和少有的一点关爱的丧失，而

且还有大量的适度满意或是可以承受的共处规则的巧妙设计。革命和福利国家，二者都是不让解除承诺成为劳动和资本可行选择这一状况的没有预期到但又不可避免的结果。

我们现在正经历另一次“大转型”，而且其中最为突出的方面之一就是正好与波兰尼所想当然的状况相反的现象的出现，那就是被当作营养基本源泉或是牧场的那种类型人类劳动的“游离”（disembodiment）和当今资本的游离。再也不需要类似全景监狱的、笨重庞大的、样子难看的监控设施和监控方法了。劳动没有了全景监狱式的监控，而且最为重要的一点是，资本已经消除了令人痛苦的负担和运行它所必需的高昂费用；资本摆脱了这一任务——这一任务将资本束缚在土地上，并迫使它与为了自我再生产和自我扩张才使用的手段发生直接的联系。

软件时代游离了的劳动不再束缚资本了：它听任资本不受管辖，变化无常。劳动的游离预示着资本并非举足轻重。它们的相互依赖性已经遭到单方面的破坏；而劳动如果被孤立起来，它的能力就会像以前一样不完善、不可实现，而且它的实现会依赖资本的存在，而资本却不再会出现这种情况。资本充满希望地流动着，期待着短暂的有利可图的冒险活动，并对有足够的资本和伙伴来共同进行这些冒险活动充满信心。资本能够轻松快速地流动，而且它的轻松性和流动性，已经转化成了对所有人而言的不确定性的首要源泉。这已经成了当今统治的基础和社会分工的主要因素。

规模和庞大正由资产转变成负累。对宁可用办公大楼来换取热气球客舱的资本家来说，上升性（buoyancy）就是最为有利可图的

122 和最为珍视的资产；而且，通过将不重要的东西全部扔到舱外，并且让并非必不可少的工作人员待在地面，上升浮力能够获得最大限度地增长。在各种需要加以清除的最为笨重的“压舱物”里，其中的一个繁重任务就是清除那些负责管理和监控职责的大量工作人员——这是一个因为承诺和义务的层次不断提高，从而使得压力和负担也有不断增长膨胀倾向的任务。如果说沉重的资本主义时期的“管理科学”集中关注的是保持“人力”（manpower）的不外流，是强迫或者收买它，以让它保持固定不动并准时工作的话，那么在轻快的资本主义时期，管理艺术集中关注的就是“人类力量”（humanpower）的释放，并且更为恰当地说是强迫它运转下去。短暂的邂逅取代了持久的承诺。人们不会为了榨取柠檬而去种植柠檬树。

这一经营管理上的脂解（liposuction）手段，已经成了管理艺术的主要策略：因为一些组成部分的足够的无效率，或者因为对其他部分而言让它们谋求自我生存要比承担对它们费时、沉重的管理监督的代价更小，因此，裁减、缩小、逐步淘汰、关闭或者拍卖它们，就成了新的管理艺术运用的基本手段。

有些观察家已经急着作出“更大”不再被认为是“更有效率”这一结论。然而，在这一广义的理解中，这一结论是不正确的。这一对裁减的痴迷，碰巧是对合并狂热的不可或缺的补充。这一领域的最佳演员，为了得到更多的运作裁减的机会和余地，他们知道该如何谈判或实施合并，而对资产的彻底的、“露骨的”剥夺，被认为是合并计划获得成功的至关重要的前提条件。合并与裁减并不矛盾：相反，它们互为条件，互相支持，互相强化。这只是看起来像是一个悖论；一旦对克罗齐原理有“新的得到改善的”理解，这一明显的矛盾也就迎刃而解了。正是合并与裁减战略的融合，给资本和金融力量以运动和快速运动的空间，使得资本的流动范围日益变得更加具有全球性了；而与此同时，却剥夺了劳动的讨价还价和表示抗议（nuisance-making）[①]的权利，使得劳动缺乏机动性并越来越束缚住了自己的手脚。

合并预示着为精明强干的、上升性的霍迪尼模式（Houdini-
style）的资本[②]制造出了一条更长的绳索：资本用逃避和躲藏，通 123
过短期协议和短暂的相遇来代替持久的承诺，并通过让“消减行动”（disappearing act）的选择永远畅通无阻，从而造就出了自己进行统治的主要手段。资本获得了更多的机动空间——它有更多可以躲藏的地方，有一个为可能的重组或变化而准备的更大的策源地，有更多种类的可用的变体、化身，并因而更加有力量去保持对它雇用的劳力进行控制，而对一轮一轮、接二连三的裁减之灾难性后果可以不闻不问，从而增加了自己节约成本的能力；这就是当今对那些已经遭到打击的人和对那些因惧怕在将来遭到打击而循规蹈矩、安守本分的人进行统治的面皮。正如美国管理协会（American

---

① “nuisance-making”一词，此处意译为“抗议”。这是因为“nuisance”一词除了有“令人讨厌”之意外，还有“人或物因引起某些人的强烈反感，反而显得更加重要或更有价值并更加得到重视”这一意思。劳方为维护自己的合法权益，常用的手段是谈判，但通过诸如罢工、示威等等抗议手段（这些手段对资方而言是“令人讨厌的”）也往往能引起资方的重视，从而能够维护自己的权益。——译注

② 霍迪尼（1874—1926），美国魔术师，生于匈牙利，以能从镣铐、捆绑，以及各种封闭的容器中脱身的绝技而闻名，著有《奇迹传播者及其方法》等著作。此处所谓的“霍迪尼模式的资本”，意指那些变化无常、漂泊不定的资本。——译注

Management Association）从它组织的一次研讨会中得出的一个结论所示，“工人的士气和积极性在一出出不同的裁员闹剧中急剧地下降了。从裁员中挺过来的工人，与其说是在为自己在此次裁员中赢得了对那些被解聘的人的竞争性胜利而欢欣鼓舞，还不如说是在等待下一次的裁员打击”[①]。

生存竞争，毫无疑问，不仅仅是工人的命运，或者更一般地说，还是那些站在变化了的时空关系接受方的人的命运。它已经从上到下地渗入了轻快现代性的着迷于“减肥和节食”的队伍之中。为了生存下去，经理们必须缩减公司人员的聘用；为了赢得股票交易市场的认可，为了得到股东们的选票，为了在当前一轮的**受雇诽谤**（hatchet jobs）完成时能确保得到赏银，高层经理们必须裁减经理办公室的人员。这一减员趋势一旦开始发动，就无法遏制自己的势头。这一趋势变成了一个自我推进、自我加速的趋势，而且（就像为了继续运行下去，而不再需要加尔文的忏悔忠告的马克斯·韦伯的完美主义的商人一样[②]）最初的目的——增长的效率——却会变得日益不相干、不重要和无意义；对在竞争游戏中输掉比赛的恐惧，对被别人超过、对自己落后于人或是自己被商界淘汰出局的恐惧，这些东西加在一起，足以让这一合并 / 裁减的游戏继续下去。这一游戏日益成了自身的目的和对自身的酬劳奖赏；或者，如果置身于游戏之中只是对自身的回报，那么还不如说这一游戏不再需要

① As reported in Eileen Applebaum and Rosemary Batt, *The New American Workplace* (Ithaca: Cornell University Press, 1993). Here quoted after Richard Sennett, *The Corrosion of Character: The Personal Consequences of Work in the New Capitalism* (New York: W. W. Norton & Co., 1998), p. 50.

② 参见《新教伦理与资本主义精神》一书（韦伯．新教伦理与资本主义精神．于晓，陈维纲，译．北京：三联书店，1987）。——译注

任何目的。

短暂的生存

许多年来，塞纳特一直是一年一度在达沃斯（Davos）举行的世界要人集会的正式的会议观察员。他花在达沃斯旅途上的金钱和 124
时间相当庞大；在他的恶作剧中，针对使当今全球性竞争中的顶尖好手发展前进的个人动机和性格特征，提出了相当多引人注目、令人震惊的深刻见解。从他的报告来看，塞纳特尤其对比尔·盖茨（Bill Gates）的个性风度、言谈举止和他公开表达的生活信念印象深刻。[①] 塞纳特说，比尔·盖茨“看来不会对某些东西深深地着迷。他的产品以迅雷不及掩耳之势地推出，然后同样迅速地消失，然而洛克菲勒却想着要长期地拥有油井、建筑物、机械或是铁路”。盖茨一再重申，他宁可“将自己置于可能性的网络中，而不愿让自己局限于某一特定的工作中而使自己麻木不仁、失去勇气”。看来，盖茨最为打动塞纳特的，是他的从容大方、坦率直言，甚至是让他感到自豪的“毁灭自己创造的东西，只满足目前片刻的需要”的决断力。盖茨看起来是一个“在位置的变换之中取得成功”的选手。他非常谨慎，不会对任何事物产生情感（尤其是情感上的依附），或是不会持续地参与任何事物，甚至包括他自己的创造。既然没有任何一次转变会让他长期向同一个方向走下去，而且既然离开原定途径或是重新回头依然是长期直接可行的选择，那么他就根本不会

① Sennett, *The Corrosion of Character*, pp. 61-62.

担心自己作出了错误的改变。我们可以那样说，除了可得到的机会范围的扩大之外，其他任何东西都不会积聚成或形成他的生活轨迹；机车刚刚向前移动几步，铁路就被摧毁了，脚印就被消除得一干二净，东西刚刚堆放到一起，它们就土崩瓦解了——并且随后不久就被忘记。

安东尼·弗鲁（Anthony Flew）引述由伍迪·艾伦（Woody Allen）扮演的一个角色的一句话说："我不想用我的行动来求得名垂青史，我只想通过不死来获得永生。"[①]但是，不朽的含义，是由公认地附着于现世生活的意思派生而来的；对"不死"的偏爱，与其说是另一种形式的不朽的选择（一种对"用行动来求得不朽"的替代），还不如说是在声明，自己对持久生存并不关心而是更愿"及时行乐"（*carpe diem*）[②]。对持久生存的冷漠，将不朽从一种想法转化成了一种经历和体验，并把它理解为立即消费：正是你度过那一片刻的方式，在使这一片刻变成一个"不朽的经历和体验"。如果"无穷"（infinity）即是不再演变，那它就只是一个度量**经历体验**（*Erlebnis*）之深度或强度的一个标准。可能的感知能力的无限
125 性，就迅速地滑移到了无限生存的幻想中腾出的地方。瞬时（它使空间的阻力无效，并使物体的物质性液化）使得每一个片刻在容量上看似无边无际；而且无限的容量就意味着，对于从某一片刻——无论它是多么短暂，多么"一闪即逝"——能获得些什么，这就没有限制了。

① Anthony Flew, *The Logic of Mortality* (Oxford: Blackwell, 1987), p. 3.

② 拉丁文，原意是指"吃吧，喝吧，因为明天我们或许会死去"。此处翻译成"及时行乐"，只是一种意译。——译注

尽管根据习惯，“长期”（long term）一词还有所指，但它只是一个没有任何意义的空壳；如果无限性像时间一样，是瞬时性或即时性的，应该用在立即、马上、当场的情况下，并应该立即加以清除的话，那么，对于片刻已经体现的意思而言，“更多的时间”就几乎没有给它增加多少意思了。从对“长期”的考虑中，并不能获取很多的东西。如果“固态的”现代性将永恒持续设想为主要的目的和行动的原则，那么“液态的”现代性就没有让这一永恒持续发挥多少作用。“短期”已经取代了“长期”，并把瞬时理解为它的终极理想。在将时间提升到无边无际的容器这一层次上时，液态的现代性却液化了持续性，并让持续性失去价值，从而毁灭了它的意义。

二十年前，迈克尔·汤普森（Michael Thompson）出版了一部著作，对持久 / 短暂的（durable / transient）不同特性之错综复杂的历史命运进行了开创性研究。[①]“持久的”东西应该能被保存很长很长的时间，它尽可能地把在其他方面抽象和缥缈的“永恒”概念加以具体化和表面化；事实上，是根据持久性东西的假想的或预计的古老，来推断“永恒”这一概念的景象的。持久的东西被认为有特殊的价值，并因它与永恒不朽——那一终极价值，“自然而然”被人们渴求着，而且人们无可争议心悦诚服地信奉它——联系在一起而被人们珍视和觊觎着。与持久的东西相对的是昙花一现的东西，它应该是被用掉了——消耗掉了——并且应该在它的消费过程中消失。汤普森指出，“那些位居上层的人……能够保证，他们自己的

① Michael Thompson, *Rubbish Theory: The Creation and Destruction of Value* (Oxford: Oxford University Press, 1979) , particularly pp. 113-119.

东西总是永恒持久的，而其他那些人的东西则总是短暂易逝的……他们不可能会失败”。汤普森认为，理所当然，“使自己的东西持久长存”的欲望，是那些“位居上层的人”的持久不变、坚决想要的东西；也许正是那一使事物持久永恒的能力，正是积聚、保存它们和确保它们不被盗窃和损坏的能力，最为重要的是垄断独占它们的能力，才使得人们“位居上层”。

就固态现代性的现实来看，这些观点听起来是真实的（至少是可信的）。然而，我认为液态现代性时代的来临和出现，已经急剧地削弱了它们的可信性。正是比尔·盖茨式的能力成了现今上层人物的优势，并成为那些人置身上层的原因：这是一种缩短持久性时间跨度的能力，是一种对“长期”加以淡忘和并不在意的能力；这
126 是一种聚集于对短暂性而非持久性进行控制的能力，是一种为了为其他类似短暂和应该立即消耗掉的东西清空场所，而能轻快地清除已有事物的能力。相反，长期无法摆脱某些事物，超出“有效期限”长期使用某一事物，而当出现了“新的和改进了的”替代品时，又长期地使用旧东西，这些正是贫困、损失的征候。一旦可能性的无穷性使时间的无穷性失去了它的诱惑力量，永恒持久性也就失去了它的吸引力，并由财富转变成了人们的负累。也许更为切题的是观察到这一点：正是这一将“持久”与“短暂”划分开来的边界线（它曾经是激烈争论的焦点和“建设工程”的支点），现在几乎被边防警察和工程建设大队遗弃了。

永恒持久的贬值，不能不预示着一场文化剧变，也可能预示着文明史上的一次最为关键最具决定意义的转折。而从沉重的资本主

义过渡到轻灵的资本主义，从固态的现代性转变到液态的现代性，结果也可能是一次比资本主义和现代性本身（以前它被看成是人类历史上至少是新石器革命以来人类历史上的一个显然最为重要、最为关键的里程碑）的来临更为激进、更具深远影响的新的起点。确实，在整个人类历史中，文明成果存在于：从短暂的人类生命和一闪即逝的人类行动中，过滤和积淀出坚硬的内核，从短暂中设想出持久，从非连续性中设想出连续性，从而在为生命无限的人类服务时，通过使用有限生命的男人和女人，来超越人的有限性的限制和约束。现在对那种文明成果的需要正在衰减。既然在那一点上没有先例可以让人想起，那么这一需要衰减的后果就仍然可被发现，但是事先很难加以预料。

时间的这一新奇的瞬时性，急剧地改变了人类共处的形式——而且最为明显的是，改变了人们参与（或者，视具体情况而不参与）他们的集体事务的方式，更确切地说，是改变了人们将某些事务变成（或者，视具体情况不将某些事务变成）集体事务的方式。

当前确实让政治科学领域有了显著发展的"公共选择"理论，
恰当地理解领会了这一新的起点（尽管它——就像在新的人类实践
确定了人类想象力的一个新的阶段时常常出现的一样——匆忙地将 127
相对晚近的发展一般化为人类状况的普遍真理，而这一普遍真理据
说为"过去所有的学者"所忽略、疏忽或是违背）。在作为这一新
兴理论热潮最杰出的推动者之一的塔洛克（Gordon Tullock）看来，
"这一新的理论方法，是以假定选民就像消费者而政治家则像生意
人为起点的"。在对"公共选择"理论的方法表示质疑的同时，莱

文（Leif Lewin）予以了尖锐的反驳，他说，“公共选择”思想学派的学者，“把政治人……描述成一个目光短浅的穴居野人”。莱文认为这是完全错误的。他认为，在“人‘发现未来’（discovered tomorrow）和学会进行长期的预测打算”之前的史前穴居时期，这可能是真实的；但是在现在，在这个我们每个人或我们中的大多数诸如选民和政治家之类的人，知道“明天我们会再次相遇”并且可信（靠）性是“政治家最有价值的财富”①（而我们可以补充的一点是，信任的分配，是选民最为渴望使用的武器）这一点的现代时代，却并非如此。为了论证他对“公共选择”理论的批判性观点，莱文参考查阅了大量的经验性研究资料，并证明，几乎没有选民会承认，他们是根据他们的钱袋子来投票的，而他们中的多数人则会宣称，指引他们投票行为的是国家的总体状况。莱文认为，这才是能被预期到的；而我则宁愿这样认为，这才是被访谈的选民认为应该说的话，对他们而言，这些话才是他们应该恰当、合适、得体地（*comme il faut*）说出来的。如果有人对“我们做了什么”和“我们如何解释我们的行为”之间的不一致有所体谅的话，他就不会随便地、不假思索地拒绝“公共选择”理论家的主张（这就使他们和他们那些主张的普遍的、临时的正确性区别开来了）。在这种情况下，通过将自己从“不加批判地误认为是‘经验性的资料’”的东西中解放出来，他们的理论可能实际上对此已经有所洞察。

在从前，洞穴野人“发现了未来”，这是真实的事情。不过，

① Leif Lewin, “Man, society, and the failure of politics”, *Critical Review*, Winter-Spring 1998, p. 10. The criticized quotation comes from Gordon Tullock’s preface to William C. Mitchell and Randy T. Simmons, *Beyond Politics: Markets, Welfare, and the Failure of Bureaucracy* (Boulder, Col.: Westview Press, 1994), p.xiii.

和历史是一个习得的过程一样，历史也是一个忘记的过程，而且记忆正因它的选择性而闻名。也许我们“明天会再次相见”，然而也或许不会相见，更确切些说，明天遇到的“我们”将不是一会儿前遇到的“我们”。如果情况果真如此的话，那可信（靠）性和信任的分配是一种财富还是一种负累呢？

莱文想到了卢梭（Jean-Jacques Rousseau）的牡鹿狩猎者的寓言。在人们“发现未来”之前——就寓言而言——可能会出现这一情况：这个猎户不是耐心地等待着牡鹿从树林中出现，而可能因对 128
经他身边跑过的一只小兔产生了抓捕欲望，而转移了自己的注意力，尽管在联合的猎鹿行动中，他将分到比这只兔子更多的肉。然而实际情况就是这样。在今天，很少有狩猎团队能够在牡鹿出现之前一直团结在一起，因而无论是谁，只要他对集体性事业的利益充满信心，他都会非常失望。因此，情况会是这样，与诱捕和抓获牡鹿要求猎人精诚合作和团结一致不同，适合于个体消费的兔子有很多且各不相同，而且根本不需要多少时间来射杀、剥皮、煮熟。这些也是发现——新的发现，它们也许和曾经产生了大量后果的“未来的发现”一样，会产生大量的后果。

在注重瞬时性的时代中，“理性选择”意味着**要追求一种满足，可是又要避免它的后果**，尤其是要避免那些后果可能意味的和包含的责任。今天持久性的满足是在以明天的满足机会做抵押。持久性由财富变成了一个负担；对于规模庞大和笨拙沉重的任何事物——那些阻碍、限制了运动变化的任何事物——也可以这么说。巨大的车间和臃肿的躯体已经不再时兴：它们曾经是其主人的力量和权势的见证；现在它们却预示着在下一轮的增速中的失败，并因而标志着一种无能。适宜移动的纤弱的躯体，轻便的衣服和运动鞋，移动式电话（为那些“需要经常保持联系”的游牧民族而发明的），便携式、一次性的东西——这些都是注重瞬时性的时代的主要的文明标志。重量和规模，首先是对二者的增加都持抱怨态度的胖子（字面意义上的或引申意义上的），在分担着持久性的命运。它们都是人们应该当心和反抗，并且最好是避开的危险因素。

人们很难想象出一种对持久性表示冷漠并避免持久性的文明。与此类似，人们也很难想象出一种对人类行为的后果表示冷漠，并对它的那些加在别人身上的影响不承担责任的道德观。瞬时性的降临，将人类文明和人类道德伦理引领到了没加标注的、未加开垦的版图，在那片领土上，养成的处理生活事务的大多数习惯已经失去了它们的作用和意义。正如居伊·德波（Guy Debord）的名言所说的，“人们像他们的时间胜过像他们的父亲”。而且今天的男人和女人们因为生活在“需要忘记过去并看来不再相信未来”[①]的这样的
129 现在，而与他们的父母有所不同。但是对过去的记忆和对未来的信赖，就此范围来说，已经成了两大支柱，是短暂性和持续性之间、人的必死性和人类成就的不朽性之间，还有承担责任和得过且过之间等所有这些对立物之间的文化、道德纽带依赖的两大支柱。

① Guy Debord, *Comments on the Society of the Spectacle*, trans. Malcolm Imrie (London: Verso, 1990)，pp.16, 13.

第四章

劳　动

第四章　劳动

利兹——最近的三十年我就是在那里度过的——市政厅，是 130
一个雄伟壮丽的、工业革命领袖们狂妄野心及与之相称的自信心的纪念碑。它建于19世纪中叶，石刻的宏伟、豪华和凝重，意味着万年永存，就像它在建筑风格上模仿的帕特农神庙（Parthenon）[①]和埃及的神庙一样。它的主体部分是一个大型的礼堂，这个城市的居民会定期地在此集会，商讨并决定这个城市和大英帝国在通向繁荣辉煌的道路上所应采取的进一步措施。在这个礼堂的顶盖下面金色和紫色的文字是所有志同道合的人的行动准则。在诸如“诚信是最好的政策”（Honesty is the best policy），“预示着一个好的时代”（Auspicium melioris aevi）或“法律和秩序”（Law and Order）这些自信的、独断专行的资产阶级道德体系的神圣不可侵犯的准则中，有一条箴言以它坚定自信的简练而著称：那就是“前进”（Forward）。与当代的市政厅的参观者不同，创造这一准则的老利兹人，必定对它的含义没有任何疑问。想必他们也不会感到有必要去问“向前运动”（moving forward）是什么意思，“发展进步”（progress）又是什么意思。他们清楚“前进”和“后退”（backward）之间的差异。而且他们声称自己清楚这一差异是因为

① 它是雅典卫城上供奉希腊雅典娜女神的主神庙，建于公元前5世纪，被公认为多利斯柱型发展的顶峰。——译注

他们实践了造成这一差异的行动。紧挨着“前进”这一箴言的另一条规训是，“劳动征服一切”（Labor omnia vincit），它也是用金色和紫色文字拼写出来的。“前进”是目的，劳动是注定会将他们带到
131 那里的工具和手段，而且建造了这一市政厅的老利兹人，足够强烈地感觉到要循着这一正确路线走下去，直到抵达目的地。

1916年5月25日，亨利·福特在接受《芝加哥论坛报》（*Chicago Tribune*）的记者采访时说：

> 历史或多或少是废话（bunk）。我们不需要传统。我们需要生活在现在，而且真正重要的唯一的历史是我们今天创造的历史。

福特因为清楚大声地说出了别人想说而不敢说的话而出名了。别人想说的话是发展进步吗？不要认为它是“劳动的历史”，而是**我们的**劳动，是生活在现在的我们这些人的劳动。唯一重要的历史，是一个现在还没有实现但将会实现而且注定会实现的历史，那就是未来，是另一个实用主义的、务实的美国人比尔斯（Ambrose Bierce）[①]，在福特说出这话的十年前，在他的《魔鬼辞典》（*Devil's Dictionary*）中所说的“在未来那个时期里，我们的事务获得成功，我们的朋友真实可靠，我们的幸福得到保障”的那种未来。

现代的自信，给人们对未来的永久好奇心作出了一个全新的解释。现代的乌托邦从来就绝非仅仅是预言，更不用说是无用的、没有根据的空想：或公开或隐蔽地，它们同时是对渴望的东西能实现和将实现的意图的宣言和信念的表达。未来被看成是那一生产者

① 比尔斯（1842—1914），美国小说家和新闻工作者，专写以战争、恐怖和死亡为题材的讽刺小说，主要作品有小说集《在人生中间》和《魔鬼辞典》。——译注

社会的社会产物的其他部分，是一些要彻底全面地加以考虑、设计，然后是顺利完成它的生产过程的东西。未来是劳动的创造和产物，而劳动又是所有创造和产物的源泉。然而，在 1967 年，丹尼尔·贝尔写道：

> 今天的每一个社会都在自觉地致力于经济增长，致力于提高它的居民的生活水平，并**因而**（黑体强调为引者所加）都在致力于对社会变革的计划、设计和控制。因而，使得现在的研究完全不同于过去的研究：现在的研究以特殊的社会政策目的为方向；和这一新的向度一起，现在的研究还自觉地受到新的研究方法的塑造，而这套新的研究方法，给它带来了提供一个更为可靠的现实选择的基础的希望……[①]

要是活到现在，福特将会洋洋得意地赞扬布迪厄最近忧心忡忡地指出的“要掌握未来，必须抓住现在”[②]这句话。那些将现在紧紧控制在手的人，对于强迫未来使他们的事务获得成功能够满怀信心，而且正因为这一原因，他们可以对过去加以忽略：他们而且只有他们，才能把过去的历史当成是“废话”（bunk），如果用更为文雅的英语来说就是“胡说”（nonsense）、“无益的自夸之词”（idle boast）或是“骗人的话”（humbug），或者，不给过去以超出它应有的关注。发展进步不会抬高历史，或是使得历史更为尊贵。“发 132

① 此话是他作为“2000 年委员会”主席而给《公元 2000 年》（*The Year 2000*, ed. Hermann Hahn and Anthony J. Wiener）一书所作的序言里头的几句话。这里引自《预期的模式》（I. F. Clarke, *The Pattern of Expectation*, 1644-2001, London: Jonathan Cape, 1979, p. 314）一书。

② Pierre Bourdieu, *Contre-feux: Propos pour servir à la résistance contre l' invasion néo-liberale* (Paris: Liber, 1998), p.97.

展进步”是“历史用不着重视”或“决心对历史不加考虑”这样一个信念的宣言。

发展进步和信任历史

这是一个核心问题：“发展进步”并不表示历史的任何特性，但是它代表着**现在的自信**。发展进步的最为深刻或许也是其唯一的意义，由这样两个密切相连的信条构成，即“时间站在我们一边”和“我们是‘使事情发生’的人”。这两个信条同生共死、患难与共——而且只要促使事情发生的力量在掌握这些力量的人的行为中找到了它们的平常的证据，它们就会持续存在。正如阿兰·皮累菲特（Alain Peyrefitte）所说的，“能让迦南（Canaan）[①]土地上的荒漠发生改变的唯一办法，是社会成员的相互信任，以及所有的社会成员对在将来他们将共同分享它的这一信念”[②]。我们可能喜欢说或喜欢听到的关于发展进步思想的“本质”的其他所有东西，都是可以理解的，但也是一种用本体论的观点来看待信任和自信的感觉的、误导他人的无用的努力。

事实上，历史是一次通往更好生活和更大幸福的长征吗？如果是这样的话，我们又该如何理解呢？我们这些做这种假设的人，不是生活在过去之中；那些生活在过去之中的人在今天不会存在。那么由谁来进行这一比较呢？无论我们是否因对过去的恐惧而奔向未

① 迦南，是巴勒斯坦及其毗邻腓尼基一带地区的古称，据传由上帝赐给亚伯拉罕及其后裔，见《圣经·创世记》。——译注

② Alain Peyrefitte, *Du "Miracle" en économie: Leçons au Collège de France* (Paris: Odile Jacob, 1998), p. 230.

来——正如瓦尔特·本雅明/保罗·克利（Bejamin/Klee）的历史天使（Angel of History）①一样，也无论我们是否因“我们的事情获得成功”的希望匆忙地走进未来——正如与其说是激动人心不如说是乐观的辉格党人（Whig）的历史观所希望我们相信的，作出判断的唯一“根据”，是记忆和想象力的运用，而且将它们紧密相连或是彼此分离的，是我们的自信或是自信的缺乏。对于相信自己具有改变事物力量的人而言，“发展进步”是一条不言而喻的公理，而对于那些认为事物不受他们控制掌握的人而言，却不会有发展进步的思想，或是觉得它听起来非常可笑。在这种两极分化的状况中，几 133
乎不存在一个不偏不倚的超然公正的（*sine ira et studio*）的争论空间，更别说是达成共识了。亨利·福特或许会把发展进步运用到一个与他就锻炼所表达的观点——“锻炼是废话。如果你的健康状况良好，你不必去锻炼；而如果你病了的话，你又不会去锻炼。”——相类似的观点上。

然而，如果自信——对“持续牢牢抓住现在”的放心的感

---

① 原文为Bejamin/Klee，疑为作者笔误。Bejamin应该是指德国哲学家、思想家瓦尔特·本雅明（Walter Benjamin，1892—1940）。他的代表作品有《德国悲剧的起源》《发达资本主义时代的抒情诗人》《单向街》等，被誉为欧洲真正的知识分子。Klee是指瑞士著名画家保罗·克利（Paul Klee, 1879—1940），他的代表作品有《亚热带风景》《老人像》《历史天使》等。

本雅明曾在其《历史哲学论纲》一文中结合克利的画作《历史天使》，针对历史进步问题做出过以下深刻独到的解释：“保罗·克利的《新天使》画的是一个天使看上去正要从他凝视的事物旁离去。他凝视着前方，他的嘴微张，他的翅膀展开了。人们就是这样描绘历史天使的。他的脸朝着过去。在我们认为是一连串事件的地方，他看到的是一场单一的灾难。这场灾难堆积着尸骸，将它们抛弃在他的面前。天使想停下来唤醒死者，把破碎的世界修补完整。可是从天堂吹来了一阵风暴，它猛烈地吹击着天使的翅膀，以至他再也无法把它们收拢。这场风暴无可抗拒地把天使刮向他背对着的未来，而他面前的残垣断壁却越堆越高，直逼天际。这场风暴就是我们所称的进步。”——译注

觉——是信赖发展进步的唯一基础，那么就难怪在我们这个时代，信任必定是摇晃不定、动荡不安的。而且出现这一状况的原因是不难查明的。

首先，是明显缺乏能够“推动世界前进”的公众机构。在我们这个流动的现代性的时代，最为尖锐然而也是最不可回答的问题，不是“要做什么？”的问题（为使世界变得更为美好和更为幸福），而是“谁来做？”的问题。乔伟特宣布了“约书亚话语”——直到最近，还被用来塑造我们关于世界和它的前途的思想，它认为这个世界“被稳健地组织化了，被僵化地限制着，歇斯底里般的关注着它那不可逾越的边界”——的崩溃。[①]在这样一个世界中，对公众服务机构的质疑几乎无法产生：毕竟，“约书亚话语”下的这个世界，几乎就是它强有力的公众机构及其行为的遗留物 / 结果。那个形象和概念，有它牢固的认识论基础，这个基础由和福特主义工厂，或和设计、实施秩序的主权国家一样坚固、不可动摇和不屈不挠的实体构成（主权如果不存在于现实中，那么至少存在于它们的抱负和决心中）。

现在，发展进步的这一基础之所以这么突出显眼，主要是因为它的裂缝、分歧和它长期的分裂。它组成要素中的这一最为牢固、最不可置疑的要素，正连同这些组成要素的主权性、可靠性和值得信赖性一起在迅速地消失。既然这意味着促使人们去劳动的力量——做事情的力量——正脱离过去常常决定应该做何种事情和由谁来做这一事情的政治，那么，也许人们已经非常敏锐地感觉到了

① Kenneth Jowitt, *New World Disorder* (Berkeley: University of California Press, 1992), p.306.

现代国家的厌倦。然而，所有政治生活的机构，依然停留在“流动的现代性”时代建立它们的地方，停留在权力之流到达不了的、像从前一样将它们束缚在各自之地的地方。我们的体验是一种类似于置身高空中的飞机乘客突然发现驾驶舱里空无一人时的感觉。引用居伊·德波的话来说就是，“控制中心现在已变得神秘起来：从来没有由一个内行的人或有着清醒头脑的人来领导”[①]。

其次，在公众机构——任何公众机构——有足够的力量去做到这点的不同情况下，对于在改进这个世界的存在方式上它应该做些什么，已经变得越来越不清楚。在过去的整整两个世纪当中，经由许多画笔描绘的多姿多彩的幸福社会的图景，被证明要么是不可实现的空想，要么就是（在宣告它们已经实现的情况下）不宜居住的(unliveable)。任何形态的社会设计，被证明所产生的痛苦如果不是比产生的幸福更多的话，至少也会和它一样多。这在同等程度上适用于两个最重要的对手——现在遭遇挫折的马克思主义和正在上升的经济自由主义。[彼得·德拉克（Peter Druker），这位公认的最为坦率的自由国家的拥护者在1989年指出，“自由放任主义过于指望‘社会的拯救’：消除追求个人财富上的所有障碍，最终将会造就出一个完美——至少是最有可能完美——的社会”，而且由于这一原因，它的冒险性再也不能被严肃地对待。] 至于曾经形成严峻挑战的对手，利奥塔（François Lyotard）提出了这样一个问题：“在一个……通向普遍解放的一般进程中，到底哪种思想能够消除奥斯维辛集中营之类的现象，这和从前一样，依然是一个没有回答的问 134

① Guy Debord, *Comments on the Society of the Spectacle*, trans, Malcolm Imrie (London: Verso, 1990), p. 9.

题，并且会一直如此。”约书亚话语的鼎盛时期已经过去：所有定制的（made-to-measure）世界所展现出来的景象，感觉起来并不令人满意，而那些还没有展现出来的定制的世界却又令人质疑。我们现在正在前进，可是我们并没有用来指引我们前进方向的思想，我们既不寻求一个良好的社会，在这个我们栖居的社会中，对于什么东西会使得我们兴味索然和急于向前，我们也并不非常确定。德拉克的这一断言，完美无缺地抓住了这个时代的基本精神：“‘不再有社会的拯救’……现在对任何一个像林登·约翰逊总统在二十年前那样宣称一个‘伟大社会’（Great Society）的人，人们只会一笑了之。”①

对发展进步的现代的生动虚构——生活可以“被设计”得比实际上更令人满意，而且必定会得到这样的改善——并没有结束，它也不可能很快就结束。现代性除了知道有“创造出”（made）的生活外，并没听说过有其他的生活：现代人的生活是一件苦差事，一件尚未完成的、持续要求付出更多关注和新的努力的苦差，它不是给定的。如果要说有什么区别的话，“流动的”现代性阶段或“轻灵的”资本主义阶段的人类状况，只是使得这一生活特性更为突出明显：发展进步不再是一个最终（而且不久）指向一个完美的状态（那是一种无论必须做什么都已经做好了，而且并不要求有其他改变的状态）的暂时性的标准和一件临时性的事情；相反，它是一个持久的或许也是永恒的挑战，是一个必不可少的事物，并且恰恰是“很好地生活下去”的一种手段。

135 然而，如果现在这种化身的发展进步思想看起来是如此陌生，

① Peter Drucker, *The New Realities* (London: Heinemann, 1989). pp. 15，10.

以至人们怀疑它是否还与我们息息相关，那是因为发展进步像现代生活的其他许多特征一样，现在已经被**“个体化了”**；更为关键的是它**被解除了限制**和**私人化了**。既然改善现在现实的意图多种多样，既然一次特殊的创新是否确实意味着一次改进这一问题在它被提出的前后只能进行自由讨论，并且甚至在它已经得到实施之后还必定会引起争论，那么现在它就已经被解除了限制。而且，既然改善提高不再是一个集体性的而是一件个体性的事情，那发展进步的事就是私人化了的事情：正是被认为在独立地运用他们自己的智慧、资源和勤奋的个体的男人和女人们，在将他们自己提高到一个更为满意的状况，并把在现在的状况中他们可能会感到不满的任何方面抛之脑后。正如贝克在他关于当今风险社会这项视野开阔的研究中所指出的：

> 趋势正向着生存的个体化形态和状况的出现而发展，（为了他们自身的肉体上的生存）这迫使人们把他们自己当成是他们自己的生活计划和生活方式的中心……实际上，除了承担这样做的风险之外，他们不得不选择并改变自己的社会身份……个体自己，成了生活世界的社会身份再生产的单位。①

然而，这一发展进步，无论是被看作人类的命运还是被看作个体的任务，其可行性问题都和它在被解除限制和个体化开始之前的情况非常相似——而且和布迪厄所阐述的完全一样：要设计未来，

① Ulrich Beck, *Risk Society: Towards a New Modernity*, trans. Mark Ritter (London: Sage, 1992), p. 88.

就必须牢牢抓住现在。这里唯一的创新性是，现在是个体在抓住他自己的真正重要的现在。而且对于许多也许是最多的当代人来说，他们个人抓住的现在，充其量是动摇不定、毫不可靠的，而且显然多半是没能抓住的。我们生活在一个共同的多变世界中，在一种严重的、没有希望的、不稳定（*unsicherheit*）的状况下，这一不稳定渗透进了个体生活的所有方面——生活来源和爱情伴侣关系和共同的利益一样多，专业人员的变数和文化认同一样多，公开展示自我的方式和健康及身体良好感觉的模式一样多，值得追求的价值和追求它们的方式一样多。信任的安全港湾非常稀少，而且大多数时间
136 里，信任在徒劳地寻找自己的避风港时，就像一艘没有抛锚的船只一样四处漂泊。我们都已经知晓了这样一条艰辛之路：即使是最为深入细致的计划，也会危险地走向失误并产生难以消除的后果，我们“使事情归从于秩序”的热切努力常常导致更多的混乱，我们消除不测和偶然事件的努力只是一场偶然性的游戏而已。

与它通常的情况一样，科学即时就从新的历史经验中得到了线索，并从混沌和突变的科学理论的扩展激增中，反映出了这种正在出现的倾向。“上帝不会掷色子”，宇宙本质上是决定论的(deterministic)、是不以人们的意志为转移的，人类的任务是对宇宙的规律和法则作出详细的概括总结，以便人类不用再在黑暗中摸索着前进，以便人类的行为不会犯错误，并永远击中要害、准确无误。一旦当代科学理论受这一信条的驱使，它就会转而承认世界普遍存在的非决定论的这一本质，承认偶然性会发挥重大的作用，承认例外性，而不是承认规范性、承认秩序和平衡。同样与他们通常

的情况一样，科学家们把这一经过科学加工的新情况，带回到凭直觉发现它们的地方，即带回到人们的事务和行为的世界之中。比如，在大卫·卢勒（David Ruelle）对受当代科学启发的哲学的通俗和深具影响的理解中，我们就可以发现“决定论的秩序，会产生一种机会的无序和混乱”：

经济学的论著……给人留下这样一种印象，似乎议员们和有责任感的政府官员的作用将会得到证实，并将产生一种特别有利于国家的均衡。然而，物理结构混乱的例子告诉我们，某些不断变化的状况不会达到一种均衡，相反，会暂时引发混乱的、不可预料的发展。因此，议员们和有责任感的政府官员，应该正视这一可能性：他们本意要产生更加均衡的决策，然而相反，却将产生可能具有灾难性影响的急剧的、非预期的波动。[①]

劳动已经被提升到现代时代最有价值这一层次上。无论是因为它产生的那些优点的哪一点，它让有形归于无形、让持久性变成暂时性的令人惊叹的、魔术般的能力都是首屈一指的。为了用 137
秩序取代混乱，用一系列事情的可预测（并因而可控制）来代替偶然事件的发生，人们树立了征服、驾驭和占领未来这一宏伟抱负，在这一抱负中，因为那一能力，劳动恰好能发挥一种基本的作用甚至是决定性的作用。劳动被赋予了很多的优点和有益的影响，比如说，财富的增长和贫困的消除；但是赋予它很多优点的根据，是它在创造秩序、在让人类掌握自己命运的具有历史意义

① David Ruelle, *Hasard et chaos* (Paris: Odile Jacob, 1991), pp. 90, 113.

的行动中所作出的贡献。

这样理解的“劳动”其实就是这样一种行为：作为总体的人类在创造它自身的历史时，假定受它自身命运和特性的约束，而不是受它的选择的约束。而且这样界定的“劳动”，是一种人类每一个单独的成员都不得不参与的集体性活动。所有其他的解释都只是它的一种推论，一个结果：把劳动当成是人的“自然状况”，把失业当成是一种反常；指责对这一自然状况的违背引起了现存的贫困和苦难、匮乏和堕落；根据人们的工作对全人类的事业所作贡献的想象出来的价值，来给予他们以不同的地位；并赋予劳动以人类活动中的首要地位，认为它能够引导出道德的自我完善和社会整体道德水平的提升。

当不稳定性变成永久性并被这样看待时，存在于这个世界，感觉起来更不像是一个受法律约束的、守法的、符合逻辑发展的、一致的、累积的行动链条，而更像是一个游戏，在这个游戏中，“存在着的世界”是游戏者的世界，而且会像所有游戏者所做的那样，循规蹈矩、服从规则，把他们的牌紧紧地贴近胸前。正如在其他所有的游戏中一样，对未来的计划往往是短暂的、多变的、无常的，最多只能看到此后仅有的几步。

由于在人类努力的范围内看不到最终完美状态的端倪，由于认为任何努力都可能会犯错，企图通过一场旷日持久的、一致的、受目的指引的劳动努力，来逐层建立起“总体”秩序的思想，就没有多少意义。一个人抓住的现在越少，在他的设计中，所看到的“未来”也就越少。标示未来的时间延伸变得更短了，而且作为总体的生活的时间跨度被切成“每次一片”的片断。连续性（continuity）不再是改进之标志。发展进步曾经的累积性、长期性的本质特性，正让位于各自独立的、前后相继的时间片断：在这一片断终结和下一片断开始之前，每一个片断的优点必须充分展示出来并消耗干净。对于一种受多变性规律支配的生活，生活的策略和计划只能是 138 短期的。

雅克·阿塔里（Jacques Attali）最近指出，即便我们关于未来的思想与我们自己在其中秘密地分开，现在也是未来迷宫的镜像（image）在开始统治；那一镜像成为了一面首要的镜子，在这面镜子中，我们现阶段的文明在凝视着它自身的模样。这一作为对人类状况的讽刺的、未来的迷宫的镜像，是游牧人群带给栖居人群的教训和启示。数以千年的时间过去了，栖居者最终获得了对错综复杂的命运提出挑战的自信和勇气。阿塔里指出，“在所有的欧洲语言里，迷宫（labyrinth）一词成了人为的复杂性、无用的晦涩、复杂的体系和令人费解的盘根错节的同义词。而‘清晰明确’则成了逻辑性、条理性的同义词”。

栖居者开始使围墙变得可以穿越，使迂回曲折的通道变得笔直起来，并附有明确的标志，使走廊过道有良好的照明。他们也为所有未来的漫游者，准备了说明在哪里该拐弯在哪里不该拐弯的诸如此类的一目了然的使用指南。他们做的所有这些，仅仅是为了最终展示这一迷宫是多么合乎时宜；然而，因为脚印纵横交错、难以辨认，因为指令并不协调一致，因为新的曲折的过道和新的死角（它们都是人们曾经走过或误入过的地方）的持续增加，这一迷宫甚至于还不如说是充满危险和使人困惑的。那些栖居者已经变成了“不由自主的游牧者”，他们过迟地想到在他们的历史之旅开始时所接受的教训，并极为渴望地试图重新找回它已经被遗忘了的内容——而这些内容（正如他们所料想的）完全能产生“他们未来所必需的智慧”。又一次，这一迷宫成了人类状况的支配性的镜像——而且它意味着，“这是一个可以不遵守任何法律的阴暗的地方。偶然性和意想不到在统治着这个迷宫，而这又标志着纯粹理性的失败”[①]。

在这一不折不扣的迷宫似的世界中，人类劳动就像其他人的生活一样，被分裂为自我封闭的一个个片断。而且至于人类可能从事的所有其他的行动来说，控制这些行动的过程以符合行动者的计划和意图这一目标，是难以达到的，或许也是不可实现的。劳动已经从秩序建构和控制未来的领域，慢慢地转移到游戏的领域；劳动的行为变得更像是适度地定下自己短期目标（至多向前不超出一两
139 步）的游戏者的策略。真正重要的是每一步行动的直接效果，这些效果必须能适合于当场的消耗。这个世界被怀疑充满着太多的桥梁，人们在来到这些桥梁面前之前，宁可不想起要从那里经过，而且在较短的时间里也不太可能会想到要从那里经过。此后接着，每一个障碍都会被顺利地通过和解决；生活是由一系列片断构成的——每个片断都被单独地计划和打算，正像每个片断都有着自己单独的得失平衡一样。在行走的过程之中，生活之路不会变得越来越平坦，而且渡过一次难关之后并不能保证未来的生命之旅一定会方向正确、畅通无阻。

① Jacques Attali, *Chemins de sagesse: Traité du labyrinthes* (Paris: Fayard, 1996), pp. 19, 60, 23.

因而劳动改变了它的性质。在通常情况下，它是一个一次性的行为：是骗子和使用手头现成工具的**修理师**（bricoleur）的一种手段，其目标只是修理手头上的东西，并受手头上东西的促动和限制，它与其说是要产生什么结果，还不如说是什么东西所产生的结果，与其说是计划和设计的产物，还不如说是追求偶然性的产物。它与有名的、自动控制的鼹鼠（cyber-mole）——为了补充在四处寻找可以插入的电子插座（也是为了补充自己耗尽的能源）的过程中耗尽的能量……它知道如何四处寻找可以插入的电子插座——有着超乎寻常的相似之处。

也许，要理解劳动（它是人类普遍的、共同的使命的宏伟谋划和同样宏伟的个人终生事业的计划中的一部分）这一变化了的实质，使用“瞎摆弄或穷忙活”（tinkering）一词会更为恰当些。因为消除了它的有关人类最终命运的外在装饰和切断了它的形而上学的根源，劳动已经失去了它在一大批于固态的现代性和沉重的资本主义时代占统治地位的价值中的中心地位。劳动不再能够提供可资环绕和可资自我界定（self-definitions）、确立自我身份和生活计划的基准。它既不能轻易地被设想为社会的道德基础，也不能被设想为个体生活的道德规范的基准。

相反，劳动已经和其他的生活行为一起，获得了一种美学上的重要意义。它本身就是令人满足和快意的，而不是要通过它对人们的兄弟姐妹们，或是对民族和国家的力量的影响，更不用说是要通过它对后代子孙的福气产生的真正的或推断的影响，来加以测度。只有几个人——难得的少数几个人——可以声称自己拥有这个特权、这种影响力和这个荣幸，来显示他们的劳动具有重要意义，并给人们带来普遍的福祉。劳动几乎永远也不太可能使它的付出者“高贵”起来，使他们成为“更优秀的人”，而且因为这一原因，它几乎不会受到尊敬和赞扬。相反，它与其说是根据它满足、愉悦生产者和创造者的道义上的、普罗米修斯似的（Promethean）职责的
140 能力，还不如说是根据它满足消费者、感觉的追求者和体验的集成者的美的需要和渴望的能力来测度和评价的。

劳动的兴衰荣辱

根据《牛津英语辞典》（*OED*）的解释，在“以满足共同体物质需要为目标指向的体力上的尽力（physical exertion）”的意义上，1776 年第一次有记载地使用“劳动”（labour）一词。一个世纪以后，它开始含有“体力劳动者和使体力劳动发挥部分作用的技工的总称”的意思。此后不久，它还有这一意思：它是指这样一些工会和其他的团体，它们将这两种劳动方式（体力和脑力）的人结合在一起，使这种结合持续下去，并将它塑造成一个政治问题，把它改造成政治权力的工具。这一英语用法因为有劳动结构上的“三位一体”的意思而引人注目。这个三位一体是：在劳动（体力的和脑力的劳动）的意义上，那些劳动的人的阶级的自行建立，以及基于这一阶级自行建立的政治之间的密切联系（确实，语义上的趋同聚合和命运的认同是紧密相连的）。换句话说，是在把体力劳作视为社会财富和社会安康的主要源泉，与自主的劳工运动之间相联系。它

们同沉浮，共荣辱。

多数经济史学家同意[请参见由保罗·白洛克（Paul Bairoch）对经济史学家的发现的总结性集子[①]]这一点，就相关的财富和收入的水平而言，处于权力巅峰时期的各文明之间几乎没有什么差别：1世纪的罗马，11世纪的中国，17世纪的印度，它们的富裕程度与工业革命开始时期的欧洲并没有多大差异。根据一些估计数字，18世纪西欧的人均收入，至多不会超出同期的印度、非洲或是中国的人均收入的30%。然而在不到一百年之后，这一收入的差距比就几乎叫人不敢承认。在1870年，欧洲发达国家的人均收入就比世界上最为贫穷的国家高出11倍。在接下来的一百多年里，这一人均收入的差距又扩大到1995年的50倍。正如巴黎大学的经济学家丹尼尔·科恩指出的，“我敢说，国家之间不平等的现象是由最近才开始的，它是最近两个世纪的产物”[②]。而且作为财富源泉的劳动的 141
思想和源于那一假设并受那一假设影响的政治，也都是最近两个世纪的结果。

新的全球不平等、新的自信和随之而来的、与它们一样史无前例地引人注目的新的优越感：要从认识上理解并消化它们，需要新的观念和新的认识框架。这些新的观念和框架，由新生的政治经济学（它开始取代伴随欧洲在通向它历史的现代阶段的、始自工业革命开始时期的重农主义和重商主义观点）提供。

可能有人会说，这些新的观念首先由苏格兰——它是一个既

① Paul Bairoch, *Mythes et paradoxes de l'histoire économique* (Paris: La Découverte, 1994).

② Daniel Cohen, *Richesse du monde, pauvretés des nations* (Paris: Flammarion, 1998), p.31.

在工业巨变之内又在工业巨变之外、既卷入工业革命之中又超然于其外的国家，在物质上和心理上，工业革命都与这个（它快要成为正在形成的工业秩序的中心，然而在一段时间内，它又相对不受工业革命经济的和文化的影响）国家关系密切——这样一个国家来发明，这“并非偶然”。通常情况下，“中心”（centre）的强烈的意向、趋势，能够被非常及时地看出，而且在一些被暂时归类为“边缘”（fringes）的地方，它能够得到非常明晰的表达。生活在文明中心的边缘空间，意味着既站得足够近来看清楚事情，然而也意味着站得足够远来使它们“客观化”，并将知觉和初步的看法浓缩和提炼成思想、观念。因此，这些信条、教义从苏格兰传来，这并不是一个“简单的巧合”：财富自劳动产生，劳动是财富的首要的或许也是唯一的源泉。

正如波兰尼在许多年后指出的，如果更新一下马克思的视角，那么使新的工业制度变成现实存在的“大转型”（great transformation）的起点，就是劳动者和他们生计来源的分离。这一重大的分离事件，只是另一更为广泛的背离的一部分：生产和交换，不能再被牢牢地理解为一个更加普遍、实际上是无所不包的、不可分割的生活方式，因此，把劳动当成商品并像商品一样使用它，这就为劳动创造出了条件（还包括土地和资金）。[①]我们可以这样说，是这同一个分离（disconnectedness），使得劳动能力和它的载体可以自由地流动和被移动，并因而得到不同的（“更好的”——发挥更大的作用，产生更多的利润）使用、得到重新的组合和成

① Karl Polanyi, *The Great Transformation* (Boston: Beacon Press, 1957), particularly pp. 56-57 and ch.6.

为其他（“更好的”——发挥更大的作用，产生更多的利润）安排的一部分。这一生产活动同其他生活追求的分离，凭本身的实力，就使得“体力和脑力劳动的作用施加”凝结成了这样一个特别的事物——一个可以像以下所有事物一样加以对待的“东西”：它们可 142
以被控制、移动，可以和其他事物联结在一起也可以把它们分开。

如果这一分离没有发生，劳动在心理上从它“自然地”所属的“整体”中分离出来并被减缩为一个独立自给的事物的思想，就几乎没有多少可能性了。在前工业（pre-industrial）的财富观念中，“土地”就是这样一个兼有在这些土地上耕作和收获的人的整体。这一新的工业秩序和允许宣告一个特别的——工业的——社会已经来临的概念网络在英国诞生了；而且英国因为摧毁了它的农民，摧毁了土地、人的劳作和财富之间的“自然”联系，而显得与它的欧洲邻邦很不相同。为了把这些农民看成是随时听候使用的“劳力”的容器或载体，土地的耕种者首先不得不变为无所事事、四处漂泊、“没有主人”的人；而且对这些劳力而言，凭其本身的资格，不得不被看作潜在的“财富源泉”。

劳动者新的闲置和背井离乡，似乎是当前劳动解放的证据中更为有说服力的证据——人的能力总体上从令人苦恼和使之无用的偏狭的地方观念的约束、习惯的力量和天生的惰性中解放出来，是这一轰动一时的、令人振奋的解放事件的主要部分。但是劳动从它“自然的制约”中解放出来，并不会使劳动长期地处于自由地流动、“无主”或独立的状态；而且几乎不会使它变得独立自主起来，使它自由自在地确定自己的道路、方式，并按照这些道路、方式来行事。这一被摧毁了的或是不再运行的、自我再生的“传统的生活方式”（劳动只是部分地优先于它的解放），将会为另一个秩序所代替；然而这一次，它不再是命运漫无目的的漫步和历史大错的结果，而是一个提前设计好和“建设好了的”秩序，是一个理性思想和理性行动的产物。一旦发现劳动是财富的源泉，比以往任何时候都更有效率地开采、利用这一源泉，就是一个理性的任务。

现代时代一些充满新的猛烈精神的评论家（在其中，马克思又是最为突出的人），把旧秩序的死亡首要地看作蓄意破坏的结果：是一次因资本——它“专注于瓦解传统和亵渎神明”——放置的炸弹而引起的爆炸。其他人，像托克维尔，却多了一点怀疑而少了很多的热情，他们不是把旧秩序的消失看成是爆炸，而是把它看作一
143 种内爆（implosion）：回过头去看，他们在旧制度的中心发现了毁灭的种子（事后看来，要发现或猜测到它们，总是要更容易些），并看到了新统治者的激动和得意忘形，因为对于新统治者而言，旧的残余实质上已被消灭，或至多也不过是在用更多的精力和决心，去寻求这一完全相同的特效疗法——旧秩序在很久以前就绝望地尝试过这一疗法，然而在防止或至少是延缓自身的死亡上，它又是徒劳无功的。然而，至于新制度的前景和新的统治者的意图和目的，几乎没有什么可以争论的地方：这一旧秩序到那时已经过时、失效，并将要为一个比它的前任脆弱性少一点灵活性又多一点的新秩序所取代。新的传统就要构想并建立起来，以填补被瓦解了的传统所留下的真空。四处漂泊的东西又要重新抛锚了，而且比以前要更加牢固安全。用当前流行的话来表达这一相同的意思就是：被“脱

域”了的东西，或早或晚都需要被“重新嵌入”。

砸碎旧有的、地方性的/普遍性的枷锁，对习惯性方式和习惯性的法则宣战，摧毁和粉碎拥有权力的仲裁者（*les pouvoirs intermédiaires*）——所有那些的总的结果，就是对这一“新的开始”（new beginning）的令人陶醉的发狂。消解传统，感觉好像就是为了浇铸钢筋而熔化铁矿石。被熔化的、液态的现实，看来准备要被改变并被倒进新的铸模之中，被给予一个要是允许它们在自己冲刷出的河床中流动的话，它们永远也不会获得的形状。不管目标是如何雄心勃勃，看来也没有任何一个目标能超出人的思考、发现、发明、计划和行动的能力。如果幸福社会——幸福的人民的社会——不是即将来临的话，那么在这些思想家的蓝图上，幸福社会的来临也已经迫在眉睫了，而且思想家们勾画的幸福社会的轮廓，在行动者的办公室和指挥部里已是有血有肉，内容充实。类似思想者和行动者的人，他们奉献自己劳动的目的，是要建设一个新的秩序。新近发现的自由，在形成未来有秩序的惯例的努力时，将会得到运用。任何东西，都不会把自己交付给变幻莫测不可预料的行事方法，都不会依靠偶然性和意外的出现；任何东西都不会保持它原来的形状，只要这一形状能够得到改进，能够变得更为有用、更具效率。

在这一新秩序中，所有已经松懈的方面将会再次被联结、固定起来，而上次那场厄运的流离失所者和现在的那些孤独无援、四处漂泊、无依无靠的人，都能被安置下来，变得安居乐业，各得其所。这样一个用钢筋铸就的厚实巨大的新秩序，将会安如磐石地被

144 嵌置在石头中：它意味着要永远存续下去。大就是好，大就符合理性；“大”代表着力量、抱负和勇气。这一新的工业秩序的建设基地上，到处都是那种力量和抱负的标记与象征，不管这些标记和象征是不是不可摧毁、不可毁灭的，但确切无疑的是，它建造得看起来就是这样：像那些围墙林立、充斥着庞大机械和大批机器操纵人员，或者管道密布、桥梁、铁轨（不时为巍然耸立的车站打断）纵横交错的大型工厂一样，想要仿效古代为了享受永久的朝拜和为了朝拜者的永久荣耀而建立的庙宇。

亨利·福特这个宣称“历史是废话”“我们不需要传统”和“我们想要生活在现在之中，唯一有点价值的历史是我们今天创造的历史”的人，有一天将他的工人的工资增加了一倍，并解释说，他希望他的雇员能够购买他的汽车。那当然是一个言不由衷、假心假意的解释：他的工人购买的汽车总量，只是他的销售总量的一个微不足道的部分，而工资的翻番却大大增加了福特的生产成本。这一标新立异做法的真正原因，是福特希望抑制令人苦恼的劳力的高流动性。他想要一劳永逸地把他的雇员拴在他的企业里，想要延长他的工人的工作寿命，使他投放在工人培训和训练上的费用能够连本带利地收回。为了收到这一成效，他不得不限制工人的流动，把他们放在更为合适可取的地方，直到工人的劳动能力被完全消耗殆尽。像他的财富和权力依赖的是对工人的雇用和他们的劳力的使用一样，他不得不让他的工人依赖于**他的**工厂对他们的雇用，并让他们依赖于把他们的劳力出卖给它的主人。

福特用提高了的嗓门，来表达别人也抱有然而只能轻声说出的想法；更确切些说，他考虑到了和他有着相似处境但又不能用这么多的话表达出来的人的感觉。借用福特的名字，来表示只有固态的现代性或沉重的资本主义才有的意图和实践的普遍模式，是恰当的、合适的。新的理性秩序的福特模式，为他那个时代的走向设定了标准和准则：它是那一时代所有的或绝大多数企业家努力奋斗——其中有失败也有成功——的理想。这一理想是要把资本和劳动捆在一起，捆绑成“夫妻”——就像天堂里的婚姻一样——不允许任何人力来拆散它们，也没有任何人力敢于拆散它们。

固态的现代性，还有沉重的资本主义时代，在资本和劳动之 145
间确实是有着这种因双方的相互依赖性而得到了强化的结合。为了谋生，工人依赖于得到雇用；为了再生产和增长，资本依靠雇用他们。它们有着固定的相遇之所；谁都不能轻易地流向其他的地方——大型工厂的围墙使双方与世隔绝起来，并被安置在一个共同的监狱中。人们可能会说，资本和工人同生共死，命运相连，休戚相关，至死方休。工厂就是它们的栖息之所——同时也是它们进行壕堑战的战场，是它们梦想和希望的自然家园。

让资本和劳动直面相遇并联结在一起的，是在它们之间进行买卖的交易。因此，为了存在下去，任何一方都需要保持适合于那种交易的状态：资本的所有者必须能够连续地购买劳动力，而劳动力的所有者必须是敏捷、健康、强壮的和在其他方面具有足够吸引力，以不至可能的买主对他们失去兴趣，并且不至于使买主承担维护劳动力健康状况的全部费用。在“让对方处于良好的状况”这一点上，双方都有其“既得利益”。难怪资本和劳动的“再商品化”

已经成了政治和最高政治机构即国家的首要职能和关注焦点。国家务必保证资本家有购买劳动力的需要，并保证他们能够支付得起当时的价格。失业者确实完全是“劳动力的后备军”，因而在任何情况下都必须保持准备就绪的状态，说不定他们会被召回“服役”。福利国家——专门致力于这些事情的国家，因为那一原因，是真正地“超越左与右”（beyond left and right）[1]，福利国家政策是劳动和资本的支柱，没有了它，资本和劳动都不能保持生存和良好的状况，更不用说是得到发展了。

有些人把福利国家看作这样一种权宜之计，一旦这一防止厄运的集体性的保险使受保人变得足够活跃和机敏起来，以至能够完全发挥自己的潜能，并能集聚起应对风险的勇气，也就是说，让受保人变得自立起来，福利国家政策也就完成了自己的使命，没事可干了。一些怀疑主义的观察家，则把福利国家看作一种得到集体财政支持和管理的公共卫生手段——一次只要资本主义企业还在继续产生社会垃圾，对此它既不打算也没有办法加以回收利用（那是很久以后的事情）就需要运行下去的清扫和整顿的活动。然而，人们还
146 是有一个普遍的共识，认为福利国家是这样一个小小的玩意，它要对付异常事物、阻止对原则的违背，并防止破坏原则所产生后果的扩散（然而，这种扩散就要发生了）。这一过去几乎不成问题的规范本身，是资本和劳动直接的、面对面的、相互的承诺，在这一承诺框架内，解决所有重要的、令人苦恼的社会问题。

无论是谁，作为一个年轻的学徒，只要福特公司的工作是他的

① 请参见安东尼·吉登斯的《超越左与右——激进政治的未来》（李惠斌，杨雪冬，译.北京：社会科学文献出版社，2000），尤其是第五、六、七章。——译注

第一份工作，我们就能非常确定，他将在这同一个地方完成他的工作生涯。沉重资本主义的时间范围是长期的。对于工人们来说，这个时间范围，由他们在这一可能灭亡也可能不会灭亡的公司终生就业的前景限定，但是公司的生命跨度，会远远超出工人在这一公司就业的时间跨度。对于资本家而言，这一想要将其生命延续到超越任一家庭成员生命跨度的“家庭财产”，和他们继承的、建设的或是想要把它作为祖传遗物的企业，是一对同义词。

现在对它进行一下概括：这一“长期”之心态，实际就是一种源自经验的期望，而且因为那一令人信服的、再一次得到证实的经验，在将来，购买劳动和出售劳动的人们各自的命运会长期、紧密、不可分离地缠结在一起——用通俗的话语来讲，是永远地结合在一起——因此设想出一个可以承受的共处方式，就像在居住于同一住宅区的房主，为了邻里之间能按章行事而商量出共同的游戏规则一样“符合双方的利益”。这一经验要花费几十年也许是上百年的时间才能确立起来。它是在它长期的、迂回曲折的“巩固、固化”过程的终了时才得以形成和确立的。正如塞纳特在他近期的一项研究中表明的，仅仅是在第二次世界大战后，至少在最为发达的国家中，资本主义时代原来的失序和混乱才为“强大的联合、福利国家的保障和大型的公司”[1]这些东西——它们结合在一起，才产生了一个“相对稳定”的时代——所取代。

毫无疑问，这一成问题的“相对稳定”是持续冲突的基础。事实上，它使得那些冲突成为可能，而且在一个自相矛盾的意义上，

---

① Richard Sennett, *The Corrosion of Character: The Personal Consequences of Work in the New Capitalism* (New York: W. W. Norton & Co., 1998), p.23.

刘易斯·科塞（Lewis Coser）在年轻时就很好地看出它是“实用性的”(functional)：无论情况好坏，这一对敌手都因为它们的相互依赖性而被紧紧地联结在一起。力量的对抗、较量和接着发生的商
147 谈，恰恰强化了冲突中各方的联合，这是因为任何一方都不能独自运行下去，而且双方都明白，它们持续的生存依赖于找到双方都认为是可以接受的解决办法。只要这种相互结合的关系被认为会持续保持下去，双方和睦相处的规则就会是激烈紧张的谈判焦点，这些谈判有时候是相互挖苦、对抗和摊牌，另一些时候却又是休战和妥协。联合使单个工人的无能为力被重新塑造成集体性的谈判力量，并用这些手段——断断续续成功地将使人失去能力的规章变成工人的权利，将这些规章变成对雇主控制自由的限制和约束——来进行斗争。只要这种相互依赖（并且在这一意义上）还存在，在早期资本主义工厂工作的技师所强烈反对的非人性化的时间表［并引起了他们的强烈抵制，汤普森（E. P. Thompson）对此曾经有过生动的描述］，还有此后臭名昭著的、“新的、改进”版本的泰勒（Frederic Taylor）的时间测量法，甚至是这些（用塞纳特的话来说）“为了大型产业组织的发展而在管理中采取的压制和统治”措施，“也已经变成了工人坚持他们自己要求的舞台，一个向工人授权的舞台”。塞纳特得出了这样一个结论：“程序能够贬损人，但它也能够保护人；程序可以让人变坏，但它也可以让人变好。”①

现在，这种状况已经有所改变，而且多面变化的这一关键要素是新的“短期的”心态，并正开始取代原来“长期的”心态。“至死方休”的结合，确实无疑有些不合时尚，而且少之又少：任何一

① Richard Sennett, *The Corrosion of Character*, pp.42-43.

方都不再希望将互相的结合保持得太久。根据最近的一项预测结果，一个受过中等教育的年轻美国人，在他的工作生涯中，至少要变换十一次工作——而且在现在这一代人的工作寿命结束之前，工作变换的速度和频率几乎可以肯定地会继续增长。“适应性、灵活性”（flexibility）成了现在的口号，而且当这一口号被运用到劳动市场时，它预示着“这项工作，我内行”的终结，并宣告只有短期的工作合同、活络合同（rolling contracts）或是根本没有任何合同的时代的到来。工作岗位没有任何固有的安全可靠性，而只有“有待进一步通知”的条款。工作生涯充满着不确定性。

从结合到共处 148

当然，可能有人会反驳说，这种情况并没有什么特别新鲜的地方：既然时间是无法追忆的，那么工作生涯就会充满着不确定性。然而，当今的不确定性，是一种明显与众不同的不确定性。那种人们恐惧的、可能给人的生活和前景带来巨大破坏的灾难，不同于那种人们可以抵抗的，或是通过联合的力量、通过团结和对应对措施的共同思考、商定与实施，至少可以同它进行斗争和使它有所缓和的灾难。最为可怕的灾难现在在任意地发动袭击，在用一种怪异的逻辑，或是根本没有任何可见的逻辑，来选择它的牺牲品，变幻莫测地实施它的打击，因此没有办法可以预见谁会遭受这一厄运，而谁又能从中侥幸逃脱。当今的不确定性，是一股强大的**个体化**的力量。它用分隔和分裂代替团结和统一，而且，既然无法知道第二天醒来自己会属于哪一阵营，那么“共同利益”的观念就会变得越来越模糊不清，并失去它所有的实用价值。

个人必须独自承受当今的恐惧、焦虑和不平。人们不会把它们累加起来，不会将它们累积成一个“共同的事业”，他们没有任何特殊的更不用说是明显的本领和技巧。这些情况使得团结一致、休戚与共的立场失去了作为理性手段在过去的地位，并使人想到一种与这一生活策略——它指引工人阶级防御性组织和战斗性组织的建立——截然不同的生活策略。当布迪厄在对已经遭到或害怕遭到当今变化的就业形势打击的人进行访谈时，他一而再、再而三地听到这样的话：“因为对工作解除规制和临时性就业的发展，在这一新的剥削形式面前，工联主义行动的传统形式已经不能适应要求。”布迪厄得出结论认为，最近的分裂“毁灭了过去工人团结一致的基础”，因之而产生的“梦想的破灭，就和战斗精神与政治参与的死亡一同发生了”①。

一旦劳动就业成了短期的动摇不定的事情，失去了明确的（更不用说是得到保障的）前景并因而变得短暂和变化无常起来，当事实上所有关于游戏倡议及其解散的规则，恰恰在游戏结束之前就已被废弃，或是可能会有所变更，那么就很少有让相互忠诚和承诺生
149 根发芽的可能性。与它们相互长期依赖的时代不同，几乎不会有什么东西，来促使人们对进行共同努力的想法和作出无论如何也必定是昙花一现的相关安排，产生非常浓厚的兴趣，更不用说是产生决定性的兴趣了。就业之地与其说像是一个人们可能会不厌其烦地了解其可以接受的共处规则的这样一个共同住所，倒不如说像是一个

① *La Misère du monde*, ed. Pierre Bourdieu (Paris: Seuil, 1993), pp. 631, 628.

人们只会来这里住几天的宿营地，并且在那里，如果应该提供的方便没有提供，或是在提供方便时又不尽如人意，人们就可能会在任何时候离开。马克·格兰诺维特认为我们的时代是一个“弱联系”（weak ties）的时代，而塞纳特则认为“短暂形式的联合比长期的联合对人们更为有用”[①]。

当今“液化的”、“流动的”、解除控制的、形式分散的现代性，不可能预示着分裂以及交流的最后终止，不过它却预示着轻快的、自由移动的资本主义的出现，它的标志是，资本和劳动的婚约的解除，以及将资本和劳动联结在一起的纽带的松弛。可能有人会说，这一致命的分离重复了从婚姻到共处（living together）的转变，这一转变有它所有推论性的看法和关键的结果，包括对共处暂时性的假定，还有对这一可能性——一旦没有了联结的必要或愿望，联结可能会在任何时候因任何原因而中断——的假设。如果说待在一起是相互同意和互相依赖的事情，那么解除婚约就是单方面的事情：结构的某一方已经获得了它以前可能私下想过但从来没有鲜明地表露出来的自主性、独立性。资本已经通过过去做梦都想不到的新的流动自由，而从对劳动的依附中解放出来，而这在一定程度上，往昔的“在外地主”从来没有真正获得过。资本的再生产和增长，还有股东的利润、红利和满意，都已经很大程度地变得独立起来，不再依赖于与劳动的任何特殊的、偏狭的契约关系的持续存在。

当然，这种独立性不是完全的、绝对的，迄今为止，资本也没有和它所希望的与所尽力做的那样，具有变幻莫测的流动性。在大多数的计算中，地区性的或地方性的因素还是需要考虑进去，地方

① Sennett, *The Corrosion of Character*, p. 24.

政府的“令人讨厌的权力”，可能还会对资本的流动自由产生令人苦恼的限制和制约。但是，资本已经变得前所未有的轻快灵活，没有负担、自由自在，成了不受管辖的东西，而且它早已获得的空间机动性的水平，在多数情况下完全能够胁迫地域性的政府机构屈从
150 于它的要求。切断资本和当地的联系，并将它转移到其他的地方，这一（甚至是没有公开表露的或仅仅是推测的）威胁是任何一个负责任的政府，为了自己的利益和它的居民的利益，都必须严肃认真地全力加以对待的东西，地方政府会努力地使它的政策服从于防止缩减投资威胁这一至高无上的目的。

政治今天已经史无前例地变成了一场在资本流动的速度和地方权力“降低其速度”的能力之间进行的激烈争夺战。而且通常情况下，感觉就好像是地方政府在进行一场它们无法取胜的战斗。致力于其居民富足安康的政府，除了欺骗、乞求和劝诱资本的到来之外，它们不能强迫它，而且一旦它到来了，就要建造起一座高耸入云的办公大楼，而不是让它待在一个每日一付房钱的宾馆房间里，地方政府基本上别无选择。而且用自由贸易时代通用的政治行话来说，这些都能由“为自由贸易创造更好的条件”来做到或努力做到。而“为自由贸易创造更好的条件”，又意味着让政治游戏去适应“自由贸易”的规则——使用所有由政府支配的管理控制的权力，来撤销对它的管制，取消和废弃现行的“经营限制”的法规条例，这样，“政府管理权力将不会用来限制资本的自由”这一政府声明就变得可信和可靠起来；限制资本的任何流动，可能会给人产生这样一个印象，即由政府在政治上加以控制的那片土地，对资本

的运用、预期和对它所有未来的全球性思考和行动的事业，是不友好和不受欢迎的，或者说是比受它隔壁邻居控制的那片土地更不友好。在实践中，所有这些都意味着低税率，很少或是根本没有针对它的条规，并且首先意味着一个“灵活变通”的劳动市场。更为一般地说，它意味着一个易于驾驭和控制的温顺的全体人民，对于资本可能作出的任何决定，他们无力也不愿意去进行有组织的反抗。这是一个悖论，政府只有通过让资本不加质疑地相信资本有完全的转移自由——想走就走，随时都行——才能让资本继续留在原地。

丢掉了笨重的机械和大规模的人员这些负累之后，资本充其量只是带着一个仅仅装有公文包、笔记本电脑和移动电话的行李箱轻装旅行。与此同时，这种轻快灵活性使得所有的契约，尤其是稳定的契约变得多余和不明智起来：如果参与了这样的契约，就会束缚资本的流动，并会有损于它渴望的竞争力，阻断它的那些可能会导 *151*
致生产力增长的、基于假定的（a priori）选择。股票交易所和全球董事会，会迅速地奖励所有坚持诸如分离、减缩、裁员的“脱身政策”这一正确方向的行动，然而也会同样迅速地对人员扩张、增加雇员的事件和因陷入代价高昂的长期计划泥潭而不能自拔的公司实行惩罚。新的不参与不承诺策略的核心——霍迪尼模式的“脱身”技巧，回避和脱逃的策略，以及如果需要就能轻松逃脱的能力，是今天经营管理智慧和成功的标志所在。正如克罗齐在很久以前就已指出的，摆脱抑制流动自由的依附、承诺和枷锁，一直是人们特别喜爱的、行之有效的用来统治的武器；但是，这些武器的供应和使用这些武器的可容性，看来在现在的现代历史中，其份额比在很久以前还要更少。流动的速度，在今天已经成了社会分层和统治等级制度的一个主要的或许也是至高无上的因素。

利润——特别是大的利润，并因而也是明天资本的来源——的主要源泉，正日益倾向于是人的**思想**而非**物质实体**。思想仅仅能产生一次，并因而是通过依靠大量被这一思想吸引的诸如买主/顾客/消费者的人，而不是通过依靠大量被雇用的和参与复制、再现思想原型的人来持续获得财富。当思想开始变得可以获利时，竞争的目标就是消费者而不是生产者。难怪今天资本首先是和消费者关系密切。仅仅是在这一层次上，人们才能明智地提到“相互依赖”。为了它的竞争力、有效性和可获利性，资本依赖于消费者——而且资本的预计行程，也受消费者的存在与否决定，或是受消费者的产生、形成，以及对以资提供的思想的需要之增加这一可能性决定。在资本流动和推动资本变位的计划中，劳动影响力的存在只是一个第二位的考虑因素。因此，地方性的劳动影响力，对资本（更为一般地说，是对就业和工作可获得性状况的影响）的“控制力量”，已经相当程度地减弱了。

罗伯特·里奇（Robert Reich）认为，当今参与经济活动的人，
152 大致可以分为四种宽泛的类型。[①]“象征性的操控者”，即那些发明了使它们变得有价值和畅销起来的观念和方式的人，是第一类。那些从事劳动的再生产的人（福利国家的教师或是公务员）属于第二类。第三类人由从事私人服务（personal services）[这种职业被约翰·奥尼尔（John O’ Neill）归类为“裸露交易”（skin trades）]，要求与服务的接受者进行面对面的接洽的人构成。而产品的销售者

① Robert Reich, *The Work of Nations* (New York: Vintage Books, 1991).

和需要那些产品的生产者构成第四大类型。

最后，第四类人包括那些最近一个半世纪以来形成劳动流动的“社会底层”（Social Substratum）的那些人。用里奇的词来说，就是从事老一套例行程序工作的工人，他们被束缚在组装线上，或是（在更为现代化的工厂里）被束缚在像付款台一样的电脑网络和电子自动控制装置前。今天，他们渐渐成为经济体系中最为廉价、最可变更、最可任意处理的部分。在工作能力的清单上，他们既没有特别的技能，也没有与顾客进行社会交往的艺术，因此他们最容易被人取代；他们几乎没有任何可以让他们的老板不惜一切代价将他们留住的特别之处；甚至正相反，他们要求的仅仅是一点点剩余的、可以忽视的谈判权力。他们知道，他们是可以被任意处理的，因此他们几乎不理解与同事保持持久的联系和加深对工作的感情与承诺具有什么意义。为了避免即将到来的打击，他们往往对自己对工作的忠诚小心翼翼，或是把他们自己的生活目标寄托在规划好了的未来上。这是对劳动市场“灵活多变性”的一种自然反应，当这种反应转变成个人生活经验时，就意味着长期的安全可靠性，是人们容易学到把它和当前从事的工作联系起来的最后一件东西。

正如塞纳特二十年后重访纽约的面包店时发现的，“在各种各样裁员闹剧的挤压下，工人的士气和积极性急剧地下降了。幸存下来的工人正在等待着下一次的裁员打击，而不是在为他们赢得了对那些被解雇的人的胜利而欢欣鼓舞”。但是，他还为工人对工作和工厂兴趣的衰退，为工人在未来对工作和工厂投入思想和精神力量的渴望的衰竭，补充了另一个理由：

153 在各种形式的工作中，从雕刻到做饭店服务员，人们都把它们等同于向他们提出挑战的艰巨任务。然而，在灵活多变的工作场所，操各种语言的工人毫无规律地来了又去了，每天到来的指令也完全不同，机器成了指令的真正唯一标准，因而不管是由谁来操纵机器，对他而言都是简单容易的。在一个灵活多变的制度中，困难是会产生相反结果的。因为这一可怕的矛盾，当我们减少困难和阻力时，我们就恰好为使用者的不加批评的、无关紧要的行动创造了条件。①

在新的社会分工另一极的周围，在轻快资本主义权力金字塔的顶端，周旋着那样一些人，对他们而言空间几乎没有意义，他们不会长期地出现在任何一个他们可能出现的地方。他们就像给了他们生命并赋予他们权力的新的资本主义经济一样，轻快、灵活、多变、易逝。阿塔里是这样描绘他们的："他们没有工厂、土地，也没有行政职位。他们的财富来自他们轻便的优点：他们对错综复杂情势规律的了解。"他们"喜欢创造，喜欢运动，喜欢处于一种变动不居的状态"。他们生活在一个"价值灵活多变、对未来不负责任、自私自利和享乐主义"的社会中。他们"视新奇为福音，视危险为价值准则，视动荡不定为律令，视混杂为财富"②。然而，在不同的程度上，他们都掌握了"复杂生活"的艺术：他们接受迷失方向，愿意生活在时空之外，带着困惑和迷惘，对他们开始旅行的方向或持续时间却一无所知。

① Sennett, *The Corrosion of Character*, pp. 50, 82.

② Attali, *Chemins de sagesse*, pp. 79-80, 109.

几个月之前，我和我妻子在机场酒吧里等候转机。两个二三十岁的年轻人，团坐在我们旁边的一张桌子边，他们每人都带着一台移动电话。在大约一个半小时的候机时间里，他们相互没有说过一句话，然而，他们却一直都在和电话另一端的看不见的谈话者没有停顿地交谈着。这并不表明他们都相互忘记了对方的存在。事实上，看来正是知道对方的存在，才促使他们这样。这两个人卷入了一场竞赛——和比赛一样令人激动、兴奋、紧张。他们中任何一方只要自己挂断了电话，而眼见另一方却一直还在电话中交谈着，就会焦虑不安地寻找并拨通另外一个电话号码；很明显，联系的次数，“被联系”（connectedness）的程度，将语言转换成电波的各自网络的密度，他们可以任意地和它联系的电波的数量，这都是绝对 154
的问题，甚至对双方而言，也许非常重要，并成为他们的优越感之所在，是他们社会地位、身份、权力和特权的标志和象征。两个人都花费了一个半小时的时间，花在相对于机场酒吧而言的外层空间上。当他们要乘坐的飞机宣布就要起飞时，他们不约而同地做了一个相同的手势，同时锁上了自己的公文包，电话紧贴着耳朵离开了。我敢肯定，他们几乎没有注意到我和我的妻子就坐在离他们两码远的地方，并注视着他们的一举一动。就他们关注的生活世界（*Lebenswelt*）而言，他们（按照受到列维－斯特劳斯批评的正统人类学的模式）在身体上与我们近在咫尺，然而在精神心理上却与我们相隔无限遥远。

斯累夫特在他把它们称为“温和”资本主义①的杰出论文中，注意到了作为新的全球性的、不受管辖的精英标志的词汇和认识框

① Nigel Thrift, “The rise of soft capitalism”, *Cultural Values*, April 1997, p.52.

架的显著变化。为了表达他们行为的本质，他们使用“舞蹈”和“冲浪”这两个比喻；他们不再提“控制管理”而是提文化和网络、提团队和联合，提的是影响力而不是提操纵、领导和管理。他们关注的是能够随时组织起来、随时解散、随时重新调集起来的松散形式的组织：正是这样一种不稳定的组织形式，能够和他们对周围世界的这一看法——认为世界是“多元的、复杂的和快速变化的”，并因而是“模糊的”“不明确的”“有弹性的”“不确定的、矛盾的甚至是混乱的”——相一致、相匹配。在今天的商业组织里，有一个精心建构的非组织化的要素：固定性越少，不稳定性越多，这样的商业组织就越好。像世界上其他所有事物一样，所有知识不能不迅速地老化起来，因而现在，正是以下这些东西才被看成是生产力和效率的真理和教条：“要拒绝接受既定的知识”，要根据惯例作出判断，要承认和认可积累下来的经验教训。

我在机场酒吧看到的那两个拿着移动电话的年轻人，可能就是那种（真正的或有此志向的）数字空间居民之中屈指可数的新精英，他们靠尘世所有事物的不确定性和不稳定性而茁壮成长。但是，统治者的模式往往会，如果不是通过提供一个具有吸引力的选择，那无论如何也是通过强加一种生活背景——仿效它，既是可取的，也是必要的，并且正在转变成一个自我满足和生存的事情——
155 成为支配性的模式。很少人会在机场酒吧里度过他们的时间，更少人会在那里感到自得其所，或者至少不会感到足够地不受管辖，从而不至于感受到那个地方单调乏味和充斥其中的乱七八糟的人群的压抑和烦扰。但是很多人也许是绝大部分的人，是没有离开过他们洞穴的游牧者。他们可能还在他们的家里寻找避难所，但是在那里他们几乎找不到可以隐藏的地方，而且无论他们多么努力去寻找，它都永远不会真正出现在自己家里（*chez soi*）：这个避难所有透风的围墙，到处都可以被难以计数的电线和无处不在的电波穿透。

这些人像他们以前的多数人一样，被统治着和“遥控着”；只是他们是被一种新的方式统治和控制着。领导已经为公开展示所代替，而监控则为诱惑所取代。支配电波的人，就是统治现实世界并决定它的形式和内容的人。没有任何一个人，必须强迫或推动旁观者去加入这一公开展示中来：这对那些敢于拒绝给予他们加入权的人来说是一种不幸。信息（主要是电子信息）享用权成了最迫切需要得到保护的人权，而且整个居民富足安康的增长，除了别的以外，现在是根据拥有电视（或是被电视侵入？）的家庭数量来衡量的。除了传递了其他的事情以外，不管信息传递的是什么东西，也无论那一其他事情可能会是什么东西，这正是信息接收者栖息的世界的流动性和它的居民灵活多变性所在。“新闻”，那一部分最有可能被误认为是“外面世界”的真实体现、最希望发挥“现实镜子”作用的电子信息（而且通常在多数情况下，它被认为是真实地、不加扭曲地反映了现实），在布迪厄的看法中，是提供的东西里头最易消亡的东西；确实，新闻的时间预期如果和肥皂剧、脱口秀或是滑稽说笑演员节目的时间预期比起来，短暂得荒唐。然而作为反映了“现实世界”的信息，新闻的易消亡性本身就是一条非常重要的信息：新闻报道每天都是在连续重复着对激动人心的变化速度、对不断加快的成熟和新的起点之永久性的庆祝和颂扬。[①]

① Pierre Bourdieu, *Sur la télévision* (Paris: Liber, 1996), p. 85.

附论：延迟的短暂发展史

“Cras”一词，在拉丁文里是“明天”的意思。这个词过去在语义上常常是可以延伸的，和含糊不清的“将来、来日”（*mañana*）
156 一样，以指一个不确定的“后来”（later）。要延迟，就是将某些事情安排到属于明天的事情中去。把某些事情安排到那里，这立即意味着明天不是那些事情的自然之所，表明考虑中的事情按要求不属于那里。这含蓄地表明，它们应该属于别的地方。是哪里呢？很明显，是属于“现在”。为了在明天出现，这些事情首先需要从“现在”中退出，或是不让它们接近“现在”。“延迟”意味着，在事物出现的时候不去接受它们，不按事物自然的先后顺序来行事。与现代时代普遍形成的印象相反，延迟不是一个延误、懒惰、静止不动或困乏厌倦的东西；它是一种积极的态度和姿态，是一种假设能够控制事物顺序并使得这一新的顺序不同于它原有顺序（如果它不加反抗并保持驯服）的努力。延迟，就是通过推迟、拖延和延缓它在场，来控制一个事物存在的可能性，来和它保持距离并迟滞它的即时性直接性。

延迟，作为一种文化实践，是随着现代性的开始进入它的鼎盛时期的。它新的含义和伦理价值，源自时间的新的意义，源于时间有一个历史，源于时间就是历史。时间被理解为不同地位和不同价值的“现在时刻”的一个过渡，被认为是向另一个与正在经历的“现在”截然不同的“现在”（而且通常说来，它比正在经历的“现在”要更为可取）迈进的旅程。那一意义就源于这样理解的时间。

现在来做个小结：延迟的现代意义，形成于像一个朝圣者一样追求人生和像一个向目标靠近的运动而生活和度过的时间。在这样的时间里，每一个“现在”，都是由此后发生的一些事情来评估的。无论此刻的、这里的“现在”可能具有什么价值，它都只是就要来到的一个更高价值的先兆。“现在”的作用和“现在”的任务，就是让某一事物更加靠近那一更高的价值。如果单独地看它，“现在”时间既无意义也无价值。正因为如此，它是有欠缺的、不充分的、不完善的。“现在”的意义存在于未来；手头的正在发生的东西，要根据直到现在尚未形成的、尚不存在的东西来评价，并由它们赋予它以意义。

因此，过一种像朝圣者一样追求人生的生活，本质上是遥遥无期的。它迫使每一个“现在”服务于尚未到来的事物，并且通过填堵它们之间的这一间隔和距离，通过向接近（proximity）和即时（immediacy）努力而服务于它。然而，如果这一距离和间隔被 157
填堵上了，如果目标已经实现，“现在”就会失去赋予它意义和价值的所有东西。受这些像朝圣者一样追求人生的生活偏爱和垂青的工具理性，会推动对这些方式手段的寻找，而这些方式手段可能会完成这一超乎寻常的业绩，让努力的目标指日可待然而又永远不会实现，让努力的终点变得越来越近然而又不会让其间的距离消失为零。像朝圣者一样追求人生的生活，是一个通往“实现”（fulfilment）的旅程，但是那一生活过程中的“实现”，却等于是意义的丧失。通往“实现”的旅程赋予这一追求人生的生活以意义，然而它所赋予的意义，会受本身自杀性的、毁灭性的推动力的摧残；那一意义无法生存到它的最终目标实现的那一时刻。

延迟反映了这一矛盾。追求人生的延迟是为了更好地准备抓住真正重要的东西。但是抓住了它们，就意味着人生追求的结束，因而也意味着这一赋予生活以它唯一意义的生活目标的终结。因为这一原因，延迟具有一种打破任何事先的时间设定的内在倾向，并要无限地延伸下去——直到永远不会到来的那一天（*ad calendas graecas*）。延迟往往会变成它自身的目标。在这一延迟行动中被阻止的最为重要的东西，往往是延迟自身的终结。

为现代社会奠定基础并使在这个世界存在（being-in-the-world）的现代方式变成可能和必然的、态度 / 行为的（attitudinal/behavioural）戒律，是**推迟满足**（delay of gratification）的原则，这种满足是需要和欲望的满足，是愉快体验的时间的满足，是享乐的满足。是在这种外形化身下，延迟进入了现代舞台（或者更为准确地说，是使得这一舞台变得现代起来）。正如马克斯·韦伯解释的，正是这一特别的拖延，而不是匆忙草率和迫不及待，引发了这些蔚为壮观的开创性的现代的新鲜事物，一方面是资本的积累，另一方面是工作道德的扩散、确立和保证。改进的渴望给予这一努力以鼓舞和动力；但是这一“尚未”和“现在还不”的告诫，指引着这一努力继续向着它未曾预见的结果，也就是向着开始为人所知的增长、发展、提高而且还有现代社会前进。

这一“推迟满足”形式的延迟，保留了它所有的内在矛盾。欲望（Libido）和死神（Thanatos）[1] 在每一出延期的表演中都相互争斗，而且每一次延迟都是欲望战胜它的死亡之敌。通过获得满足之 158 希望，渴望在推动着这一“努力”，只要这一人们觊觎的满足还只是一个希望，“推动”就会保持着它的力量。所有渴望的推动力量都被寄托在“没有实现”（unfulfilment）的身上。最后，为了保持渴望的生命力，欲望不得不仅仅渴望着它自身的生存。

这一“推迟满足”形式的延迟，把耕耘和播种置于谷物的收获和摄取之上，把投入置于收益的提取之上，把节约置于花费之上，把自我克制置于自我放纵之上，把劳动置于消费之上。然而，它从来也没有贬低那些它所拒绝承认它们优先性的事物的价值，也没有否认那些事物的优点和意义。那些东西是对加于自身的节制之奖赏，也是对自愿延迟的回报。最终，自我节制越严厉，自我放纵的可能性就会越大。节约，既然你节约的越多，你将能够花费的也就越多。劳动，既然你劳动得越多，你也就将消费得越多。矛盾的是，对即时性直接性的拒绝接受，目标地位的明显降低，反而会事与愿违地提高它们的地位，并使它们显得更加高尚。等待的需要加重了这些奖励的挑逗力 / 吸引力。延迟欲望的满足这一教义，非但没有降低作为生活努力目的之欲望满足的地位，相反却使它变成了生活的最高目的。通过让消费者置身于有眼光的清醒的生产者的视线中，满足的延迟使得生产者陷入了消费者的天罗地网。

因为这一矛盾，延迟助长了两个趋势。一个趋势导致了劳动的

① “Libido”，通常音译为“力比多”，原意是指性欲，它也是奥地利心理学家弗洛伊德的用语，指性本能背后的一种潜在力量。在此处译为“欲望”似更恰当。“Thanatos”，是指希腊神话中的死神。——译注

伦理标准（work ethic），这一劳动的伦理标准推动了手段和目的的位置互换，并称颂为劳动而劳动（work for the work’s sake）的美德，赞扬快意的延迟本身就是一个价值，就是一个比其他那些它假设要为它们服务的价值还更具吸引力的价值，劳动的伦理标准，迫使这一延迟无限地延伸下去。另外一个趋势则导致消费的美学标准，它把劳动降到了一个纯粹附属的、次要的、保护地面的地面覆盖物的工具性角色，把劳动贬低为这样一个行为即它所有的价值源于它不是价值的东西，但是它却是在为它的价值打下基础，弃权和放弃或许也是必要的牺牲，然而这是不方便和令人气愤的，更为可取的是，最低限度地把它贬低为一个空无一物的东西。

延迟是一柄双刃剑，它既适合于“固态的”现代社会，也对“变动不居”的现代社会有用，既对生产者阶段的现代社会有帮助，也对消费者时期的现代社会有所裨益，尽管它给每一个阶段带来紧张，带来没有解决的、态度的和价值论的冲突之负担。因此，向现
159 今的消费者社会过渡，只是预示着重点的转换，而不是表明一次价值准则的变更。而且它还将这一延迟原则压到了几乎崩溃的边缘。这一原则现在变得摇摇欲坠、脆弱不堪，因为它已经失去了伦理禁令的防护屏。满足的延迟再也不是道德美德的标志。它是一个纯粹简单的苦差和磨难，是一个标志着在社会安排上不完善，或标志着个体弱点、缺陷或是二者兼备的成问题的负担。它不是一个教诫，只是一种对事情不愉快（也是可以救治的）状态的屈从的、令人伤心遗憾的承认。

如果说劳动的伦理标准奋力争取的是延迟的无限延伸，那么消费的美学标准争取的则是废止和消灭。正如乔治·斯坦纳（George

Steiner）指出的，我们生活在一种“赌场文化”（casino culture）中，在这一赌场中，“不用再押了”（Rien ne va plus!）[①]的永远也不会太遥远（never-too-distant）的叫声，设定了延迟的允许的界限；如果要奖励一个小型的表演，这一奖励也是即时和瞬时性的。在这一赌场式的文化中，等候是不必要的，不过需要的满足也必须是短暂的，只能持续到下一轮的舞会的开始，它持续的时间就和等候一样短暂，唯恐过多地满足人们的欲望，而不是重新激发和点燃起人们的欲望——那些在这个世界上受消费的美学标准统治着的最被贪求的奖励。

因此，延迟的起点和终点交汇在一起，欲望和欲望满足之间的距离浓缩成了这一欣喜若狂的时刻——这正如约翰·图萨（John Tusa）在《卫报》（*Guardian*, July19, 1997）上评论的，这种时刻必定十分丰富：“是直接的，连续不断的、不断转移注意力的、娱乐性的，在数量上不断增加，在形式上不断增加，在场合上也不断增长。”“除了立即的、持续的和不加思考的自我满足”外，没有任何事物，也没有任何行为的感官属性是重要的。很明显，对于这一延迟的原则来说，对立即得到满足的要求会产生不利影响。但是，如果是立即得到满足，那么满足就无法持续不断，除非它也是短命的，除非不允许它继续存留到它转移注意力和娱乐性力量的生命跨度之外。在这一赌场式的文化中，延迟原则同时在两条战线上受到攻击。同时承受到满足**到来**的延迟和它**离开**的延迟所施加的压力。

然而，这只是事情真相的一个方面。在生产者的社会中，推迟

① Casino，法语中的一个词，是指有表演、舞池等的赌场或娱乐场。而“不要再押了”，是指轮盘赌中，轮盘开始转动时，荷官制止赌徒再押的叫喊声。——译注

满足的伦理原则习惯于确保工作努力的持续性。而另一方面，在消费者的社会中，这同一个伦理原则在实践中可能还需要确保欲望的持久性。因为欲望变得比劳动更为短暂、脆弱和更有可能枯竭，而
160 且不像工作一样，没有因制度化的惯例而得到加强，因此在满足被无限期地推迟时，它就不可能生存下去。为了继续存在下去并保持活力，欲望必须一次一次、非常频繁地得到满足——然而，满足意味个体的终结。因而，一个受消费美学标准统治的社会，需要一种十分特别的满足——类似于德里达所指称的药物（Derridean *pharmakon*），它同时既是具有疗效的药物，又是一味毒药，或者更为确切地说，它是一种需要根据计划谨慎服用而从来不能非常危险地一次服下的药物。一个没有真正使人满足的满足（a gratification-not-really-gratifying），是一个从来没有进行到底的满足，它总是半途而废……

延迟通过自我克制来服务于消费者文化。创造性努力的源泉，不再是因诱发而产生的、推迟欲望的满足这一渴望，而是诱发引起的、缩短或彻底终止欲望满足的推迟这一渴望，以及一旦欲望满足到来，缩短这一满足的持续时间的、诱发产生的渴望。文化对延迟开战，在现代历史中是一件新事物。它没有空间来接受距离、思考、持续和传统——在海德格尔（Heidegger）看来，这一重演（*Wiederholung*, recapitulation）[①]就是我们所知的存在的方式和特征。

① 重演就是指，生物个体经过的发育阶段与其所属类群的各种系统的发育阶段相似。但在海德格尔的哲学思想里，它主要是指把过去的存在带到现在（或此在）和将来（海德格尔．存在与时间．陈嘉映，王庆节，译．北京：三联书店，1987）。海德格尔（1889—1976），德国哲学家，德国存在主义的先驱，他主要的存在主义观点认为，只有意识到人的存在的暂时性才能领悟到存在的真谛。除了《存在与时间》一书外，他还著有《形而上学导言》等著作。——译注

不稳定世界的人的结合关系

由这两种类型的人占据的两类空间明显不同，然而又是相互关联的；它们相互之间并不熟悉，然而又保持着持续的交流；它们几乎没有什么共同点，但是又假装有很多相似之处。这两类空间被十分不同的逻辑支配着，塑造着不同的生活经历和体验，用相似行为符号的、不同的而且常常是相反的定义，来构思着不同的生活旅程和生活叙事。这两类空间都存在于同一世界之内——而且它们二者都是其中之一部分的这个世界，是一个不稳定可靠和易受影响的敏感的世界。

作为我们这个时代最为敏锐的分析家之一，布迪厄于 1997 年 12 月提交了一篇题目为《当今的不稳定性无处不在》（Le précarité est aujourd' hui partout）的文章。[①] 文章标题已经把所有的内容都说出来了：不可靠性、不稳定性和敏感性是现在生活状况的最为充分扩展的（也是最被痛苦感觉到的）特征。法国的理论家提到“不稳定性”（*précarité*），德国的理论家提到“不可靠性”和“风险社会”（*Unsicherheit* 和 *Risikogesellschaft*），意大利的理论家提到“不确切性”（*incertezza*），英国的理论家提到“不安全性”（*insecurity*），所 161
有的这些都考虑到了在全世界以各种形式、在不同名义下经历的人类困境这一相同方面，但是，这一困境在很多方面都是新近出现的和前所未有的，由于这一原因，在这个行星的高度发达和富足的国家里，人们对此尤其感到不安和绝望。所有这些概念试图抓住和阐释的这一现象，是对（地位、权利和生计的）**不可靠性**

① Bourdieu, *Contre-feux*, pp.95-101.

(insecurity)、(对于它们的持续性和未来的稳定性而言的)**不确定性**(uncertainty)和(人们的身体、自我及其延伸即财产、邻里关系和共同体)**不安全**(unsafety)的联合体验。

不稳定可靠,是所有其他东西(生计,特别是最为普遍的要求工作和就业的生计手段)初始状况的特征。这一生计手段已经变得过于脆弱,而且还在逐年变得更加脆弱和更不可靠。许多人在听到学识渊博的专家们相互矛盾的见解时——但在通常情况下,他们只是思索他们最为亲近和最为亲爱的人的命运——他们都有足够的理由对此产生怀疑,因为无论政客们的面部表情显得多么自信,也无论他们的承诺是多么动听,富裕国家的失业已经变成了"结构性的"失业:对于每一个新的职位空缺而言,都会有一些工作随之突然消失,不会存在每个人都有的足够多的工作岗位。而且技术的进步——实际上,是理性化努力本身——往往预示着工作岗位会越来越少,而不会越来越多。

既然那些多余的人的多余没有足够的想象力去加以描绘,那么可想而知,他们的生命已经变得多么脆弱和不确定。重要的一点是——至少在心理上——这也会影响到其他所有的人,即使这暂时只是间接的影响。在一个结构性失业的世界里,没有人能够感到真正的安全。在安全可靠的公司里安全可靠的工作,看来只在祖辈们怀旧的故事里才有;也并不是说,有许多技术和经验,一旦人们获得了就能确保他得到一份工作,并保证让这份工作持续下去。没有人能合理地认为自己在下一轮的"裁员""提高效率"或是"理性化"风潮中、在不确定的市场需求的改变和反复无常不可预料然而也是不可抗拒的不服输的“竞争”“生产力”和“效率”的压力下，不会受到打击。“灵活多变”就是今天的口号。它表明工作没有了内在的、固有的可靠性，坚定的承诺或未来的权利资格，表明工作至多只不过是签订一份定期的或活络的合同，辞退不会有 162
事先的通知，也不会有享受补偿金的权利。因而没有人能真正感到自己是不可替代的——无论是对那些已被遗弃的人，还是对那些指望这一份已将他人辞退的工作的人都是如此。甚至是最有特权的位子，结果也可能只是暂时的，是有“有待进一步通知”这一附加条件的。

由于不存在长期的安全可靠性，“立即满足”看来就像是一个诱人的合理选择。无论生活可能会有什么好的结果，就让这些好的结果此时此刻（*hic et nunc*）就立即出现吧。谁知道明天会发生什么事情呢？推迟满足已经失去了它的魅力。毕竟，为明天付出的劳动和努力，它们算得上是财产，是否会持续到它们得到回报的那一刻，这并不非常确定。此外，在今天看起来很有吸引力的回报，在它最终（那是很久以后的事）到来时是否还值得去拥有，这也远不确定。我们都应吸取这一惨痛的教训：资产马上就可能变成负债，金光闪闪的奖品也可能会变成耻辱的象征。时尚以惊人的速度到来，却又以同样惊人的速度变成过时落伍的东西，所有我们追求的事物，在我们还没来得及完全消受它们之前，就已经变得陈旧落后，令人不快甚至是大倒胃口、可恶至极。今天还是“典雅时髦”的生活方式在明天就变成了人们的笑柄和嘲弄的对象。再一次引用布迪厄的话来说就是，“强烈反对犬儒主义（cynicism）[①]（它是我们

① 犬儒主义是一个源自古希腊的哲学派别，认为世间没有真和善，人心皆自私，对未来和世界都持怀疑、悲观的态度。——译注

这个时代人们的特征和标志）的那些人，不应该忘记把它和支持这一做法并需要……的社会状况、经济状况联系起来”。当罗马着火了，而且人们又不能为扑灭大火做些什么时，那么和其他任何追求相比，拉拉小提琴看来既不显得特别痴傻，也非更为不合时宜。

不稳定的经济和社会状况，教育人们（或是让他们学会这一现实理性的方法）把世界看作一个装满不用回收的仅供一次性使用的物品的这样一个容器；是整个世界——包括其他的人在内。此外，这个世界看起来像是由“黑箱子”（black boxes）构成的，这些黑箱子被密封着，从来也没有被使用者打开、摆弄过，更不用说一旦它们弄坏了而被修理过。现在的汽车技术培训，并不培训如何修理破旧或已经毁坏的发动机，只是培训如何取出并丢弃坏的或有缺点的部件，并用别的从仓库取来的现成的、密封的零配件去更换。对于“备用零件”（这是一个把它们全部都概括在内的词语）的内在结构，对于它们运行的神秘原理，机械师们都不知所以；他们不会认为，对与它们相关内容的理解和技术的掌握是他们的责任，也不会把对这些东西的理解与掌握，当成是他们胜任能力范围内的事情。
163 在汽车修理厂是这样，在它外面的生活也是这样：每一个零件都是“备用的”和可以更换的，并且还是可更换的好。如果取出这一坏的零件并换上一个新零件只要花费一点点时间，那么，人们为什么要把时间浪费在费时费力的修理上呢？

在这个即使最乐观地看也是前景模糊黯淡然而更有可能的是未来充满风险和危险的世界里，为增加集体权力而放弃私人利益并设定遥远的目标，或是为了将来的幸福而牺牲掉现在，这看起来既不是一个有吸引力的主意，也不是一个很理智的想法。任何没有立即抓住的就只会沦为一个错失的机会；因此没有抓住机会是不可原谅的，也是不能轻易得到饶恕的，更别说证明是正当的。既然今天的承诺会阻碍明天的机会，那么承诺越是表面性的和容易承受的，可能的损失也就越小。“现在”（now）是生活策略的关键所在，无论这一策略被运用到哪一点上，也无论它可能意味着其他的什么东西。在一个不安全可靠的、不可预料的世界中，聪明的游客是会尽力去仿效那些能轻松旅行的幸福的全球性事物的；而且在清除阻碍了他们行动的任何事物时，他们都不会掉落太多的泪水。他们很难犹豫得足够久，以至他们有时间去冥想到人的结合关系不像机器零件这一点——它们几乎永远也不会是现成的，如果不加以密封，它们往往会迅速地腐烂和解体，而且一旦不再加以使用，它们是不会被轻易地取代的。

因而由劳动市场操纵者精心实施的这一“不稳定化”（precarization）的计谋，得到了生活政策的支持和帮助（用它强加的影响力），不管生活政策的这种支持是有意的还是无意的。二者向同一结果汇合和靠拢：人们的结合、共同体和合作关系都趋于枯萎与瓦解。“至死方休”类型的承诺变成了“在满意持续之前”类型的契约，而根据定义，根据计划和实际影响，这种契约是暂时的、昙花一现的——无论何时，只要其中一方在决定退出这种合作关系中（而不是不惜一切地用无法估量的代价去试图维护它）觉察出有更多的机会和更大的价值，这种契约关系往往就可能被单方面地终止。

换言之，人的结合关系和合作关系往往被看成是被消费的（consumed）东西，而非被生产（produced）出来的东西，并且它们往往得到这样的对待处理：它们和所有其他的消费品一样，服从于同一个评价标准。在这个消费者的市场上，很明显，耐用品通常
164 都有一个“试用期”；如果购买者不是完全满意，那么退款是被允许的。如果合作关系中的合作者用这些标准来加以“概念化”，那么，“使这一关系运转下去”——务必使它运转下去，不管是艰难险阻、命运沉浮，也不管是时乖命蹇、天不我与，还是春风得意、一帆风顺，都可以同甘共苦、荣辱与共，为了这一持久的结合，可以作出任何牺牲——就不再是合作双方的任务了。相反，它是从一件备用于消费的产品中获取满足的事情；如果获得的满足不符合预期的或许诺的标准，或者如果新鲜感和快意感一起慢慢消失，那么根据消费权利和《贸易法案》（Trade Descriptions Act），一方可以要求脱离出去。人们想象不出这样一个理由，为什么要坚持选择一件劣质或老化过期的产品，而不在商店里选择一件“更新换代的改进了的”产品。

这样的结果就是，合作关系假定的暂时性，往往就会变成一个自我实现预言。如果人的结合关系像其他所有的消费品一样，不是通过长期的努力和偶尔的牺牲产生出来的东西，而是一个人们期望在购买它的那一刻就立即马上得到满足的东西——而且是一个不满意就拒绝它，它持续给人满足的时间有多久，保留它和使用它的时间也就多久（不会更久）的东西——那么，“在无利可图后投入很多金钱”，还付出越来越多的努力，这就没有多大意义了，更别

说是为了保持这一合作关系而承受不适和痛苦。即使是一个小小的岔子或错误，也可能导致合作关系的终止或破裂；微不足道的分歧也可能会转变成严重的冲突，轻微的摩擦与不和也被认为是关键的、不可弥补的互不相容的标志。如果美国社会学家托马斯（W. I. Thomas）看到事情的转变，他就已经这样说了：如果人们认为他们的承诺是暂时的，是在进一步通知之前才有效的，那么因为这些人自己的行为，这些承诺就确实会变得如此。

社会存在的不定性，促使人们把周围世界看成是一个供直接消费的产品的聚合体，然而，把这个有着它的居民的世界当成是一个消费品的聚集，这使得延长人们结合关系的谈判变得困难重重。没有安全保障的人们往往会急躁易怒；他们也不能容忍那些阻碍他们实现自己欲望和追求的任何事物；而且既然有相当多的欲望注定会遭受挫败，那就肯定不会缺乏自己不能容忍的人和事。如果立即满足是抑制不安全（强调一下，是永远无法消除对安全性和确定性的渴望）这一痛苦感觉的唯一法宝，那么，对某些与满足的寻求没有明确相关性和重要性的人或事，确实没有明显的理由可以容忍，就 165
更不用说去容忍那些人和物了——它（他）们不利于或阻挠了人们所追求的满足的形成和产生。

然而，在不定世界的“消费者化”（consumerization）和人的结合关系的解体之间，还有着另一种关联。不像生产，消费是一项孤独的行为，这是一种普遍存在的、无可挽救的孤独，甚至在这一行为是和他人一起进行的时候也是如此。即使生产性的（通常说来是长期性的）工作，要求的仅仅是原始的肌肉的力量，它们也要求有合作：如果要把一块沉重的原木从一个地方移到另一地方，这需要花费八个人一小时的时间，但这并不表明一个人用八小时（或者是任意长的时间）就能完成这一事情。至于包含劳动分工和要求有各种专业技术（在一个人的知识中这是不可能都实现的）的复杂工作而言，对合作的需求甚至更为明显；没有这种合作，就根本没有生产出任何产品的可能性。正是这一合作，在使得分散的和根本不同的工作变成一个生产性的工作。然而就消费来说，合作不仅不必要还纯属多余。无论消费的是什么，它总是被个体地、独自地消费，即使在一个人满为患的公共食堂也是这样。受他多种多样才干的影响，路易斯·布鲁尔（Luis Buñuel）在他的《自由的幻象》（*Phantom of Liberty*）一书中，证明了即使是进食这一所谓的合群与共居的原始型配备，也是最为离群索居的秘密行为，会积极地防止其他人的窥探。

不信任的自我存续

在阿兰·皮累菲特对现代/资本主义社会的“强制性和诱致性发展”这一回顾性研究中，他得出了这样一个结论：那一社会最为突出的（事实上也是）本质性特点是**信任**（confidence）：信任自己，信任他人，信任制度。信任的所有这三个要素过去常常是缺一不可的。[①]它们相互支持，互为条件：去掉其中的一个，另外两个就会虚化起来并崩溃。我们可以把这一现代的秩序建构支点，

① Alain Peyrefitte, *La Société de confiance: Essai sur les origines du développement* (Paris: Odile Jacob, 1998), pp.514-516.

说成是建立信任的制度基础的持续性努力：为这一信任的投入提供一个稳定框架，并使得这一信念——今天珍视的价值将会继续得到渴求和珍视，追求和获得这些价值的准则会继续得到遵守不被违背，并且不受时间流逝的影响——变得可信可靠起来。 166

皮累菲特把公司+雇用（enterprise-cum-employment）列为传播和培育信任的最重要基地。资本主义企业也是冲突和对抗滋长的温床这一事实，不应该误导我们：没有信任（confiance）就没有怀疑（défiance），没有信赖（trust）就没有抗争（contest）。如果雇员为他们的权利而斗争，那是因为他们已经信任这一体制的“控制权力”。在这一体制中，正如他们希望和渴求的，他们的权利将会得到铭记，他们把企业当成是一个可以把他们的权利托付给它安全妥善地加以保管的地方。

现在不再是这种情况，或者至少很快就结束了这种状况。没有任何一个理性的人，会想要在一个公司度过他整个的或者至少是大部分的工作生涯。大多数理性的人，宁可把他们毕生的积蓄拿到证券市场和保险公司去，也不会去依赖他们现在工作的企业提供给他们的养老金。正如斯累夫特最近在对它作出概括时所说的，“在那些与此同时正在‘裁员和重新设计’的组织中，要建立对组织的信任，这是非常困难的”。

布迪厄证明了信任的崩溃和对政治的参与与集体行动的热情衰弱之间的关联：他认为，制订未来规划的能力，是所有“思想改造和对现在事情状况进行重新检测与改革的所有努力的前提条件（conditio sine qua non）”——但是，对于那些没有抓住现在的人来说，是不可能谋划未来的。[1]里奇所说的参与经济活动的第四种人，非常明显就缺少这样一种对现在的掌握。尽管他们被限制在土地上不允许移动，或者如果他们移动首先就要越过被严密守卫的边防哨所，他们将遭到制止，但只是**从假设出发**，他们才处于一种不如资本可以自由移动的境地。资本正日益变得全球化起来，而他们却只得留在原地。因为这一原因，他们易于受到神秘的“投资者”和“股东”不可思议的心血来潮的怪念头的影响，甚至是受到更为令人困惑的“市场力量”“贸易关系”和“竞争要求”的影响而无法自卫。无论他们今天得到了什么，都可能在明天不加警告地被拿
167 走。他们不可能赢得胜利。无论是作为一个理性的人，还是努力要做一个理性的人，他们都不情愿去冒这一战争的风险。他们不可能把他们的不平和委屈，重新锻造成一个政治问题，并转化成用来矫正的政治权力。正如阿塔里在几年前预测的，“明天，政治权力存在于制止或促进事物向某一路线运动的能力之中。国家不会以通过对网络实行控制那样的另外方式来行使它的权力。而且对网络控制的不可能，反过来又将削弱政治制度”[2]。

从沉重的资本主义过渡到轻快的资本主义，从固态的现代性过渡到液化的或流动的现代性，建立了劳动流动的历史已经被铭刻于其上的这样一个框架。要理解那一历史的回旋（convolutions），需要经历一段很长的道路。就大众思想情绪的变化而言——不管它是通过大众媒体削弱力量性的影响而产生，还是因广告商的阴谋而形成，是消费者社会诱惑性的拉力的结果，还是公开展示和享乐社会

① Bourdieu, *Contre-feux*, p.97.

② Attali, *Chemins de sagesse*, p. 84.

使人浑浑噩噩或茫然失措的影响的结果，为这一普遍存在于世界发达部分（在“现代化”的意义上）的劳动流动所陷入的可怕绝境而加以辩解，既不理智也没有启发意义。去责备莽撞愚笨或两面三刀的“劳工领袖”也不会有所帮助。这些解释中所指出的现象，一点也不是想象虚构的。但要不是因为以下事实，这些现象就不能用来说明问题：从涌入大型工厂的工人为强制执行出售他们劳动的更人道和更有益的标准而加入阶级那时起，从工人运动的理论家和实践者在工人的团结一致中意识到工人对“良好社会”（在这一良好社会中，普遍的正义原则将会得到充实）朦胧的迄今为止也是没有加以清楚表达的（然而，这是天生的，而且长远看来也是势不可当的）渴望那时起，人们从事他们生活事务的生活背景和社会环境（这很少是自身能加以选择的），就已经急剧地、迅速地改变了。

第五章

共同体[①]

① 共同体的原文是“community”，在第五章中，此词的所指过于宽泛，指社会中存在的各种层次的团体、组织，既包括小规模的社区自发组织，也指更高层次上的政治组织，而且还指国家或民族这一最高层次的总体，即民族共同体或国家共同体。之所以把此词译为共同体，那是因为“共同体”一词具有充分的广延性。因此本章由“community”一词译来的共同体，不能狭隘地理解为民族或国家共同体，而应作全面的广义的理解，并因时因地作不同的理解。——译注

第五章 共同体

当理性没有完全醒来或是再次入睡时，差别就产生了；正是这条没有公开的信条，使后启蒙（post-Enlightenment）自由主义者对人们追求完美无缺思想的个体能力的明确信任，具有可信性。我们人类，被认为具有任何人在选择正确道路时所需要的一切东西，而一旦对道路作出了正确选择，这对我们所有人而言，证明都是相同的道路。笛卡尔的主体（subject）和康德的人（Man）[①]，由于有了理性的武装，在他们的人生道路上就不会犯错误，除非他们被诱惑或被推开而偏离了理性开辟的笔直的道路。不同的选择，是由历史大错沉积而成的——是叫作偏见、迷信和错觉的脑损伤的结果。不像每一个单独个体之理性的、简明一义的（eindeutig）判断，判断上的差别有着集中的渊源。培根的“幻象”（idols）存在于人们一起乱转和搅扰的地方，存在于剧场中、市场里和部族的庆祝活动中。释放人类理性的力量，就意味着从所有的那些东西中解放出来。 168

那一信条只是被自由主义的批评家强迫公开的。现在不乏这种自由主义的批评家，他们指责对启蒙遗产的自由主义的阐释要么使事情变得糟糕，要么使他们变得糟糕。浪漫的诗人、历史学家和社会学家与民族主义的政治家一起，指出了——在人们开始

① 康德的“人”，是指作为目的而非作为手段的“人”。——译注

扭曲他们的个体思想来诋毁他们的理性可能想到的最好的共处准则之前——他们已经有了一个（共同的）历史，有了一个（集体
169 遵守的）惯例。我们当今的社群主义者表达了相同的意思，只是在表达这一意思时使用的是不同的语言：不是“被脱域了的”“没有负担、不受妨碍”的个体，而是一个特有集团语言的使用者和一个受到教化/社会化了的人，在“自主”和“自立”着。这些批评家在考虑什么事情，并不总是清楚了然：难道老成持重、独立自主的个体们的看法是不真实的，或者说是有害的？难道自由主义者因宣传了错误的观点，或者因从事、鼓励或赦免了虚妄的政治，而应该受到指摘吗？

然而，看来当今自由主义的社群主义者（liberal-communitarian）争执的焦点是政治而不是“人的本质”。然而问题不是个体从接受的观点中解放出来，从对个体责任的麻烦不便的集体防范中解放出来是否会发生，而是这样做是好还是坏的问题。雷蒙·威廉姆斯（Raymond Williams）在很久以前就注意到，“共同体”值得注意的事情，是共同体一直就存在着。围绕共同体的必要性有过一次激烈的争论，这主要是因为，这一问题——在对共同体的描绘中声称会呈现出来的现实，是否多数已经清晰可见，而且如果这些现实能被发现，它们的生活期望是否又允许它们受到现实所要求的那种尊重——已经越来越含混不清。集体用以把它们的成员联结在一个共同的历史、习俗、语言或教育中的铠甲，正在逐年地变得破旧。要不是因为这一事实，对共同体的英勇无畏的保护和努力恢复自由主义者所拒绝的对它的支持，也许已经费尽千辛万苦地得到实现了。在流动的现代性时期，只有快速装卸的背带才会得到提供，而且它

们的卖点是它们的方便灵巧，它们可以在早上装上，而在晚上便能卸下（或是相反）。共同体多种多样，大小不一，但是如果按韦伯的从“轻便的披风”延伸到“铁笼”的参考线来对它们进行划分的话，它们都值得注意地更加贴近于第一个极端。

为了存续下去，它们需要得到保护，也需要求助于它们自己的成员通过个体的选择来确保它们的生存，并为它们的生存承担起个体的责任。在这一意义上，所有的共同体都是**假定的**（postulated）；是在个体选择之后而非个体选择之前，是计划的东西而非现实的东西。在“社群主义者的构想中看到的”共同体，将会是明晰可见的，足以让人们一览无遗。然而，社群主义者不会描绘它们的样子，更不用说去展示它们。

这就是社群主义的内在的、固有的矛盾。说“成为一个共同体的一部分很好”，是在间接地表明不是其中的一个部分，或者不可能 *170*
长久地成为其中的一部分，除非个体的力量在收缩而且个体的思想受到损伤。为了实现社群主义者的计划，人们必须求助于已经没有可能性的完全相同的（或是自我解脱的？）个体选择。如果没有得到公平对待，没有给予他在一个场合得到承认而在另一场合却拒绝承认的个体选择的自由，他是不可能成为一个忠诚的社群主义者的。

在逻辑学家来看，这一矛盾可以独自证明，这一把社群主义的政治方案假扮成社会现实的描述性理论的努力，是不真实的。然而对于社会学家而言恰恰相反，正是社群主义思想不断地（或许也是日益增长地）普及流行，形成了一个要求加以解释 / 理解的重要社会事实（然而自己已被如此有效地伪装起来，并且不会妨碍社群主义的成功这一事实，并不会让社会学家们感到惊奇，因为这一事实，实在太平常太普遍了）。

从社会学的意义上讲，社群主义是对现代生活不断加快的“液化”过程作出的一个太好预料的反应，首先是对在它为数众多的痛苦结果中，感觉最为令人痛苦烦恼的生活的一个方面——对个体自由与安全保证两极之间不断加剧的失衡——作出的反应。安全保障的提供在迅速地缩减，而对战后的几代人而言，个体责任（即使不是在实践中履行的那也是被分派的）却在以前所未有的速度增大。旧有安全保障消失表现得相当显著的一个方面，是人的结合关系的新的脆弱性。结合的脆弱性和短暂性，可能是个体追求他们个体目标的权利的一个不可避免的代价，而且同时，它还不能不是有效追求它们的一个非常可怕的障碍，而且还不能不是一个追求目标时所需勇气信心的障碍。这也是一个矛盾——一个在流动的现代性中深深植根于生活本质中的矛盾。矛盾的情势激起和导致矛盾的解决办法，这并非第一次。鉴于这一流动的现代的“个体化”的矛盾实质，社群主义者对这一矛盾所作答复的矛盾本质就不应该让人震惊：前者是对后者的充分解释，而后者是前者的一个恰当的、相称的结果。

重生的社群主义需要加以回答的问题，是要从安全极——它是作为必要条件的人类价值二元对立的两极中的一极——迅速地移开（或许是远远地移开）并在这两极中左右摇摆的问题，这是一个
171 相当真实尖锐的问题。因为这一原因，社群主义的信条可以指望会有一大批在等候的听从和拥护者。它是代表着大众在发言：正如布迪厄坚持认为的，“不确定性在当代无处不在”—— 它已经渗透进

了人类存在的每一个角落和缝隙。菲利普·科恩在他最近的一本著作中[1]，在这一份批判今天权力精英在面临“不确定性的上升”（*la montée des insécurités*）时的好逸恶劳和虚假虔诚的宣言书中，他把失业（有十分之九的新的职位空缺严格说来是短暂的和短期的）、步入老年时前景的不确定和都市生活的风险，列为现在、明天和更加遥远的将来四处弥漫的焦虑的主要源泉：安全感的缺乏把这三大源泉联结在一起，而社群主义主要的吸引力是为他们创造一个安全天堂的承诺，是为深陷波涛汹涌的持续的、不可预料的、混乱不堪的变化汪洋中的水手，提供一个理想中的目的地。

正如霍布斯鲍姆（Eric Hobsbawm）辛辣地评述说：“比起在社会意义上共同体很难在现实生活中发现的几十年前，‘共同体’这一词永远也不会被更无意义地、任意地使用。”[2]“在一个所有其他事物都在运动和转变，没有任何事物具有确定性的世界中，男人和女人们都在寻找可以确定地永久地归属于它的组织。”[3]乔克·杨（Jock Young）对霍布斯鲍姆的评论作出了一个简练概括：“正像共同体的崩溃一样，认同却在被创造出来。”[4]我们可以说，社群主义信仰中的“共同体”，不是这个前定的、有别于社会理论的、安全地建立在牢固基础上的共同体（*Gemeinschaft*）[5]［而且它还被滕尼斯

① Philippe Cohen, *Protéger ou disparaître: les élites face à la montée des insécurités* (Paris: Gallimard, 1999), pp. 7-9.

② Eric Hobsbawm, *The Age of Extremes* (London: Michael Joseph, 1994), p. 428.

③ Eric Hobsbawm, “The cult of identity politics”, *New Left Review*, 217(1998), p. 40.

④ Jock Young, *The Exclusive Society* (London: Sage, 1999), p. 164.

⑤ Gemeinschaft一词在德语中，是指礼俗社会，它是德国社会学家斐迪南·滕尼斯在其著作《礼俗社会与法理社会》一书中阐述的由自然意志推动、以统一和团结为特征的社会结构，如原始的社会、家庭、宗族、宗教社区等团体组织。——译注

（Ferdinand Töonies）添枝加叶地说成是一个“历史法则”]，而是这一热切寻求然而难以理解和捉摸的“认同”的一个秘密姓名。正如奥兰多·帕特森（Orlando Patterson）所评论的（引自霍布斯鲍姆的著作），当人们被要求在具有竞争性认同的参照群体之间作出选择时，他们的选择依据的是这一强烈持有的信念，即选择者绝对是别无选择，只能选择其“所属”的特定团体。

社群主义教义中的共同体，显然是一个扩大了的大家庭（home）[这一个**家族式**（family）的大家庭，不是一个偶然**发现的**（found）或**虚构捏造的**（made）大家庭，而是一个某人**出生于其中**的家庭，这样在其他任何的地方，他就不能追溯自己的出身，追溯自己“存在的原因”]。而且毫无疑问，它是这样一种大家庭，对生活于其中的多数人来说，这些日子与其说是个体经历的事情，倒不如说是一个美好的神话世界。（这个曾经被惯例化的习惯和习惯性的预期交织而成的严密的网牢固包围起来的家园，已使它的防波堤遭到了摧毁，因而在这些日子，它易于受到冲击着其他生活的潮
172 流的攻击。）置身于这一经历体验的范围之外，会起到一定作用：家庭温馨宜人的亲密和默契并不能经受考验，而且家庭的吸引力，只要它是虚构想象的，就可能不受强迫性的归属（为集体所接受）和不可商量的义务的更不能吸引人的方面的污染，从而保持自己的纯洁——那些深暗的颜色在想象的调色板上大都不存在。

显而易见，一个扩大了的大家庭也会有所帮助。那些被锁在一个普通的、用砖块水泥建成的家里的人，会一再产生置身于监狱之中而不是置身于安全的天堂之中的可怕印象；街头的自由在外面吸

引着人们，捉弄人地让人不可获得，就像这一虚构想象家庭梦寐以求的安全感在今天的样子一样。然而，这种犹如在自己家里的诱人的安全感如果投射在一个足够大的屏幕上，就不会再存在任何可能破坏这一兴致的“外面”(outside)。理想的共同体，只是一个图纸上的美好王国（*compleat mappa mundi*）：一个纯粹的世界，人们在过一种有意义和有价值的生活时，它能提供其所需要的所有东西。通过集中关注使得无家可归最为痛苦的东西，在向一个总体的和总体一致的世界转变时，社群主义的疗救方法看起来真像是一个要解决现在和未来所有问题的激进的解决办法；相对而言，其他的担忧倒看似微不足道和毫无意义。

在所有其他事情毫不重要这一意义上说，那个公有的世界是一个完美的世界；更为确切地说，它对这一充满阴谋和陷阱、满是把混乱当作自己武器的敌人的荒野却怀有敌意。在防守鹿寨另一边出现的昏暗、纷乱、弱肉强食的荒野这一背景下，这个公有世界内在的和谐就显得光彩夺目、绚丽多彩了。相对那个弱肉强食的旷野而言，正是在那里，那些蜷曲在共有的认同温暖里的人们，才得以丢掉（或是希望消除）那些促使他们寻求共同避难所的恐惧。用乔克·杨的话来说就是，“使其他人妖魔化的欲望，是建立在里头那些人本体论的不确定性的欲望这一基础上的”[①]。一个“包括一切的共同体”在字面上是矛盾的。社群的博爱将是不完全的，也许也是不可思议的；然而，如果没有那一兄弟相残、祸起萧墙的倾向和癖好，它肯定也是行不通的。

① Young, *The Exclusive Society*, p. 165.

民族主义，标志 2

社群主义教条中的共同体要么是一个族群共同体，要么是一个根据族群的样子想象而来的共同体。这一范型（原型）的选择有它很充分的原因。

首先，"族群性"（ethnicity）与人类联合体的任何其他基础都
178 不同，有着"吸收历史"（naturalizing history）的有利条件，有着把文化历史表现为"一个特定身份的事实"、把自由表现为"被理解的（和被接受的）需要"之有利条件。族群归属刺激着行动：人们必须选择忠于他自己的特定身份归属——他必须努力奋斗，并不能有丝毫懈怠，以与确立的榜样身份相符合，并因而为它的存续作出贡献。然而，这一确立的榜样本身，并不是一件选择的事情。选择并非在不同的归属参考项之间进行，而是在有根和无根，有家和无家，存在和虚无之间进行。这正是社群主义教义在希望（或需要）反复灌输"大家庭"的观念时所面临的困境。

其次，把民族团结的原则置于其他所有忠诚之上的民族－国家，是现今时代共同体唯一的"成功历史"，或者更确切些说，是使得追求共同体地位的努力具有某种程度的说服力和效果的唯一存在的实体。作为民族团结和民族自主合理化基础的族群性（和族群同质性）的思想，因而被赋予了一个历史基础。当今的社群主义自然希望利用那一传统；鉴于现在国家主权的摇摆不定，鉴于用某一旗号来取代结束国家统治这一旗号的明显需要，这一希望并非完全没有保障。然而，很容易就能觉察到，要在民族－国家这一成就和

社群主义的抱负之间作一个近似比较有其局限性。毕竟，民族 - 国家的成功应该归功于对自决性共同体的压制；它会竭尽全力地反对“地方主义”、地方风俗和地方方言，以牺牲部族传统为代价来促进形成一个统一的语言和共同的历史记忆；国家发起、国家监督的文化斗争（*Kulturkämpfe*）[①]越是坚决，民族 - 国家在创造一个“自然的共同体”的成功上就越是完美充分。此外，民族 - 国家（与今天的期待中的共同体不同）并没有赤手空拳地去着手这一任务，并且不会想到单是依靠灌输的力量。它们的努力，得到了官方语言、学校课程和统一的法律制度合法的强制实施的强有力支持，而这些东西，正是期待中的共同体所缺乏的，并且几乎在任何地方都不可找到。

在社群主义最近崛起之前很久，人们就已认识到，在现代民族建设（nation-building）丑陋多刺的外表内有一个值得珍视的东西。以赛亚 · 伯林认为，除了它残酷的和可能的血迹斑斑的方面外，现代的“祖国”还有着它人道的值得赞扬的方面。极为流行的做法 174
是，在爱国主义（patriotism）和民族主义（nationalism）之间作出区分。通常情况下多半是，爱国主义是这一对对立物中的一个“标志性的、引人注目的”要素，而民族主义令人讨厌的现实却被当成是“非标志性的”要素：爱国主义——与其说是经验性的不如说是假定的——是民族主义（如果加以驾驭、教化和在道德地位上加以提升的话）可以是但又不是的事物。爱国主义是通过否定民族主

① 文化斗争，原指德国在 1872—1887 年间政府和天主教会在学校管理权和教会任命权等方面的斗争。此处泛指为实现民族 - 国家的统一而进行的消灭地方不利因素的斗争。——译注

义者观点中最不令人喜欢和最不体面的特点来加以描述的。考拉考茨基（Leszek Kolakowski）[①]认为，民族主义者想要通过敌对行为和对其他人的仇恨而假定部族的存在，相信他自己民族所有的灾难都是外国人侵略的结果，并因其他民族没有恰当地尊重它而很好地对待本民族，而对所有其他的民族抱有深刻仇恨，在这个时候，爱国主义者因“对文化多样性尤其是对少数族群和宗教少数派的宽宏大量的容忍”而显得引人注目，就像它愿意并准备告诉它自己的人民一些并不中听的事情一样。尽管这种不同是好的，并且在道义和认识上值得赞美，然而它的价值和意义多少被这一事实所削弱：这里相互对立的，与其说是两种相当有可能被接受的选择的对立，还不如说是崇高的思想和不光彩的现实之间的对立。大多数希望他们被指定的同道成为爱国者的人，极有可能会强烈谴责认为体现了爱国主义立场的那些东西，例如证明是两面三刀、出卖国家或是情况更糟的那些东西。那些特别吸引人的东西——对差异的容忍、对少数派的友好和接受，以及说明真相的勇气，无论它们有多么令人不快——在“爱国主义”不是“问题”的土地上，在共和国公民身份足够牢固而不用担心爱国主义已是问题，更不用说认为它是一个紧迫任务的社会，都相当普遍。

当《没有幻想的自由主义》(*Liberalism without Illusions*, University of Chicago Press, 1996）一书的编者伯纳德·雅克（Bernard Yack）在他批评《对国家的爱：论爱国主义和自由主义》(*For Love of Country: An Essay on Patriotism and Nationalism*, Oxford

① Leszek Kolakowski, “Z lewa, z prawa”, *Moje Sluszne poglady na wszystko* (Kraków: Znak, 1999), pp. 321-327.

University Press, 1995）一书的作者维罗利（Maurizio Viroli）的一篇文章中，用自己创造的一句格言来诠释霍布斯的思想时，这并非不恰当。他的这句格言是："民族主义是不讨人喜欢的爱国主义，而爱国主义却是讨人喜欢的民族主义。"[①]确实，我们很有理由这么认为，除了这些东西——我们对在承认或否认它们时所表现的形式，或是这一表现形式的不存在，或是此时面有愧色的程度，或此时良心的谴责所怀有的兴趣和热情——之外，民族主义和爱国主义之间很少有其他的什么区别和不同。是它们的名字导致了这种差别，而且这种被造成的差别基本上是修辞上的差别，与我们谈论的现象这 175
种东西并没有什么区分，而只是与我们谈到在其他方面基本相似的强烈情感时的方式有所区分而已。然而，正是这种情感及其行为上的后果与政治后果的实质而非我们用来叙述解说它的语言，才是至关重要的，并影响着人们共同相处的性质。在回顾了爱国主义历史所讲述的英勇事迹之后，雅克得出结论认为，无论崇高的爱国情感是在什么时候"发展到共同情感的层次"，"它都是爱国主义者展现出来的强烈的而非温和的情感"，而且爱国主义者能够超越几个世纪地表现出"令人难以忘怀的、值得赞扬的高尚品德，而在他们的品德中，对外人的温和同情与支持并不突出"。

尽管如此，我们并没有丝毫地否认言语修辞上差别的意义和它偶尔产生的强烈的实际反响。一个词被创造出来是用来衡量"存在"（being）的问题，另一个词却是用来衡量"生成、转化"（becoming）的问题。总的说来，"爱国主义"是要赞扬人们的"不

① Bernard Yack, "Can patriotism save us from nationalism? Rejoinder to Viroli", *Critical Review*, 12/1-2 (1998), pp. 203-206.

结束”（unfinishedness）和易适应性[更为准确地说，是“可塑性”（reformability）]的现代信条，因此就可以问心无愧地宣称（无论这种可能性在实践中是否得到保持），“紧密团结、携手合作”的号召是一个开放性的长期有效的号召：加入这一队伍，就是一个既定选择的事情，而且它所要求的仅仅是作出正确选择并在此后的任何情况下都对它保持忠诚。相反，“民族主义”倒更像是加尔文主义的救赎观或是圣·奥古斯丁（St Augustine）的自由意志思想：它几乎不怎么信任选择——你要么是我们中的一员要么不是，而且无论在何种情况下，要改变它你很少能做点什么，或者你根本就无能为力。在民族主义者的叙事中，“归属”（belonging）是一个命中注定的事情，而不是一个被选择的命运或是一个生活计划。它可能是一件生物遗传的事情，就像现在民族主义中或文化传统中非常过时的不可实践的种族主义观念，就像现在流行的民族主义的“文化主义”变体一样——但是无论在哪种情况下，在这个或另一个人在开始走路或说话之前，这个东西都早已决定好了，因此，留给个体唯一的选择就只能是，要么是张开双臂真诚地欣然接受命运的安排，要么是起来反抗这一命运的安排，并因而成为某人召唤的背叛者。

爱国主义和民族主义之间的这种差别，超越了简单的修辞上的差别，并成为政治实践领域里的一个问题。根据列维－斯特劳斯的术语，我们可以这样说，第一种方法更有可能激发起“吞噬策
176 略”（把陌生人“吞没掉”，以便他们为吞没者的躯体所同化，并变得和它其他部分一致，从而失去他们自身的特殊性、差异性），而第二种方法通常与“把不适于成为我们”的人“吐出来”的“禁绝

策略”结合在一起，要么通过把他们禁闭在少数民族聚居区的有形高墙内，或禁闭在文化禁令的无形界限内，要么通过把他们赶到一起，放逐他们或是强迫他们离开，就像当今在种族清洗或净化的名义下所做的那样，从而把他们隔离起来。然而，思想逻辑很少和事迹逻辑结合在一起，因而在言词和实践之间，没有任何一对一的关系，而且这两种策略中的每一种策略，都可能与两种修辞的其中一种缠绕在一起。记住了这一点，就算是深谋远虑。

团结——通过相似性还是通过差异性?

爱国主义者/民族主义者纲领中的“我们”(we)，说的是像我们一样的人；而“他们”，是说不同于我们的人。并不是“我们”会在每一个方面都完全相同；与“我们”之间的共同特点一起，在“我们”之间还有着差别，只是我们之间的相似性阻滞、平息或中和了它们的影响。我们之间都相同的那个方面，比起那些使得我们和另外的人彼此分开的任何东西，确实无疑都要更具意义和更为重要；当它开始表明立场时，其重要意义足以压倒差异所带来的影响。而且并非“他们”会在每一个方面都与我们不同；他们只是在这一方面——它比其他所有方面都更重要，重要得足以阻止共同立场的产生，并使得我们无论有什么相似性，都不可能达成真正的团结——与我们有所不同。这是一种典型的“非此即彼”的情况：既然这份“归属”证明只包含了一个条目，既然这份申请身份证时需要填写的问题清单只包含一个问题，而且它只有“是或不是”这一个答案，那么那些把“我们”和“他们”分开的边界就划定得非常明确，并且很容易认出。

让我们注意这一问题，即哪点差别是“关键的”——哪点差别是那种比任何相似性都更为重要并使得所有共同特点都显得微不足道、毫无意义的差别（在最终的团结能得到讨论的会议开始之前，使得那一产生敌对的分裂就已变得一目了然的那个差别）——是微
177 小的，并且首先是引申、派生的，常常是事后的想法而非讨论的起点。正如巴思（Frederick Barth）解释的，边界不会理会并注意到这一已经存在的疏离；总体说来，它们早在疏离形成之前就已被划定。首先，那里存在着冲突，存在着一种使“我们”和“他们”分开的极为强烈的努力；然后，在“他们”中被敏锐发现出来的特点，被认为是不可调和的生疏古怪的证据和源泉。既然人类就和他们是有很多特性的多面人一样，那么，一旦这种寻找已经认真地开始，要发现这些特点就不是很困难的事情了。

民族主义把大门锁上，把敲门者赶走，使门铃失效，并宣称仅有那些身在里面的人才有权待在那里并在那里长久地定居下去。爱国主义，至少从表面看来，更为宽容、热情和友善——它把责任推卸到要求准许进入的那些人身上。然而，在通常情况下，最终的结果却是惊人相似的。无论是爱国主义者的还是民族主义者的信条，都不承认这一可能性——既要和他们归到一起，又要保留、珍视和培育他们自己的特殊性，或是既要追求那种不要求具有相似性或不要求把这种相似性提升为渴望和追求的价值的和睦相处，并实际上从生活方式、理想和知识的不同中得到好处，却又在为那些使他们

成为他们的东西（而且这又是说，那些使他们显得与众不同的东西）增加更大的力量和更多的内容。

伯纳德·克里克（Bernard Crick）从亚里士多德的《政治学》中引述他的“良好城邦”的观点，这是一个在表述时无视柏拉图的真理之梦，并把所有东西结合起来的统一的正义标准：

> 一个城邦因为加强团结而将不再是城邦，这一点有一定的道理；然而，它险些失去它的实质，并因而成为一个坏的城邦。这就好像要把和谐仅仅变成和谐，或是要将旋律化约为单一的节拍。事实真相是：城邦是许多成员的集合体。

在他的解释和评论中，克里克提出了关于这样一种团结的观点，这一种团结，无论是爱国主义还是民族主义，都不会急于要去支持它，而且它们多半也不会积极主动地去怨恨它。它是这样一种团结，它假设文明社会的社会天性就是多元性的，假定一起生活在这样一个社会就意味着“天然不同”的利益的谈判与调和，假定 178
“对不同利益的调和与安抚要比永远地压制它们通常会更好”[1]。换言之，它假定，现代文明社会的多元主义，不仅仅是一个令人不喜欢甚至令人憎恶然而却又不能凭主观愿望使之消失的（这是令人遗憾的）“残酷无情的事实”，而且还是一个好的事物和幸运的事实，因为它带来的好处比它所产生的不适与不便要多得多，因为它比这种多元主义的替代品所产生的境况更加拓宽人们的视野，使全部生活

① Bernard Crick, “Meditation on democracy, politics, and citizenship”, unpublished manuscript.

机会成倍增加，从而变得更具吸引力。我们可以说，与爱国主义信念或者民族主义信念完全相反，最有前途的团结，是一种经过努力**实现和获得的**团结，而且是通过城邦中许多不同的但永远是自主的成员，在价值、偏好、选择的生活方式与自我认同之间的对立、争论、谈判和妥协，来每天重新实现和获得的团结。

本质上而言，这是一种共和主义模式的团结，是一种从事自我认同努力的行动者共同实现和获得的必然发生的团结，是一种作为共同生活的结果而不是作为先天给定的条件的团结，是一种通过谈判和调和差异而不是通过否认、扼杀或窒息差异而造成的团结。

我宁可这样认为，这是流动现代性的状况使它变得和谐一致、貌似真实、实际可行的团结的唯一变体（和睦共处的唯一办法）。一旦信仰、价值和风格都被"私人化"——被脱离了背景或是被"脱域"了，因为被提供的用来重新嵌入的地方，更会使人回想起汽车旅馆，而不是让人回想起一个永久的家（偿还了抵押贷款）——身份认同看起来就不得不是脆弱的、暂时的和"有待进一步通知"的，除了行动者的牢牢控制它们并使它们免犯错误的技巧和决心外，没有任何防范措施。也就是说，对于流动现代性的居民，他们身份认同的变化无常就迫在眉睫了。而且紧随其后的可想而知的选择也是如此：学会与差别共处的艰难技巧，或是千方百计地引起那种将使这一学习变得不再必要的状况。正如阿兰·图尔伦最近指出的，现在的社会状况，标志着"作为一个社会存在物的人的定义（根据决定他行为或表现的社会地位来进行定义）的终结"，因此，社会行动者对他们“文化上和心理上的特殊性”的保护，不能不受这一觉悟的引导：“他们的联合原则可以在个体内部找到，并再也不是从制度或普遍性原则中来发现。”[①] 179

有关理论家对之加以理论化、哲学家对之加以哲学化的状况之消息，每日都被大众艺术的共同力量灌输到人们的头脑中，而无论它们是以虚构的恰当的名义，还是被假装为“真实的故事”表现出来。正如电影《伊丽莎白一世》（*Elizabeth I*）的观众了解到的，即使是做英国女王也是一件自我创造、自我主张的事情；做亨利八世（Henry Ⅷ）的女儿，也需要有许多受智谋和决心支持的个体主动性。为了迫使喜欢争吵的侍臣卑躬屈膝，并且首要的是迫使他们听命和服从，未来的赞美诗的演唱者，需要为化妆和改变她的发型、头饰和其他的衣着而购买许多化妆品。在那里没有坚持，只有自我主张，没有身份，只有虚构的身份。

毫无疑问，问题的要点就在于成问题的行动者的力量。防御武器并不是始终如一地可行，而且理所当然，更为弱小、装备落后的个体，将会在众人的力量中为他们个体的无能为力寻求补偿。考虑到普遍经历的在“法律意义上的个体”的条件和获得“事实意义上个体”地位的机会之间的差距宽度的不同，这一同样的流动的现代环境，可能——并且将——会对各种各样的生存策略都有利。正如塞纳特坚持认为的，这个“我们”，今天成了“一种自我保护的行为。对共同体的渴望是防御性的……毫无疑问，‘我们’能被看作对混乱和错位的防范，这几乎已经成为一条普遍规律”。但是——

① Alain Touraine, “Can we live together, equal and different?” , *European Journal of Social Theory*, 2/1998, p. 177.

这是一个最为关键的“但是”——当对共同体的那些渴望“被表述为是对移民和其他外来者的排斥时”，它就不是如此。这是因为如下理由：

> 当今建立在成为庇护人这一渴望基础上的政治，更加关注的是那些弱小的、环行在全球劳动市场上的人，而不是关注那些强大得使得穷苦的工人工作运转或是利用它们的相对剥夺的制度机构。国际商业机器公司（IBM）的程序员……当他们停止责备他们的印度同事和犹太人上级时，在一种重要意义上来说，他们就已超越了共同体的这一防御性的意义。[①]

“在一种重要意义上来说”，或许是吧——但是我要补充一点，
180 在未必最为重要的意义上来说也是如此。从充满风险的错综复杂性中撤退到一致不变的避难所中的动力是普遍的、共同的；仅仅是遵照那一动力行事的方式才会有所不同，而且它们往往与行动者可用的手段和资源成比例地不同。那些生活优裕、在他们电脑空间的飞地中悠闲自得但是在这一社会领域的物质方面更易受难于“虚化”（virtualize）的命运多变的影响的人，像 IBM 的程序员，为了让危险保持一定距离，能够承担得起建筑高科技护城河和吊桥的成本。盖伊·纳菲雅（Guy Nafilyah）这位法国一家重要开发公司的总裁评论说：“法国人并不自在安宁，除了不害怕那些和他们类似的人以外，他们害怕其他所有邻居。”法国全国住房出租者协会

① Richard Sennett, *The Corrosion of Character: The Personal Consequences of Work in the New Capitalism* (London: W. W. Norton, 1998), p. 138.

(National Association of the Accomodation Renters）主席雅克·帕蒂格尼（Jacques Patigny），在“对周边外围的封闭”和通过磁卡与防护装置来“对进入居住区的人进行过滤”中，预见到了未来。未来属于“沿着交流中心线星星点点散布开来的群岛”。那些装备有精细的内部通话系统、到处都是监控摄像机和一天二十四小时值班的全副武装的警卫，与外界隔绝开来、真正不受管辖的居民区域，在整个图卢兹市经常出现，就像它们在一段时间以前在美国已经出现的一样，就像它们在这个快速全球化的世界的所有富足的部分，在数量上正不断增长地出现一样。[①]这块被严密保卫的飞地，和贫困的少数族群聚居区有着惊人的相似之处。尽管如此，但它还是在一个重要的方面有所不同：它被人们自由选定为一个预计要付出高昂成本的特权者。看守大门的保安可以被合法地雇用来，他们手里端着枪支也完全得到了法律的同意。

塞纳特对这一趋势作出了一个心理－社会学的解释：

在“我们”中，所有可能带来差别感觉更不用说是对立的东西，都已从共同体的这一镜像中被清除出去了。在这一意义上，共同体团结一致的神话，就是一个净化仪式……这一神话般的分享共同体的特别之处在于，人们认为他们互相属于对方，并且一起分享，因为他们是相同的……这种表达了追求相似性渴望的“我们”的情感，是一种人们避免相互深入了解对方这一必要性的方法。[②]

① Jean-Paul Besset and Pascale Krémer, “Le Nouvel Attrait pour les résidences ‘sécurisées’”, *Le Monde*, 15 May 1999, p. 10.

② Richard Sennett, “The myth of purified community”, *The Uses of Disorder: Personal Identity and City Style* (London: Faber & Faber, 1996), pp. 36, 39.

像公共权力其他许多的现代任务一样，在这个流动的现代性时代，已经撤销了对净化的理想的控制，它已被私人化了；遵照那一理想行事，已经成了私人的——地方性的、团体的——主动行为
181 了。对个人安全的保护现在成了私人的事情，地方政府和当地警察只是从旁出出主意，而土地开发商将会高兴地从那些能够为他们的服务支付酬劳的人那里，承担起他们的忧虑和担心。个人——单独地、独自地——承担程度，必须与推动他们寻找的要求和动力相一致。根据这些神话般的推理的普遍原则，转喻（metonymical）推理被塑造成了隐喻（metaphorical）推理：抵御和击退危及身体的明显危险之愿望，被稀奇古怪地变成了这些要求：使“外面的人”变得与里面的人相似、“同样”或一致，模仿“里面的人”的样子，来重新塑造那些“外面的人”。实质上，“相似性的共同体”的这一理想，是一个孤芳自赏式（*l'amour de soi*）的计划方案。

试图避免去面对这一没有好的答案的令人困扰的问题，其实是一个疯狂的企图：胆怯的和缺乏自信的那个自我是否首先值得去爱的问题，由此还有那个问题，即那个自我是否应该担当起为翻新整修它的栖息地而进行规划设计的任务，以及是否应该担当起作为评价和测度可以接受的身份认同的标准的任务。在一个“相似性的共同体”中，我们希望，这些令人不愉快的问题将不会得到回答，而且通过净化而获得的安全的可靠性将永远不会得到检验。

在另一个地方［即在《寻找政治》（*In Search of Politics*, Polity Press, 1999）一书中］，我已经论述了不确定性、不稳定性和不安全性“可怕的三位一体”，它们中的每一个都因对它的由来不确定，

而产生格外剧烈和痛苦的焦虑；无论它的来源是什么，正在积累的紧张压力不顾一切地寻找一个发泄的途径，而且因为进入不确定性和不稳定性的源头的入口已被封死或是无法到达，所有的这些压力将向别处转移，最终会袭击脆弱纤细的身体的、内部的、环境的安全阀门。因此这个“安全问题”，往往长期超负荷地承受着它既无法移走又无法卸除的过多的忧虑和渴望。这种可怕的联合又导致了对更多安全的持续渴望，导致了这样一种渴望：既然它们注定会听任那些焦虑的主要提供者——不确定性和不稳定性的主要的源源不绝的丰富源泉——完好无损、不受影响，那么就没有任何实际的手段方法能够平息和缓解这一渴望。

代价高昂的安全稳定性 182

在审查重生的社群主义鼓吹者的著作时，菲尔·科恩得出结论认为，这些社群主义的鼓吹者为治疗他们当今的生活不幸而赞颂和推举的共同体，与其说像是一个潜在的解放基地，倒不如说像是一个孤儿院、监狱或疯人院。科恩是对的；但是这种解放的潜在可能性，从来就不是社群主义者关心的问题；希望由将来的共同体来加以医治拯救的那些生活不幸，是过度解放的沉积物，是解放潜能过量令人不适的沉积物。在长期无休无止地寻求自由和安全之间的恰当均衡中，社群主义会迅速地站在后者一边。它也认为，这两大值得珍视的人类价值是不和谐的和相互矛盾的，并认为，如果某一个价值不放弃另外一个价值相当的甚至是很大的一部分，那这一个价值也就不会很大程度地实现。社群主义者不会承认这种可能性，即增加和扩大人类的自由可以增加人类安全的总量，自由和安全可以一起增长，更不用说会承认任何一个绝不会增长除非它与另外一个一起增长那种可能性了。

让我重申一下，这种景象的共同体，就像是一个置身汪洋恣肆充满敌意的大海中舒适安逸的普通平静小岛。既然制服波浪控制海洋的可能结果，已经作为一个不现实的值得怀疑的提议从议事日程中排除出去了，那么它就只是诱惑吸引，并促使羡慕者们强忍着不要太近地观看。是这唯一的避难所，给这一景象提供了一种附加的价值，而且那一价值还在继续增加，就像股票交易所（其他的生活价值在那里进行交易）正变得日益变化莫测、不可预料一样。

作为一项安全投入（或者更确切地说，一个比其他的投入明显地更少一点风险的投入），共同体避难所的价值，也许除了投资者的团体之外，并没有重大的竞争者——现在与过去不同，生活世界的因素比任何它的包装和装饰的因素，明显有着更长[事实是**无法比较地**（incomparably）更长]的生活期望。一如从前一样，这个团体依然是短暂易逝终有一死的，但是，如果和流动现代性放置在展示橱窗和货物架上并从那里撤下的所有参照系、定位点、类别、
183 估计价值相比，受必死性约束的短促性，看起来却像是永恒的。同一类型的同事、阶层、邻居，都太具变动性，以至不能想象他们的固定性永恒性，也不能认为他们有可靠的参考系的能力。“明天我们会再度相逢”的希望，以及用来提供所有需要进一步思考的这些行动的理由——长期地行动、一个一个地把步骤组合成一个精心设

计的、短暂的必然死亡的生活轨道——的那些信念，已经失去了它们大部分的可信度；某人明天将会与他人相逢，是说他自己的团体将会融入一个完全不同或急剧变化了的群体、阶层、邻里关系和其他同事的人群中，这一可能性今天变得更加可靠起来，因而也是一场更加安全的赌博。

在一篇今天读起来就像是一封从固态现代性的土地上寄给子孙后代的信的文章中，涂尔干指出，只有那些“具有持续性的行为才值得我们去选择，只有那些能持久下去的愉悦才值得我们去追求”。这确实是固态现代性反复灌输到它的居民头脑中的一个效果良好的教训，但对当今的人们来说，它听起来有点稀奇古怪、莫名其妙，而且空洞无力——尽管与涂尔干从那一教训中得出的实际建议相比，或许会少一点荒诞不经。在问了一个在他看来是纯粹的修辞性疑问句（rhetorical question）[①]即“什么价值才是值得我们个体高兴的价值，哪一个价值才是浅薄空洞的价值？”之后，他赶紧打消他的读者的疑虑指出，幸运的是，我们并没有放弃对那些愉悦的追求——“因为社会的生命比个体要无限地长”，“它们允许我们去品尝那些不仅仅是短暂的满足”。在涂尔干的观点（在他那个时代是相当可信的）中，社会是个体的团体“在它的保护下”，逃避对个体自身短暂性之恐惧的避难所。[②]

从涂尔干在称颂可持久的社会机构的那个时候起，团体及团体

① 修辞性疑问句，是指以修辞手段表意而不需回答的疑问句，例如，“Is that a reason for despair？”（难道那是绝望的理由吗？），以这样的设问形式提出反诘等于说：“Surely that is not a reason for despair”（那肯定不是绝望的理由）。——译注

② Émile Durkheim: *Selected Writings*, ed. Anthony Giddens (Cambridge: Cambridge University Press, 1972), pp. 94, 115.

的满足并没有变得更为长久。然而麻烦的是，其他的任何事物（而且那些社会机构最为突出）现在都已经变得比“团体及团体的满足”更为短暂。生命的长度是一个相对性的概念，而且必死的团体现在也许是周围寿命最长的存在实体（实际上，它是在若干年之后团体的生活期望往往会增加的唯一实体）。人们可能会说，团体已经成了延续性和持久性的最后的避难所；无论“长期”可能意味着什么，它都几乎无法超过团体必死性设定的限度。它正在成为安全
184 的最后一条暴露在敌人持续轰炸下的战壕线，成为抵挡狂风刮来的流沙的最后一片绿洲，因此会狂热、痴迷、焦虑不安地和过于紧张地关注团体的保护。团体和外部世界之间的界限，是当今得到最为森严地保卫的边界之一。团体的门洞（入口）和团体的表层（接触联系的地方），现在是恐怖和焦虑（它由对必死性的警觉所导致）的主要焦点。它们再也不会与其他的焦点（也许“共同体”除外）来共同分担这一重任。

团体的新的首要性（primacy），在按照得到完美保护的团体的样子来塑造共同体的倾向中体现出来了（这是一个具有确定性还具有可靠性的共同体，是一个像安全性的温室一样的共同体）：把它想象为这样一个实际存在体——它在内部是和谐同质的，并已把所有外来异质的、抗吸收的物质都彻底清除出去，所有的入口都被严密地监视、控制、守卫着，但在外面却重兵把守，并包围着一层不可穿透的防护物。假想的共同体的边界就像团体的外部界限一样，将信任、关爱的区域与风险、怀疑以及永久警惕的荒野分开。团体和类似的共同体，在内部是平和的，而在外部却是敏

感的、多刺的。

为确定性、安全性、稳定性而战的战争每天都在进行着，如果说有喘息的话，那也是微不足道的。在这个日益被遗弃的战场上，团体和共同体成了最后的防御前哨基地。它们现在需要履行这一曾经由许多堡垒和防御栅栏所分担的任务。现在，人们对它们的依赖超出了它们的承受能力，并因而可能加深（而不是平息）恐惧和担心，而正是这种恐惧和担心，在推动着安全性的追求者去求助于它们来保护自己。

团体和共同体的新的孤寂，是归入到流动的现代性名义下的一系列重大变化的结果。然而在这一系列重大变化中，有一个变化尤其重要：因为它拒绝支持它的主体关于确定性 / 安全性的抱负，因而就根据所有主要附带权利的状态，对自己作为确定性和安全性之主要（或许甚至是唯一的）提供者的角色地位，予以放弃、逐步退出或是廉价处理。

民族 - 国家之后 185

在现代时代，民族是国家的“另一面”，也是国家在争取对其领土和居民的主权时所用的基本武器。民族大量地作为安全性和持久性之保证的可信性和吸引力，源自它与国家的密切的固有联系，源自它与目标是把公民的确定性安全性（通过国家）安放在一个持久的、值得信赖（因为有了集体性的保证）的基础上的行动的密切的固有联系。在这一新的条件下，从它与国家的密切联系中，民族很少能获得多少可信性和吸引力。因为被极度增加的爱国主义狂热凝聚起来的大量应征入伍的军人，已经为精英主义的和冷静的专业高科技团体所取代，国家越来越不需要民族的动员潜力。尽管国家的财富不是根据其劳动力的数量、质量和精神状态来衡量，而是根据国家对全球资本不折不扣的盈利力的吸引力来衡量的，国家也不可能对这一它越来越不需要的民族的动员潜力寄予太多希望。

在不再作为一个通往超越个体失败限制之安全可靠途径的国家里，为了国家的长久生存和永恒辉煌而牺牲个人幸福更不用说牺牲个体生命的号召，听起来如果不是滑稽可笑的那也是荒诞不经、愚昧无知的，没有任何意义。民族与国家长达数个世纪之久的罗曼史已经日暮途穷，行将就木；与其说是一纸分离的协议，还不如说是一纸“一起生活”的协议，正在取代这一建立在无条件忠诚基础上的神圣化了的和睦婚姻。伙伴现在可以无拘无束地到别处看看，并可以自由地加入其他的盟约。它们的伴侣关系不再是恰当的和可接受的行为方式的结合榜样。我们可以这样说，民族这一在法理社会（*Gesellschaft*）[①]时代常常作为不存在的共同体之替代品，现在退回到寻求一个它自己模仿和效法的榜样的落后的礼俗社会中去了。这一能够将全体国民凝聚在一起的公共机构框架，作为一个由自己来完成的自己的事情，正变得日益可行起来。正是确定性和可靠性的梦想而非它们惯常性的供给，将推动已成为孤儿的个体们，在追求这一难以捉摸、难以理解的安全性时，聚集在民族的羽翼之下。

---

① *Gesellschaft*，法理社会，是指由理性意志推动、有明确目的、可改变手段以适应需要的社会结构，如现代政府、军队和企业的管理机关等。与它相对应的社会是礼俗社会（*Gemeinschaft*）。这两个概念都是由德国社会学家滕尼斯在其著作《礼俗社会与法理社会》一书中创造出来的。——译注

要拯救国家提供确定性和安全性的这一使命，看来并没有多大希望。国家政治的自由，已经被武装有可怕的治外法权、流动速度 186 和躲避 / 逃跑能力的新的全球性力量无情地削弱和损害了；对亵渎和违背这一新的全球性律令的惩罚，既是迅速作出的也是冷酷无情的。确实，拒绝根据这一新的全球性规则来玩这一游戏，是最为罪无可赦的罪行，是国家权力——它完全被它自己领土范围内的主权所束缚——无论如何也必须当心不要犯下和加以避免的罪行。

在多半情况下，惩罚是经济上的。不顺从的政府，它们的过错在于：它们实行了保护主义政策，或是为它们人口中的“在经济意义上多余”的部分人口提供了大量的经费和设备，或是拒绝让国家完全受“全球金融市场”和“全球自由贸易”的支配摆布。因此它们得不到贷款，也不会享受到减免债务的优惠待遇；本国货币将会遭到全球性的抵制和排斥，被别国算计，并被迫贬值；本国股票会首当其冲地在全球股票市场上下跌；这个国家将会遭到经济制裁的封锁，并会被过去和未来的贸易伙伴以一个全球性的贱民来对待；全球性的投资者将会减少它们预计的损失，停止它们在那里的生产并撤回它们的资产，让当地政府去清理残骸，而它们自己则从额外增加的痛苦中摆脱出来。

然而偶尔，惩罚并不仅局限于“经济手段”。为了警告和威胁它们潜在的效仿者，特别顽固的政府（并不一定非常强大，以至不能抗衡很久的时间）将会得到一个杀一儆百式的教训。如果日常迹象显示全球性力量的优势并不足以迫使某一国家明白事理、接受劝告并与新的“世界秩序”合作的话，军事手段就可能会得到使用：

快速对缓慢的优势，逃避能力对参与需要的优势，不受管辖对受地方管辖的优势，这一次所有的这些，都会由专门采用“打了就跑”的战术的武装力量的帮助来加以体现，由“需要拯救的生命”与不值得拯救的生命之间的严格界限来加以体现。

作为一种道义行动的南斯拉夫战争这一处理方式，它是否正当、合适还是可以讨论的。然而那场战争，从“通过有别于政治手段的手段而对全球经济秩序有所推动”的角度看还是合情合理的和有意义的。作为新的全球等级制度和用以支撑这一等级制度的新的游戏规则的引人注目的展示，进攻者选择的战略运行效果良好。要
187 不是因为这场战争有着数以千计的非常严重的“人员伤亡”，要不是因为一个国家濒于毁灭，并在未来的许多年里被剥夺了生存和自我恢复的能力，有人会试图把这场战争称为一场特有的“象征性的战争”；战争本身，战争的战略和策略，（有意无意地）成了正在出现的权力关系的一个象征。信息就是它的手段。

作为一个社会学教师，我年复一年地一再向我的学生重申，要对“文明史”的这一规范有所理解：这一规范由逐渐然而也是无情的定栖者的崛起和定居者对游牧者的最终胜利来表现；用不着进一步的讨论就足以证明被打败的游牧者本质上是倒退的、反文明的力量。吉姆·麦克洛弗林近期解释了那一胜利的意义，勾画了在这一现代文明范围内，由定栖人口给予“游牧者”的待遇的简明历史。[①]他指出，游牧生活被看作并作为“‘原始的’、不发达社会的特征”来对待。游牧者被描述为原始的，而且从格老秀斯（Hugo

① Jim MacLoughlin, “Nation-building, social closure and anti-traveller racism in Ireland”, *Sociology,* February 1999, pp. 129-151.Also for Friedrich Rabel quotation.

Grotius）[1]起，就在“原始的”和“自然的”（不文明的、自然状态的、前文明的、未开化的）之间作了一个比较：“法律的发展、文化的进步以及文明的增长，都与人和土地的经历时空的关系演变和改进密切相连。”总而言之，进步是与对游牧生活的放弃而采用定居的生活方式相一致的。毫无疑问，所有这些都发生在统治意味着直接密切地参与，意味着领土征服、吞并和移民的沉重现代性时代。拉特泽尔（Friedrich Ratzel），作为传播论（diffusionism）[2]（一种在帝国的首府曾经高度流行的观点）的创立者和主要代表，作为“强者的权利”——考虑到有教养的天才的稀缺和平民百姓消极顺从的引入，在他看来，从道义上讲，它的优越性达到了不可避免的程度——的鼓吹者，当他在这个殖民主义世纪开始时写下以下话语时，他已经准确地抓住了时代的精神。

> 生存的竞争就是空间的竞争……一个这样的优胜民族——在
> 侵略了它弱小的野蛮原始邻邦领土时，还抢夺了他们的土地，强迫
> 他们退回到一个无法立足的微不足道的小角落，而且甚至继续侵占
> 他们贫瘠的领土，直到弱者最终失去了他们最后残留的一点点土
> 地——简直就占据了整个世界……这些扩张主义者的优势，首先在 188
> 于他们有更大的侵吞土地的能力，在于他们有彻底地利用土地并向
> 土地移民的能力。

① 格老秀斯（1583—1645），荷兰法学家和诗人，曾任荷兰省检察长，出使英王詹姆斯一世宫廷，主要著作有《战争与和平法》，确立了国际法的标准。——译注

② 传播论，是一种认为所有文化的相似点都是由于传播而产生的理论。——译注

再清楚不过了。在流动的现代性时代，统治的竞争不是在“更大者”和“更小者”之间展开，而是在更快者和更慢者之间展开的。是那些能够以超出对手追赶能力的速度加速的人们在统治着。当速度意味着支配时，“对土地的侵吞、利用和移民”就成了一个不利的障碍了——成了一个负担而非一种财富。在某人自身的管辖权下，接管这一管辖权力甚至是吞并别人的领土，意味着从事需要大量资本的、麻烦的、无利可图的管理、保卫、责任和承担义务等令人讨厌的工作——并且首先是给未来的行动自由带来了极大的限制和约束。

最初的企图最终却变成了约束胜利者行动的东西——让胜利者背负着与流动现代性的权力策略相当不合拍的领土占领、局部战斗、行政管理的责任等难以处理的工作负担。考虑到这一事实，是否会有更多采用“打了就跑”战术的战争发生就不很清楚了。全球性精英的力量仰赖它逃避地方责任的能力，而全球化恰恰应该避免这些不得已的情况，恰恰在这一意义上，应该让地方政府且只能让地方政府来分担责任——担负起法律和（当地）秩序保卫者的角色。

确实，人们可以看到在胜利者阵营中逐渐增强的“反思”趋势的许多迹象：“全球警察力量”这一战略，再一次取决于严格细致的审查。在被全球性精英宁可推卸给由民族－国家转变而成的地方警察分管区负责的职能中，大量增加的、有影响的意见，都包含有解决邻邦流血冲突的努力；我们听说，这些冲突的解决也应该“缓和”和“去中心化”，权力应该得到“下放”，并重新分配到全球性等级体系中，并且不管是否符合人权，不管对这种冲突的解决是由他们要求的当地哪个军阀或是使用什么武器来解决，都会因为他们的宽宏大量，或因为跨国公司的和有意推动全球化的政府的“很好地理解了的经济利益”，而不加追究。比如说，美国战略和国际研究中心（American Center for Strategic and International Studies）的高级研究员，而且许多年来一直是五角大楼基调改变的可靠晴雨表的爱德华·卢特瓦克（Edward N. Luttwak），在1999年7—8月的《外交》（*Foreign Affairs*）杂志（被《卫报》称为“当今最有影响力的期刊”）上呼吁，“给战争一次机会吧”。在卢特瓦克看来，既然战争可以引向和平，那么战争就并不都是坏的。然而，和平“只有在所有的交战方都变得精疲力竭或其中有一方赢得了决定性胜利时”才会到来。最糟糕的事情莫过于，在战争双方都变得精疲力竭或战争的一方变得无能为力前，战争就半途而废，而北约（NATO）就刚刚做了这样一件傻事。在这种情况下，争端并没有解决，它仅仅是被暂时性地冻结起来，而对手们就可以利用休战时间来重振旗鼓，重新部署并重新思考他们的策略。因此，为了你自己的利益和他们的利益，不要干预到“其他人的战争”中去。 189

卢特瓦克的呼吁，可能会得到很多人乐意的、表示感激的同意和支持。正如“通过其他手段来推动全球化”所展现的，毕竟，不干预战争并让战争消耗下去以实现一种“自然终止”，也能得到相同的利益，却没有直接去参与“其他人的战争”这些恼人的事情，特别是不会有直接参与所带来的难以控制的后果。为了抚慰在人道主义旗号下的厚颜无耻的战争决定所引起的良心上的责备，卢特瓦克指明了作为一种达到目的之手段的军事卷入的明显缺陷和不足："即使是一场大规模的公正无私的干预，也不能实现它的明显目标。有人会想知道如果北约什么也没有做，科索沃人的境况是否已经好起来了。"如果北约军队继续它们的日常军事训练，并让当地人去做当地人必须做的事情，科索沃人的境遇可能真的会更好。

导致这一反思检讨并推动胜利者为这一干预而后悔（官方称之为是成功的）的，是他们没有能够逃避"打了就跑"的战争本来应该避免的完全相同的最终结果，即对被征服领土的进入、占领和行政管理的需要。北约伞兵部队在科索沃的降落和扎营，使得参战国要避免将自己人击毙，但是这一让他们待在射击范围外的安全地方的任务，把北约部队"从天堂带到了地狱"，并使他们因地面糟糕的现实而承担责任。亨利·基辛格（Henry Kissinger）这位头脑冷静、眼光敏锐的分析家和通晓无限可能之艺术（the art of the possible）的政治大师，告诫北约不要再犯下承担因空袭而遭破坏
190 地区的复兴责任这一错误。[1]基辛格指出，"那个计划冒着把暂无定期的承诺向越来越深的卷入发展的危险，冒着让我们在这一充满仇恨的、我们几乎没有战略利益的地区承担警察角色的风险"。而且，"卷入牵连"恰恰是这一"通过其他方式来推动全球化"的战争的目标所应避免的！基辛格补充说，民政管理将不可避免地引起冲突，而且用武力解决那些冲突作为他们一个代价高昂、在道义上又引起怀疑的任务，将会落在行政管理者的身上。

到目前为止，很少有（如果有的话）这一迹象，即占领军可以比被他们炸得无家可归并因为自己的失败而被占领军取代的那些人

① Jean Clair, "De Guernica à Belgrade", *Le Monde*, 21 May 1999, p. 16.

更好地履行这一解决冲突的任务。与难民（轰炸行动就是为了他们的缘故而发起的）的命运完全相反，重返家园的人的日常生活，很少成为头条新闻，然而，偶尔到达媒体听众和读者那里的消息却是不祥的。“在科索沃，在北约部队实行控制以来仅仅一个月，又有一轮暴力活动和针对塞族与穆族的报复行动，在威胁着这个区域岌岌可危的稳定，并在对塞族进行着种族清洗。”这是克里斯·伯德（Chris Bird）发自普里斯蒂纳（Pristina）的报道。[①] 当我们从安装在超音速轰炸机上的电视摄像机看到这些种族仇恨时，在这些归因于一个恶棍的不轨预谋的强烈的种族仇恨面前，北约地面部队看来不知所措。而且对于这些冲突的解决，他们也是一筹莫展。

简·克莱尔（Jean Clair）与其他许多观察家一起，预料到巴尔干战争的直接后果就是整个这一地区持久、极度的不稳定，就是年轻脆弱的或是尚未诞生的马其顿模式、阿尔巴尼亚模式、克罗地亚模式或保加利亚模式民主的内爆而非成熟。[②] [丹尼尔·沃内特（Daniel Vernet），以“巴尔干人面临着一种没有结局的痛苦的危险”为题，对巴尔干一流的政治和社会科学家就这一主题的意见展开过一个调查。[③]]但是他也想知道，通过摧毁民族－国家可生存性基础而扩大的政治真空将如何得到填补。正在为不再被遏制和妨碍这一希望而欢欣鼓舞的全球性的市场力量，可能将会插手介入，但是它们不会希望（或者即使希望也不会设法）去充当这一不存在的或没有权力的政治权威的代理人。它们也必定不会对一个完全控制它的

① *Newsweek*，21 June 1999.

② Chris Bird, “Serbs flee Kosovo revenge attacks” , *Guardian*, 17 July 1999.

③ Daniel Vernet, “Les Balkans face au risque d’ une tourmente sans fin” , *Le Monde*, 15 May, p. 18.

领土的强大自信的民族 - 国家之复兴怀有兴趣。

191 “另一个马歇尔计划”，是最为普遍地提到的应对当前这一无所适从境地的办法。并不是只有将军们，在因持续地打了一场最后获得胜利的战争而变得声名远播。但是人们不可能不为摆脱所有困境而债台高筑，无论他们为了这一目的而积累的金钱数额有多大。巴尔干的境况，与第二次世界大战后为了自身主权和其公民的生存而重建民族 - 国家的情况有着明显不同。科索沃战争后，我们在巴尔干地区面临的问题，不仅是几乎从零开始（南斯拉夫人民的物质生存基础几乎完全被摧毁）的物质重建这一任务，而且还有在这一强化了的战争中暴露出来的激动沸腾激起怨愤的、民族内部的沙文主义。既然加入全球市场体系加强了而不是减轻了不安全性（这一不安全性是而且会继续是激化种族情感的首要根源），那么，把巴尔干人包容到这一全球性市场体系中来，对于平息他们的偏执和仇恨就起不到多大作用。比如，就存在着这样一个真正的危险，削弱塞族人的抵抗力量，将会长期招致它的邻族开始新一轮的对抗和种族清洗。

在解决巴尔干（正如汉娜 · 阿伦特洞若观火地指称的）“人口混合区”（belt of mixed populations）特有的这些敏感复杂的问题时，鉴于北约领导人采取了不讨人喜欢的笨拙办法，人们可能会担心铸下一系列代价高昂的错误。满以为没有新的难民潮和寻求政治避难潮在威胁着他们富裕的选民的欧洲领导人，将会失去对那些不可控制的土地的兴趣，就像他们曾经在索马里、苏丹、卢旺达、东帝汶和阿富汗许多次有过的一样。即使在人们对欧洲领导人会马上对那些地方失去兴趣这一点表示怀疑之时，人们也不会对他们将犯下错误毫不担心。在布满废弃物的道路上兜了一个圈子之后，我们可能又回到了起点。安东尼娜·杰雅茨科娃（Antonina Jelyazkova）这位少数民族国际研究所（International Institute for Minority Studies）所长很好地阐述了这一点（引自沃内特），她说：“用炸弹不可能解决少数民族的问题。军事打击等于把难以应付的事情推给了双方。”[1] 由于偏信民族主义的正确合理性，北约的行动进一步加强了这一地区已经冰封的民族主义，并为未来种族灭绝的再次尝试打下了基础。其中一个最为可怕的后果是，这一地区不同语言、文化和宗教信仰的人的相互和解与友好共处，变得比以前任何时候都更不可能了。无论出发点是什么，结果都会与我们期望的真正的道义行动的实质背道而驰。

尽管是初步性的结论，但也是一个不祥的结论。通过新的“世 192
界警察行动”来缓和种族仇视行为的努力，迄今为止，即使是最乐观地看也证明是不会有结果的，而且更有可能会适得其反。全球化总的影响是严重失衡的：种族冲突新的创伤已经产生，但是治愈这一创伤的必备药品充其量也还处在试验（更有可能的是在试错）阶段。看来，与推动共同体的和平共处相比，全球化倒是在增加种族仇恨和冲突之新的活力上要成功得多。

填补真空

霍布斯鲍姆评论说，对于跨国公司（有着分散和不同利益与忠

① Vernet, “Les Balkans face au risque d’ une tourmente sans fin” .

诚的全球性公司）而言，“理想的世界”是一个“没有国家的世界，或者至少是一个由小国而不是由大国组成的世界，除非它有石油，否则国家越小就越弱，也就越没有财力去收买一个政府”。

> 今天，我们实际上有的是一个二元体系，即国家的“国民经济”的官方体系和实际由跨国机构和组织组成的大的非官方体系……与拥有领土和权力的国家不同，经济全球化能够并已经轻易地压倒了“国家”的其他要素，其中民族性和语言是两个明显的要素。如果没有了国家权力和强制力量，显然它们就相对微不足道、无足轻重了。[1]

尽管经济全球化是跳跃式地向前推进的，但是毫无疑问，“收买政府”变得越来越没必要。政府在用自己控制的（无论它们选择什么方法来结算账目，它们毋庸置疑的储备都会继续保留在它们的权力范围之内）储备来清算账目上的明显乏力，将足以使得政府不仅仅要对这一不可避免的全球化缴械投降，还要积极主动、热忱地与全球化合作。

安东尼·吉登斯用这一杜撰的“世界主宰”（juggernaut）[2]的比喻，来把握这一世界性的“现代化”机制。这一比喻同样很是适合于今天的经济全球化：要把行动者与他们被动的对象客体分开正变
193 得日益困难，因为大多数国家的政府，在为乞求、骗取或诱惑这一

① Eric Hobsbawm, “The nation and globalization”, *Constellations*, March 1998, pp. 4-5.

② 这里的世界主宰，指印度教主神之一的毗湿奴（Vishnu）的化身。相传每年例行节日用巨大车辆载着他的神像游行时，善男信女多甘愿投身死于其车轮之下。——译注

全球化的世界主宰改变轨道并首先从它们控制的领土上驶过，而相互竞争。在加入这一竞争中来时反应迟钝、头脑糊涂、目光短浅或只是自吹自擂的它们中的少数政府，要么在争取根据钱袋子来投票的选民时发现自己置身于没有任何东西可以炫耀的极端麻烦中，要么迅速遭到“世界舆论”异口同声的谴责和摈弃，并且为了保存它们的良知，并促使它们加入或重新加入这一行列中来，炸弹或是这种炸弹的威胁就会像狂风暴雨般的倾泻而来。

如果民族 - 国家的主权原则最终让人难以置信，并从国际法的法令全书中被删除，如果国家的抵抗力量得到有效的破坏，以致它在全球化力量的考虑中再也不必严肃地被考虑到，那么超国家的秩序（一个制约和管理全球经济力量的全球性的检查 - 平衡政治体系）之取代“国家的世界”，就只是可能的方案之一，而且从今天的角度看来，也并非最为可靠的方案。布迪厄所指的“不稳定化的法子”（the policy of precarization）在世界范围的扩散，如果不是比它更有可能发生的话，也是同样有可能会随之发生的事情。如果对国家主权发动的打击是致命性毁灭性的，如果国家失去了其对强制力量之垄断（在马克斯 · 韦伯和诺尔伯特 · 艾利亚斯之类的人看来，对强制力量的垄断是国家最根本的特征，而且与此同时，还是现代理性或文明秩序必不可少的属性），也未必就意味着：包括可能产生种族灭绝结果的暴力在内的所有暴力都会消失；暴力可能只是“被解除了控制”，从国家的层次降低到了“共同体”（新的部族）的层次而已。

由于不存在“树状”（arboretic）结构（借用德勒兹和加塔利的

隐喻）[①]的制度框架，社会群居性（sociality）可能又会回复其“爆炸性的”表现形式，回到它块茎式地扩展并形成具有不同程度持久性的结构；不过，社会群居性始终是不稳定的，并被热切地争夺着，而且除了其追随者强烈的感情和狂热的行动外并无可以依赖的基础。普遍存在的基础的不稳定性需要得到补偿。犯罪活动中的一个积极的同谋关系（不管是自愿的还是被迫的）——只有“迅速扩大的共同体”的持续存在，才可能免于对这一同谋关系的指控和惩罚——正是填补这一空白最为合适的选择。迅速扩大的共同体需要
194 通过暴力才能产生，并且需要用暴力来维持它的生存。为了使共同体的每一个成员成为同谋、帮凶，以免战争失败时被宣布犯下反人类罪，并被提起公诉和遭到惩罚，它需要威胁到它生存的敌人，需要可以被集体性地加以虐待、折磨和摧残的敌人。

在一长串富有挑战性的研究（*Des Choses cachées depuis la fondation du monde; Le Bouc émissaire; La Violence et le sacré*）中，勒内·吉拉德（René Girard）详尽阐述了一种关于暴力在共同体诞生和持续过程中的作用之综合性理论。在和平友好合作的平静表面下，总有一个暴力的欲望和冲动在骚动着；这种暴力的欲望和冲动，需要被引

① “树状”结构，是后现代主义大师德勒兹与加塔利在《千高原》一书中提出的一个概念，与它相对的是“块茎状”结构。他们认为在西方思想中除了有镜像隐喻之外，还存在着另一个“树”的隐喻，认为心灵按照系统原则和层级原则（知识的分枝）来组织关于现实的知识（由镜子所提供的）。这些隐喻使得树状文化建立起了以自明的、自我同一的和再现性的主体为基础的庞大的、中心化的、统一的层级化的概念结构。生长在这棵树上的繁茂的树叶则被冠以形式、本质、规律、真理、正义、权利等名目。与树状思维不同，块茎状思维试图将哲学之树及其第一原则连根拔起，以此来解构二元逻辑。它反对统一并打破二分法，伸展根与枝叶，使之多元化，从而产生出差异与多样性。块茎学肯定了那些为西方思想所排斥的原则，将现实重新解释为动态的、异质性的、非二元对立的。它把信息非中心化为不同的松散系统，把语言非中心化为多重符号维度（凯尔纳，贝斯特．后现代理论：批判性的质疑．张志斌，译．北京：中央编译出版社，1999：126-135）。——译注

导到这一共同体的边界——它把这一个在彼处暴力得以禁止的部族的宁静之岛隔绝开来了——之外。因此，以另一种方式接受部族团结提出的挑战的暴力，经过再循环而变成了部族的防御武器。处于再循环形态的暴力是独立的；它需要以一种献祭仪式的样子一再被重新搬上舞台，对这一献祭仪式而言，选择一个替代性的（祭祀用的）牺牲品，是根据几乎从不清楚然而又是相当严格的规则来选择的。“有一个决定所有牺牲品效力的共同的衡量标准。”这一个共同的衡量标准如下：

> 内部的暴力，这即是指在这些牺牲品之设计只是为了镇压共同体内存在的所有不和、对抗、猜忌和争吵。这些牺牲品的目的，是要恢复共同体的和谐，要巩固社会结构。

把很多不同形态的献祭仪式牺牲品结合起来的，是让对部族团结及对其不稳定性的记忆继续存在的这一目的。但是为了完成这一任务，这个“替代性的牺牲品”，这个牺牲在部族团结祭坛上的客体对象，必须得到恰当的选取——而且选取规则也要求和它们一样确切。为了符合献祭的要求，潜在的对象“必须与被排除在‘可牺牲的’行列之外的那些类别的人（即那些被认为是‘共同体成员’的人）极其相似”，“而又依然保持一定程度的差别，以避免所有可能的混淆”。那些替代人选，必须是共同体外面的人，但离得又不是太远；与“我们这些依法享有权利的共同体成员”相类似，然而又有明显不同。毕竟，牺牲那些客体对象的行动，必须在共同体

195 “内部”和“外部”之间划出一条不可逾越的严格界线。不言而喻，那些牺牲品通常从以下类别的人中被选出来。

置身于共同体外部或处于社会边缘的人；是战犯、奴隶……外来的或边缘性的个体，他们不能够建立或分享和其他部分的居民联结起来的社会纽带。他们作为外来人或敌人的身份地位，他们被奴役的状况，或者仅仅是他们的年龄，就使得这些未来的牺牲品完全不能把他们自己统一到共同体中。

他们缺乏与共同体“合法”成员的社会纽带（或是禁止建立这样的纽带）还有一个额外好处：“可以使牺牲品遭受暴力，但是这种暴力又不会有遭到报复的危险”[①]；人们可以惩罚他们而不会遭受惩处，或者是在表达完全相反的期望时，人们可能希望浓墨重彩地大肆渲染牺牲品的可杀性，并从中时时得到提醒，这类人必须继续被封闭起来，并且共同体的力量和警惕性必须保持在最高状态。

在共同体冲突的边缘地带，尤其是在共同体的身份、地位不确定并受到质疑的共同体中，暴力是毫不吝惜的和不受约束的，或者更为切中要害地说，当共同体的边界消失、变得松懈或是模糊起来时，暴力的普遍使用是划清界限的手段和策略。在通向对暴力的这一理解上，吉拉德的理论经历了一个漫长的历程。然而，对吉拉德的理论，看来可以依次作出三点批评。

① René Girard，*La Violence et le sacré* (Paris: Grasset, 1972).Here quoted after Patrick Gregory's，*Violence and the Sacred*（Baltimore: Johns Hopkins University Press, 1979），pp. 8, 12, 13.

第一，如果“替代性的牺牲品”的定期献祭是不成文的“社会契约”的重订仪式的话，那么因为它的另外方面——对虚构的或真实的“历史创建大事”的集体性纪念，对在这个浸满了敌人鲜血的战场上签订的最初条约的集体性纪念——它确实能完成这一任务。但如果没有这样的大事，就需要用献祭仪式坚持不懈的重复性来作出追溯性的解释。然而，不管它是真实的还是捏造的，这都为所有追求共同体法律地位的“准共同体”树立了一个榜样——将要成为共同体的“准共同体”，还不可能用对替代性牺牲品的屠杀，来代替有着温和仪式和屠宰真正祭祀品的血淋淋的“真实事件”。这个仪式化了的牺牲品，将共同体的生命转变成一个“独立日”奇迹的连续重演。无论这个仪式化了的牺牲品的形态可能有多么高尚，所有志向远大的共同体得出的实用主义的教训，都推动了缺乏精妙和缺乏礼拜仪式雅致的这些行动。

第二，为了使自己的存在变得安全可靠，并且为了使这一阶层 196
变得更加牢固，共同体才会有“原先的屠杀”。根据吉拉德自己的标准来看这一观点也是不一致的；在这原先的屠杀开始之前，几乎不曾有可以变得更加牢固的阶层，也几乎不曾有可以变得更加可靠的共同体的存在。（当吉拉德在他著作第十章中解释在献祭仪式中普遍存在的隔断象征符号时，他自己很好地暗示到了这一点：“共同体的诞生，首先是一个分离隔绝的行动。”）在共同体边界以外（共同体为了保持内部人的和平而屠杀外部人），对在内部暴力中精心计划的放逐的想象是另一种情况的诱人的但又是毫无根据的权宜之计，这一权宜之计，就是为了这个因果解释而去采取一个不管是真实的还是被归因于其上的宗教仪式。事实恰恰相反，是原先的屠杀本身，通过确立对团结一致的要求和封闭这一阶层的需要而赋予共同体以生命。正是原先的牺牲品的合法性，在喊着要共同体团结，也是它往往会在年复一年的祭祀仪式中得到确认和加强。

第三，吉拉德的“献祭首先是一个没有报复风险的行动”这一断言，需要用这样一个观点来补充，为了使牺牲品有效，不存在风险这点必须被细心地隐藏起来，或者更为妥当的是被断然否认。经过原先的屠杀，敌人必定没有完全死去，因为没有死去，一个还魂尸在任何时刻都可能从坟墓中出来。一个真正死去了的敌人，或者一个不能死而复生的敌人，是不可能产生足以证明团结的必要性的恐惧的——这样，为了提醒周围的每一个人，敌人最终死亡的谣传是敌人自己的宣传和自己散布的谣言，从而间接地然而又是逼真地证明敌人还是活蹦乱跳的，因而献祭仪式也就要定期地举行。

在对波斯尼亚种族大屠杀的一系列杰出研究中，阿纳·维特森（Arne Vetlesen）指出，因为缺乏可靠的（我们希望的持久安全、可信的）制度性基础，未被卷入的、三心二意或冷漠的旁观者成了共同体最为可怕和憎恶的敌人：“在实行大屠杀的行动者的头脑中，旁观者是具有……阻止进行中的大屠杀可能性的人。”[1]让我补充一下，无论旁观者是否会把这一可能性付诸行动，他们作为“旁观者”（在摧毁共同的敌人时什么也不做的人）的在场，是对唯一要应对的事情[迅速扩大的共同体的存在理由（*raison d'être*）就来

① Arne Johan Vetlesen, “Genocide: a case for the responsibility of the bystander”, July 1998 (manuscript).

源于此］的一个挑战：这是一种“你死我活、鱼死网破”的局面，“他们”的毁灭对于“我们”的生存是必不可少的，因为“我们”的生存和“消灭”他们，是我们继续存在的必要条件。我还要再补充一点，既然共同体的成员资格，完全不是“预先注定的”或有制度性保障的，那么“(流）血的洗礼和考验”——个人参与集体犯罪中来——就是加入共同体的唯一方法和获得共同体持续成员资格的唯一合法途径。与国家实行的大屠杀不同［而且，最为明显的是，与二战期间纳粹对犹太人的大屠杀（the Holocaust）不同］，这种共同体诞生仪式的种族灭绝，不能委托给专家或特殊化了的部门和单位。有多少个“敌人”被消灭这无关紧要；更为重要的是，杀人者有多少。 197

而且这一点也很重要：屠杀是在光天化日、众目睽睽下公开进行的，有着能叫出实施大屠杀的人的名字的见证人——因此躲避惩罚并不是一个切实可行的办法，并且来源于初始犯罪的共同体，依旧是实施大屠杀的人之唯一避难所。正如阿纳·维特森在他对波斯尼亚的研究中发现的：

种族清洗，利用并维持屠杀者和牺牲品之间相邻近的这些存在条件，并且如果这些条件不存在，实际上就去创造这些条件，而且当这些条件看来要变得衰弱起来时，把它们当作一个原则问题去延长它们。在这个超个体化的暴力中，整个民族被迫成为折磨、蹂躏、破坏和屠杀的见证人……[①]

① Arne Johan Vetlesen, “Yugoslavia, genocide and modernity”, January 1999 (manuscript).

对于旧式的大屠杀，并且首先是对于作为它们“理想类型”的
纳粹对犹太人的屠杀来说，还是不同的是，在迅速扩大的共同体产
生的混合因素中，见证人是其必不可少的组成部分。只要最初的罪
行不被忘记，并且只要它的那些还意识到他们的犯罪证据是绰绰有
余的成员能够继续团结起来——通过他们对封闭阶层（这是为了为
他们构成犯罪和应受到惩罚的这一犯罪行为而进行辩驳）的共同兴
趣而把成员凝聚起来，一个迅速扩大的共同体，是可以合理、明智
地（然而常常是靠不住地）指望长期生存下去的。满足这些条件的
最佳途径是，通过在旧的罪行上增加新的罪行，来定期地、持续
地重新唤起对自己罪行的记忆和对惩罚之恐惧的记忆。既然迅速
扩大的共同体通常是成双成对地形成的（没有“他们”就没有“我
198 们”），既然种族灭绝式的暴力，是这一对孪生共同体中任何一个偶
尔碰巧更为强大的共同体所急切采用的手段，通常情况下，就不会
没有机会来为新的种族清洗或种族灭绝式的企图找到一个合适借
口。和迅速扩大的社会共居性一同存在的、作为共同体积淀下来的
生活方式的暴力，因而天生就是自我繁殖、自我强化的，是能使自
身永久存在的。它形成了一个巴特森（Gregory Bateson）的“裂殖
生殖链”（schizmogenetic chains），能够牢固地抵制各种想要中断它
的努力，就更不用说去彻底改变它了。

“领土的联结”，是一个使得吉拉德和维特森分析的那种共同体特别凶猛好斗、放荡不羁、骇人听闻并赋予它以相当的种族灭绝潜能的东西。那一潜能，可以追溯到流动现代性时代的另一个悖论。领土权与固态现代性对空间的着迷之间有密切的关联；它从空间迷

恋中得到滋养，并接着为对空间迷恋的保持和恢复作出贡献。相反，在液化现代性的时代，迅速扩大的共同体是无拘无束的。因而迅速扩大的社会共居性与获取领土的愿望之混合，必定会导致许多可怕的、失败的、“不恰当的”变化。在空间的征服和保卫（通常说来，这是固态现代性冲突中首要的利害关系）中，“禁绝”策略和“吞噬”策略的交替使用，在一个受轻快 / 流动 / 软件等种种现代性支配的世界里，看来明显就是不合适的（而且更为重要的是不合时宜）；在这样一个世界，它是要打破规则，而不是服从规则。

这些被围困的定栖人口，拒绝接受新的“游牧者”权力游戏的规则和风险，而日见重要的全球性游牧精英，发现这种态度极其难以理解（而且绝对是使人反感的，是对社会有危害性的），并不得不把它看成是妨碍他们以及落后、倒退的预兆。在出现对抗，特别是出现军事对抗时，流动现代性世界的游牧精英，把定栖人口的这种领土取向的策略，与他们自己的“文明开化的”军事策略进行比较，并把对方的那种策略看成是“愚昧野蛮半开化的”策略。现在是游牧精英在定调，并在发号施令地规定对领土迷恋定级分类和裁决评价的标准。局面已经发生了逆转——旧有的、经受考验了的、曾被得胜的定栖人口用来把游牧者驱逐到野蛮 / 原始的史前状态的“时间政治”的武器，现在，正在胜利的游牧精英与保留领土主权 199
和致力于对领土主权的保卫的任何人进行的斗争中，被游牧精英们使用。

在他们对领土图谋的谴责中，游牧精英们可以依赖大众的支持。一看见大规模的驱逐行为就能广泛感受到的被称作“种族清洗”的暴行，从这一事实情况——它们看起来很神秘，就像是一种放大了的趋势之变体，这一趋势每日都在它的基地附近（遍及正在进行文明化运动的这片土地的所有城市空间）显示出来，尽管是小规模地显示出来——中，积聚起了额外的强大力量。在同“种族清洗者”进行的斗争中，我们要驱除我们“内在的恶魔”——是它，在推动我们将讨厌的“外来人”隔离在聚居区；是它，在促使我们为避难所法律的强化而喝彩；是它，在促动我们要求从城市街道赶走令人不快的陌生人，并推动我们为这些被监控摄像机和武装警卫所包围的避难所而付出任何代价。在南斯拉夫战争中，战争双方的赌注惊人相似，尽管对于另一方而言一方的目标是什么，这是一个迫切地然而又是笨拙地被保守的秘密。塞族人希望从他们的领土上把桀骜不驯的、危险的阿尔巴尼亚族人赶走，然而北约国家却“以牙还牙”：它们的军事行动，是由其他欧洲国家的这一愿望所引起的，即他们想让阿尔巴尼亚人留在塞尔维亚，并因而把讨厌的、难以对付的移民威胁消灭在萌芽状态。

衣帽间式的共同体

然而，在流动的现代这一特殊阶段的迅速扩大的共同体和领土权之间的联系纽带，绝不是必要的，也一定不是普遍存在的。即使它们的扩张可以在领土上进行设计规划，但当今大多数迅速扩大的共同体，是适合于流动的现代时代的。要说有什么区别的话，只不过它们是在疆界以外不受管辖的（而且它们越能摆脱领土的限制约束，就越发突出地成功）——就像它们设想的，并在扩张和消亡之间的短暂间隔中朝不保夕地继续存在的身份认同一样。它们的“爆炸性、迅速扩张性”，与流动的现代时代的身份认同非常合拍和协调：与这些身份认同相似，讨论中的共同体往往是短暂多变、“方向单一”（single-aspect）或“目标单一”（single-purpose）的。它们的生命区间是短狭的，然而又充满着嘈杂和狂暴激烈。它们的力量不是源自它们被期望着的持久、延续，而矛盾地源自它们的不稳定 *200*
性和不确定的未来，源于它们脆弱的存在所叫嚷着要求的警惕性敏感性和情感的投入。

“衣帽间式的共同体”（cloakroom community）这一名字，很好地抓住了它们的一些个性化的特征。观看演出的观众，都穿着**适合于那一场合**的服装，服从一种与他们平时不同的着装规则——这种表现，使得这一作为“一个特殊场合”的观看显得与众不同，并同时使观众在演出持续的时间中，比他们在剧院外的生活里看起来要整齐划一得多。尽管这些人在白天时可能志趣相异、爱好不同，但却正是晚上的演出才使他们汇聚于此。在进入观众席前，他们都把在街道上穿着的所有外套和厚夹克脱下来放在剧院的衣帽间里（通过统计使用了的衣帽钩，人们可以判断剧院有多满，并判断在不久的将来这个产品有多少把握）。在演出期间，所有的眼睛都盯在舞台上；每个人都把注意力集中到了演出上。高兴和悲哀，欢笑和沉默，一阵阵表示支持的喝彩声、尖叫声和表示惊奇的倒抽气声同时发出——就好像得到了精细的编排和指引似的。然而，在演出落下帷幕之后，参观者又从衣帽间收拾好各自的东西，并再次穿上他们的外套和夹克，回到他们平常单调和不同的角色中，再过一会儿，由形形色色的人组成的人群就消失在几个小时前人群在那儿形成的街道上。

衣帽间式的共同体，需要有一个公开展示的场面，来吸引在其他方面毫不相干的个体之蛰伏的相似兴趣，并因而当其他那些把他们分开而非聚合起来的兴趣暂时被压制起来或被搁置一旁时，能在一段时间里把他们聚集在一起。公开表演的场面，作为衣帽间式共同体短暂存在的一个场合，并不会将个体的关注融汇成“团体兴趣”；这些个体的关注也并不会通过被汇聚在一起而获得一个新的属性，而且这一表演场面所造成的错觉和假象，也并不会比对表演的兴奋激动所持续的时间要长久得多。

公开表演已经开始取代沉重 / 固态 / 硬件现代性时代的“共同奋斗目标”（common cause），这一奋斗目标与新模式的身份认同具有很大不同，而且要理解这些情感上的张力，要理解时时伴随的在那些目标追求过程中的敌对行为所造成的创伤，它还有很长一段路要走。

“狂欢节式的共同体”（carnival communities），看来是讨论中的
201 共同体的另外一个合适名称。毕竟，在每天独自奋斗的痛苦中，在法律意义上的个体——他们被迫或被敦促通过自身的努力，来使自己从令人困扰的问题中摆脱出来——的令人厌倦的状况中，这些共同体为他们带来了暂时的喘息和缓解。迅速扩大的共同体，是打破平日离群索居的单调生活的**场合**，并且像所有的狂欢活动一样，能

让他们发泄被压抑的力量，并能让寻欢作乐者更好地去忍受在嬉闹时刻结束之后他们必须回到的日常工作。而且正像维特根斯坦忧郁沉思中的人生哲学一样，他们“听任一切顺其自然”[①]（也就是说，要是人们不去计算受到伤害的受害者，不去计算那些逃避遭受“连带伤害”命运的人的精神创伤，那该有多好）。

无论是“衣帽间式的”还是“狂欢节式的”，这些迅速扩大的共同体，和法律意义的个体绝对必要的单独处境一样，和他们要成为实际意义个体的热切的然而总体说来又是徒劳无功的努力一样，都是流动现代性景观中的一个必不可少的特点。这些表演，这些衣帽间里的衣帽钩和这些吸引大量人前来的狂欢节，多种多样、五花八门，适合各种口味的人群。赫胥黎的“美丽新世界”，从奥威尔的《1984》中借用了“五分钟的（集体化）仇恨”这一策略，精明灵巧地通过这个“五分钟的（集体化）热爱”的权宜之计来和它匹配。每天的报纸头版新闻和电视第一分钟报道，都挥舞着一面新的旗帜，在这面旗帜的下面，人们可以并肩地聚集和前进。它们提供了一个**事实上**的“共同目标”，在这一共同目标的周围，**事实上**的共同体可以紧密结合，被同时发生的恐慌（有时它是精神上心理上的恐慌，但多数情况下，它是不属于精神范畴的）与狂喜的感觉交替地推拉着。

衣帽间/狂欢节式共同体的结果之一是，它们有效避免了“真正的”（广泛的和持久的）共同体的凝缩——否则，它们要模仿并

① 维特根斯坦，一生孤僻，喜欢独立思考，喜欢离群索居，认为这样就可以使自己有更多的时间完全不受干扰地思考自己的问题。但在他的性格的另一面，却是从不刻意追求某种理想化的东西，他随遇而安，对事物的发展采取顺其自然的态度（江怡．维特根斯坦传．石家庄：河北人民出版社，1998）。——译注

（骗人地）答应要从零开始地使它重现或形成。它们分散而非凝聚了未被开发利用的社会性的推动力量，因而为离群索居的持久存在作出贡献，并孤注一掷地然而又是徒劳无功地在少得可怜的和谐一致的集体任务中寻求补偿。

共同体绝不是痛苦和不幸的疗救办法，它们反而是流动现代性条件下的社会失序的征兆，甚至有时是这种社会失序的原因。而这种痛苦和不幸又是在法律意义的个体的命运和事实意义的个体的命运之间没有逾越看来也是不可逾越的鸿沟中产生的。

补论

论写作，论写作社会学[1]

---

① 此文第一次是收录在《理论、文化和社会》（*Theory, Culture and Society*, 2000）一书中。

补论　论写作，论写作社会学

思想中需要的东西，是让我们思想的东西。

——阿多尔诺

在引述捷克诗人斯卡塞（Jan Skácel）对诗人境况的看法时（用斯卡塞自己的话来说，诗人仅仅是发现了“事实上一直存在于那里的诗篇”），米兰·昆德拉（Milan Kudera，*L'Art du roman*, 1986）评论说：“写作对诗人而言意味着，要碾碎那一面‘总有什么东西’藏于其后的屏障。”就这一点而言，诗人的任务并非不同于同是去发现而非发明创造的历史学工作：历史学像诗人一样，在不断变化的情势中揭示的是人类以前就已存在的可能性。 202

历史学所做的事情对于诗人而言实际上是一个挑战、一个任务和一个使命。为了奋起完成这一使命，诗人必须拒绝提供事先就已为人知晓的过于陈旧的真理，拒绝提供因为它们已经表面化并一直漂浮在那里的“显而易见的”真理。这些“预先就已被假定了”的真理，无论是被认为是完全创新的还是有不同意见的，无论是信仰基督的还是无神论的——或者，无论它们事实上被赞扬多么正确和恰当，这都不重要。无论它们的名称是什么，那些“真理”并不是这些要求诗人加以揭示的“潜藏起来的某些东西”；恰恰相反，它们是诗人使命中要加以摧毁的部分屏障。昆德拉认为，陈述这些

“我们都相信，难道不是吗？”的显而易见、不言而喻的真理的人，是**冒牌诗人**。

诗人的使命和社会学家的神圣职责有什么关系呢？我们这些社
203 会学家很少写诗。（我们中写诗的那些人，把写诗的时间看作专业研究中的一段假期时间。）然而，如果我们不想成为“冒牌诗人”，并讨厌成为“冒牌的社会学家”，我们就应该尽可能地像真正的诗人一样，去揭示还隐藏着的人类的可能性；并且因此，我们就必须刺穿显而易见、不证自明的真理的那些屏障，就必须突破在当今普遍盛行的思维模式——它的共性，被误认为是它的合理性有用性的证据——的那些屏障。摧毁那些屏障就像是诗人的天职一样，也是社会学家的天职，而且由于这一相同原因：可能性之掩蔽，在妨碍对它的虚伪性的揭露的同时，还使得人类的潜力落空。

也许诗人寻觅的诗句“一直在那里待着”。然而，对由历史学发现的人类的可能性人们并没有多少把握。难道人们——创造者和被创造者，历史英雄和历史的牺牲品——确实要永远让同样数量的可能性，等着在合适的时候被揭示吗？或者还是说，随着人类历史的前进，难道发现和创造之间的对立会变得无效并毫无意义吗？既然历史是永无休止的人类创造的过程，那么因为同样的原因，难道历史就不会同样是一个人类自我发现的永无止境的过程吗？去揭示 / 创造新的可能性，去扩大这一已被发现并已成事实的可能性之存货清单，去扩大人类已经具有并总会具有的潜能，难道人类的这些倾向和癖好不也一直“已经在那里待着”吗？新的可能性是否已经被历史创造出来或者“仅仅”被历史揭示出来，这个问题毫无疑问是许多学术思想受欢迎的思想养料；至于历史本身，它并不期待着这一问题的答案，而且即使没有答案，它也能做得很好。

尼克拉斯·卢曼（Niklas Luhmann）留给社会学家最重要、最珍贵的遗产，是意味着理解和概括人类状况本质的“自我创造”（autopoiesis）这一概念（在希腊语中，是ποιεíη 一词，它的意思是做，创造，规定事物形式，能产生结果；它对应的反义词是πασχειη一词，意指承受，作为一个对象客体，而非行动的发起者）。这个术语的选择，本身就是对诗和历史学之间联系［是承继性的亲近关系（kinship），而非选择性的亲近关系（affinity）］的一种创造或发现。诗和历史学，是人类可能性的自我创造的两个平行的趋向［这里的“平行”，是在受鲍耶和罗巴切夫斯基统治的非欧几何（又称非欧几里得几何）[①]的范域意义上来说的］，在这两个趋向中，创造是发现能采取的唯一形式，而自我发现却是创造的首要表现。

可能有人会很想说，社会学是与诗和历史学这两大趋向平行的 204
第三个趋向。或者，如果社会学继续置身于它努力要理解并使之变得清楚明了的人类状况中，它至少会是它应该是的那样；而且至少会是从它的初期就努力要变成的那样，尽管社会学曾经一再地因下列原因而改变了努力方向——因为把貌似不可逾越、尚未被瓦解的屏障，误认为是人类潜能的最终界限，并因为不按既定路线地去向学术大本营的部队和长官们保证，为了留出这一禁止进入的区域而

①　欧几里得（Euclid），是公元前3世纪的古希腊数学家，著有《几何原本》，共13卷，一直流传至今。非欧几何，英文名为non-Euclidean，由鲍耶和罗巴切夫斯基所创。鲍耶（János Bolyai, 1802—1860），匈牙利数学家，创立了非欧几何中的双曲几何学，改变了欧几里得几何中的平行公理。罗巴切夫斯基（Nikolai Ivanovich Lobachevsky, 1792—1856），俄国数学家，1829年创立了非欧几何，在无穷级数理论、三角级数及积分学和概率论方面也有较大贡献，在世时未受数学权威赏识，去世后才成名。——译注

划定的界限，永远不会遭到侵犯。

缪塞（Alfred de Musset）[①]几乎在两个世纪前就已经指出，“伟大的艺术家是没有国界的”。在两个世纪前，这些话是富于战斗性的话，是战斗口号之类的话，是在易受骗的、未成熟的并因而也是傲慢自大威猛好斗的爱国主义的震耳欲聋的鼓吹声中写下的话。大量的政治家，在“一个法制、一种语言、一个世界观、一个历史和一个未来”的民族－国家的建设中，展示着他们的使命。许多诗人和画家，正在为培育和滋养民族精神稚嫩的新芽，为复兴泯息已久的民族传统，或为构想出一个以前从来没有出现过的、全新的民族传统，为这个还没有完全足够意识到自己是一个民族的民族，提供它的英勇的先辈们的故事、画像、颂歌和英名（这是一些整个民族共同享有、爱护、珍惜的东西，并因而是一些能将共同生活提升到共同归属的层次的东西），并通过推动活着的人们去牢记和景仰他们的先烈，让他们对保卫先烈们的遗产而感到荣耀和自豪，来使活着的人们深化对这一归属美好和幸福的认识而履行着他们的职责。在这一背景下，缪塞直言不讳的断言具有一切战斗和反抗口号的特点：这句话召唤着他的作家伙伴们，拒绝与政治家，与鼓吹边界要严密守卫、战壕要刀枪林立的宣扬者的雄心勃勃的事业进行合作。我不知道缪塞是否凭直觉发现了这种民族主义政治家和杰出的思想家决定要建立的博爱的自相残杀的能力，或者说，我不知道，他说的话是否只是对狭隘范围、落后状态和偏狭心态的心理反感和厌恶

---

① 缪塞（1810—1857），法国诗人，剧作家，主要作品有抒情诗《夜歌》，剧本《罗朗扎齐奥》和自传体小说《一个世纪儿的忏悔》。——译注

情绪的一种表达。然而我们现在读起来，无论当时是哪种情况，由于有了事后的认识优势，由于把它放到放大镜下，我们发现它沾染上了种族清洗、灭绝、屠杀和累累坟茔的污点。缪塞的话，看来既 205 没有丝毫失去它的主题性、挑战性和紧迫性，也没有丝毫失去它最初的争议性。现在和当时一样，他的话目标直指作家天职这一核心，并用这一对任何作家的存在理由具有决定意义的问题，来对他们的道德良心提出挑战。

戈伊蒂索洛（Juan Goytisolo）这位可能是现存西班牙作家里最伟大的作家，在一个半世纪以后，再次开始对这一问题产生了兴趣。在最近的一次访谈中（“Les batailles de Juan Goytisolo” in *Le Monde* of 12 February 1999）他指出，为了表示对天主教的忠诚，在宗教法庭的影响下，一旦西班牙接受了这一极具约束性的民族认同理念，大约在 16 世纪末这个国家就变成了一个“文化荒漠”。让我们注意这一点，他是在用西班牙语进行写作，但是在最终定居摩洛哥前的许多年里，他一直住在巴黎和美国。我们还要注意到这一点，没有任何其他西班牙作家会让他的那么多的著作翻译成阿拉伯语。这是为什么呢？毫无疑问，戈伊蒂索洛是有其原因的。他解释说：“亲密和距离都造就一种有利情境。二者必不可少。”尽管每一个都有不同理由，但这两种特性都使得它们的存在受到了他与母语西班牙语和习得的阿拉伯语、法语和英语（使用这些语言的国家依次成为他选择的替代性的祖国）的关系的影响。

既然戈伊蒂索洛在国外度过了他一生当中的大部分时光，对他而言，西班牙语也就不再是他在平常交流中总能信手拈来、不假思索地使用的非常熟悉的工具。他对他孩提时语言的熟悉却没有——也不可能——受到影响，但是现在它被疏远了。在他的流亡时期，西班牙语成了他从内部（然而也变得遥远）认识、感知、经历与体会到的、充满意想不到的事物和激动人心的发现的“真正的祖国”。那个亲密/疏远的领域，有助于理智冷静、超然公正的（*sine ira et studio*）详细审查，把在本国语的使用中隐藏的危险和未经检验的可能性暴露出来，把意料之外的可塑性、适应性提前展现出来，并且接受和欢迎创造性的介入。正是亲密和距离的结合，让戈伊蒂索洛认识到非反射性地陷入一门语言当中——仅仅是那种流亡才使它变得几乎没有可能的陷入——是充满危险的：“如果某人只顾眼前，他将冒着和眼前一起消失的危险。”正是从“外部”独立
206 地、超然地去审察他自己的母语，使得戈伊蒂索洛能超越持续性地消逝的现在迅速前进，并因而以一种除此之外别无可能或许还是不可思议的方式，来丰富他的西班牙语。他用很久没被使用的古代词汇来创作他的散文和诗歌，并通过这样做，从而清扫了仓库里的覆盖在古代词汇之上的尘土，清除了时间产生的斑斑锈迹，并给古代词汇带来新的、以前没有想到的（或长期被遗忘了的）生命力。

在雅克·德里达（Jacques Derrida）①与卡瑟琳·马拉波（Catherine Malabou）合作出版的《林荫小道》（*Contre-allée*）一书中，德里达要求他的读者**在旅途中**（in travel）去思考，或者更为

① 雅克·德里达（1930—2004），法国哲学家，解构主义的代表人物，是整个后现代思想中具有举足轻重影响的人物。他曾任巴黎高等师范学院的教授。他的影响十分巨大，几乎在所有当代人文科学中都可见到他的痕迹。其代表作有《论文字学》《书写与差异》《丧钟》《撒播》和《马克思的幽灵》等。——译注

准确地说是去“思考旅途”(think travel)。这句话的意思就是说，去思考那个向着未知之地而离开自己的家的远去的行动，但是又必须承受这个“未知之地”等待着你去承受的所有风险、快乐和危险(甚至是一去无回的危险)。

德里达一心想着“离去”，我们有理由这样推测，他对“离去”的这种着迷，在他十二岁时就形成了。在1942年，当他还是一个十二岁的小孩时，他就因北非的维希政权下令他的学校清除犹太学生而被学校开除。德里达就是这样开始他的长期流亡生活的。从那时起，德里达就把他的生活分为美国生活与法国生活两部分。在美国，他是一个法国人；而在法国，不管他作出多大的努力，他童年时的阿尔及利亚口音，一次又一次地使他无法享受到很有吸引力的法国人的有条件**释放**（parole)，并把深藏在这个巴黎大学教授外表之下的黑脚法国人（*pied noir*）[①]的身份暴露无遗。(这就是一些人认为的，为什么德里达后来会大肆吹捧写作的优越性，并平息用来支持价值论主张的优先性的病原性虚构谎言。）从文化的意义上来讲，德里达保持着一种“无国家”的状态。然而，这并不是说他没有文化上的祖国。恰恰相反：“文化意义上的无国家”意味着他不止有一个祖国，在两种文化之间的十字路口建立一个属于自己的家园。德里达变成了并依然是一个外国佬（*métèque*)，一个文化混血儿。

在文化的交汇地上建立一个家园，被证明是以下事情出现的可以想到的最佳场合：让语言检测它在别的地方很少交流的东西，

① 黑脚法国人，贬义词，是指德国统治期间居住在阿尔及利亚的法国人，或指阿尔及利亚独立后回归法国的法国人。——译注

洞察它的其他未被注意到的特性，发现语言能做什么，以及发现是什么东西可能使语言永远不能表达和传递内容。正如克里斯蒂安·德拉康帕涅（Christian Delacampagne，*Le Monde* of 12 March 1999）指出的，正是从这一建立在文化交叉口上的家园，德里达才产生出了这些激动人心、视野开阔的见解——它们是，关于含义的内在多元性和不可决定性的见解［在《书写与差异》（*L'Écriture et*
207 *la différence*）一书中］，关于来源的不纯性的见解［在《论文字学》（*De la grammatologie*）一书中］，以及关于交流的永远不可实现性的见解［在《明信片》（*La Carte postale*）一书中］。

戈伊蒂索洛和德里达的中心观点与缪塞的中心观点不同：这位小说家和那位哲学家一致表明伟大的艺术没有祖国，然而事实并非如此。恰恰相反，艺术和艺术家一样，可能会有很多祖国，而且可以肯定地说很多人还不止一个祖国。恰恰不是无家可归，只是要掌握在许多国家他都必须熟悉这个国家情况之诀窍，掌握在每一个国家既要是局内人又要是局外人的诀窍，要有把熟悉和密切与一个外来人批判的目光结合起来，把参与、卷入和超然独立结合起来的诀窍——这是一种定栖人口不可能学到的窍门。学会这一技巧是流亡生活意想不到的事：按字面意义来严格解释，一个流亡者是指一个在某地生活（in）可是又不属于（of）那个地方的人。由这一状况（**就是**这一状况）所致的不受束缚，表明这种如在家一般的感觉是人为的和未完成的，并表明，母语是一个在几代人和总是比他们的任何读物都要更为丰富、永远期待着再一次被打开的经验宝库之间的、永无休止的信息流。

乔治·斯坦纳（George Steiner）认为，贝克特（Samuel Beckett）、博尔赫斯（Jorge Luis Borges）和纳博科夫（Vladimir Nabokov）是当代最伟大的三大作家。他认为，使他们团结起来并使得他们都变得很伟大的，是他们每个人都能相当轻松自在地移动——都相当精通几个而非一个语言领域。[提示是理所当然的。“语言世界”（linguistic universe）是一个修辞上赘述的短语：我们每个人生活的世界是而且只能是“语言的”——由字词构成。字词照亮了在难以辨认的大海中形态可见的岛屿，并在无足轻重的无定形的阴影部分中，标注出散乱的有重大意义的地点。是字词在把这个世界分为可以名状的物体种类阶层，并表示出它们的相似性或对立性，亲近性或疏远性，相互吸引或是相互疏离——而且只要它们在这一领域内保持独立，它们就会制造出所有这些现实种类阶层的人工制品，制造出存在的唯一实在]。为了去探明在任何威严的、明显不屈不挠的世界（领域）的结构后面的人类发明创造，为了去揭示（为了解释对自然的看法以及自然规律和必然性）人们恰好需要付出多少人类的文化努力，人们需要生活，需要外出，需要深刻了解的不仅仅是这样一个领域。不仅知道它的风险和意想不到的困难还知道这一领域的无限性，最终振作起加入那一文化努力的勇气与决心，所有的这些东西都是必不可少的。

去创造（因而还有发现）总是意味着对规则的破坏；服从规则只仅仅是按部就班、例行公事，甚至还不止于此——它谈不上是一个创造的行动。对于一个流亡者来说，打破常规不是一件可以自由造反的事情，而是一个无法避免的最终结果。流亡者对主宰他们到 208

达的国家的制度规则并不足够清楚，为了让遵守、奉行这些规则的努力被看成是真实的，并得到移入国的称许，他们也不会足够虚情假意地去对付它们。至于他们的母国而言，所有这些罪人后来可能会做出的事情都可以被记录下来，并被当作他们违规的罪证，因为自己的罪行而流亡在外的人，都已经在母国记录在案。无论是因为过失还是因为故意，破坏规则成了流亡者的标记。对流亡者的生命旅程被计划安排好了的国家的本国人来说，这些流亡者是不可能得到尊重的。然而矛盾的是，移入国又允许他们把他们非常需要的甚至不了解的、他们几乎不可能从其他地方得到的有关东西，带到所有国家来。

让我来澄清一下。这里所讨论的“流亡”不一定是一个身体的、躯体移动性的问题。它可能与离开一个国家到另一个国家有关，但并非必定（须）如此。正如布鲁克－罗斯（Christine Brook-Rose）在他的论文《放逐》（Exsul）中指出的，所有流亡尤其是作家的流亡的特殊标志是（即是指用语言来表达的并因而制造出了一个可以传播的经验的流亡），拒绝被融合进去——也就是要离开这一物理空间，设想一个属于自己的不同于周围人居住的地方，设想一个既不同于被抛在身后也不同于将要到达的地方之决心。流亡的定义，与任何特殊的物理空间或是与在许多物理空间中的对立没有关系，而只是与对诸如那些空间所采取的立场有关。“终极地来说”，布鲁克－罗斯问道：

如果从外面朝里面看，在思想的视线中，看见在这个被创造的

> 小小世界中，有一个光明的、值得追求的镜像，那么，就这个写作努力的空间和这个距离更短的阅读空间而言，每个诗人或诗人化的（探究性的、严格的）小说家，不也勉强称得上是一个流亡者吗？这种常常与出版商和公众不和谐的写作，是孤寂的、没有被社会化的最后的创造性艺术。

保持“不被社会化”的坚定不移的决心，只准许与非融合状况进行融合的同意，对无论是来自新的还是来自旧的地方的势不可当的压力的反抗（这种反抗，通常是充满痛苦和折磨的，然而最终却会获得胜利），对进行批评和作出选择的权利的艰苦卓绝的 209
保卫，对矛盾的欣然接受或使得矛盾出现并存在下去，我们可以认为，所有的这些东西，都是“流亡者”的基本特征。请注意，所有的它们，指的是态度和生活策略，指的是精神上的而非身体上的移动性。

米歇尔·马费索里（Michel Maffesoli, in *Du nomadisme: Vagabondages initiatiques*, 1997）把今天我们所有人栖居的世界，看成是一个“脆弱个体”遭遇到“多孔现实”（porous reality）的“漂移领地”，在这个地方，只有处于持续变化状态和持续的自我违背状态的、含糊不清模棱两可的、流动的那些人或物才可以适应。“根深蒂固”，在那里如果有的话，也只能是动态的、不断变化的：一路上，它恰恰需要通过重复性的自我背离，来每天重申和修复那个基础性始创性的“处于运动状态”的行动。在将所有我们这些现今世界的居民和游牧者进行了比较之后，阿塔里（*Chemins de sagesse*，1996）认为，游牧者除了能轻快地移动，并且一路上对遇见的陌生人表示热情和友善之外，还必须连续地保持警惕，并牢记他们的帐篷是没有阻挡侵入者的屏障和壕堑的，是不堪一击的。首先的一点是，游牧者要在游牧者的世界生存下去，就必须逐渐习惯于持续的迷失方向的状态，习惯于长期沿着没有明确方向的道路前进，几乎不去看更远处的下一个转折点和交叉口；他们必须把所有注意力集中在那条需要在天黑之前顺利通过的向前延伸的小道上。

那些注定要在“多孔现实”中生活下去的“脆弱个体”，感觉就像是如履薄冰。爱默生（Ralph Waldo Emerson）在他的论文《小心》（Prudence）中评论说，“在薄冰上滑冰，我们的安全系于我们的速度”。个体们无论是否脆弱都需要安全，渴望安全，寻找安全，并因而无论在做什么时，他们都会尽自己最大的努力去保持一个高速度。当在和快速行进的选手们赛跑时，减速就意味着被甩在后头；当在薄冰上滑冰时，放慢速度也意味着被淹死的真正威胁。因此，速度在生存准则的列表中被排在首位。

然而，速度并不就会传导至思考，无论如何也不会带来远远在前的思考和长期的考虑。思想需要中止和休息，需要“从容不迫、不慌不忙”，需要总结已经采取的步骤，需要认真细致地察看到达
210 的地方，并总结到达那里的经验和智慧（或是可能的鲁莽轻率）。手头的任务总是保持着高速度，而不管可能出现其他什么情况；而思考却把心思和注意力从手头的任务上移开。而且因为缺乏思考，作为存在于这个多孔世界的个体**之必定发生之事**，即在薄冰上滑冰，完全可能会被误以为是他们的**天命**（destiny）。

正如舍勒在他的《爱的秩序》（Max Scheler, *Ordo amoris*）一书中坚持认为的，把某人注定发生的事当成是天命，这是一个严重的错误：“人的天命，并不是指必定会发生在他身上的事……必定发生的事与天命是同一回事的假定，完全可以称为宿命论。”既然事实上必定发生之事具有其“自然而然的、可理解的起因”，那么宿命论就是一个判断的错误。此外，尽管必定发生之事不是可以自由选择的事，尤其不是个体可以自由选择之事，但它“是在个人的生活或民族的生活中形成的”。要领会所有的这些，要注意到必然之事和天命之间的差异，要避开宿命论的陷阱，在薄冰上滑行时，人们需要无法轻易获得的资源：一段可以用来思考的“空闲时间”和一段允许长期打算的距离。舍勒警告说：“头脑中命运的概念，只有当我们对它表示反感时在一再出现的余留痕迹中才会解除束缚。”尽管如此，宿命论还是一个自我证明式的观点：是它使得这个作为思考必要条件的“拒绝”，看起来没有价值，不值得去努力。

为了把天命和必然之事分开，为了把天命从必然之事的束缚中解放出来，为了让天命自由地去面对必然之事并向它提出挑战，而保持距离、从容不迫，这是社会学的要求。而且这也是社会学家可做的事情，如果他们有意识地、深思熟虑地、热切地去努力把他们参与的使命——他们的必然之事——重新塑造成他们的命运的话。

乌尔里希·贝克在《风险社会中的政治》（*Politik in der Risikogesellschaft*）一书中提问说：“社会学就是答案。然而，问题又是什么呢？”在此书前面的几页里，贝克似乎明确阐明了他寻找的问题，即超越“专家治国式”民主（expertocracy）的可能性；这种民主是在关于这一问题的争论和决策得到公开的地方开始出现的，“我们是否需要一种在它正呈现给我们的状况下的生活……”

这个可能性成为我们正在讨论的问题，这不是因为有人蓄意地、恶意地关上了这扇讨论的大门，并阻止了一个明智的决策；在过去，几乎从来没有像现在一样完全无条件发表意见的言论自由和
211 聚集起来探讨共同关心的问题的自由。然而关键的是，非常正式的言论自由和通过决议的自由，对于这种民主而言——贝克认为，这种民主是我们要认真进行的紧要的事——是必要的。对于我们需要谈论的是什么，以及我们通过的决议应该关注什么，我们也都必须弄清楚。在我们这种社会——这是一个这样的社会：对问题发表意见和解决问题的权威，是专家们的专属地，这些专家拥有对现实与幻想之间的差别发表意见，并把具有可能性的事物和没有可能性的事物分开的排他性权利——中，所有这些事情都需要做。（我们可以说，根据定义，专家几乎就是指那些“把现实变得正确可靠”的人，几乎就是那些在这些自由到来之时，去接受它们并想出一个生活在它们中的、风险最低的方法的人。）

为什么这并不容易也不可能变得更为容易，除非已经做了些什么？贝克在他的著作中解释道：**要找到一条通往另一种现代性的道路**。他写道：“食物对于饥饿、对于消除危险或者对于把风险理解为不存在来说所意味的，就是风险意识所意味的。”在一个主要为物质需求所困扰的社会里，位于是“消除”苦恼还是“把它理解为不存在”之间的这样一种选择并不存在。在我们这个为风险所困

扰而不是为物质需要所困扰的社会里，却存在这样一种选择，并且人们每天都在作出这种选择。饥饿并无法因为否认它的存在而被减轻；在饥饿的状态下，主观的痛苦和客观的原因牢不可破地联系在一起，而且这一联系是不证自明、不言而喻的，是无法被证明为虚幻的。但是风险与物质需要不同，并非被主观地体验出来；至少，如果不经由知识的中介，它就不是直接“被体验到”的。它可能永远也无法到达主观体验的领域——在到达那里之前，它可能会被轻视或者完全被否认，而且它确实将被阻止到达那一领域的可能性，也会随风险的程度而同步**上升**。

这就说明，**在今天比在以往任何时候都更为需要社会学**。作为这一方面专家的、重新检视这一在客观痛苦和主观体验之间失去联系的社会学家的任务，就已变得比以前任何时候都更加重要和必不可少了。可是，既然由其他专门知识领域的代言人或从业者来完成这一任务已完全不可能，没有社会学家的专业性的帮助，要完成这一使命也就比以往任何时候都更不可能。如果所有专家都研究处理实际性的问题，如果所有专业知识关注的都是这些问题的解决，那么社会学也就成了专业知识的一个分支了，因为它所努力去解决的实际性问题，是**以人类理解为目标的启蒙**。社会学也许是［正如布 212
迪厄在《世界的苦难》(*La Misère du monde*) 一书中指出的］这种专业知识——狄尔泰（Dilthey）对“解释”（explanation）和“理解”（understanding）的著名区分已经被克服和取消——的唯一领域。

要理解一个人的必然之事，意味着要了解他的这一必然之事和他的命运之间的差别。要理解一个人的必然之事，就要清楚造成那一必然和造成它与那一命运的差别的复杂的原因网络。人们要在这个世界发挥作用（根本区别于被这个世界“搞得精疲力竭”）就必须知道这个世界是如何运转的。

社会学能够给予的这种启蒙，是针对自由选择的个体进行的启蒙，而且它的目标是要增加和强化他们的选择自由。它的直接目的，是要重新开启这一所谓的关闭的解释之盒，并因而推动和提高人们的理解力。正是这些自我形成、自我独断的个体组成的芸芸众生，正是他们的这种能力——决定自己是否需要这种作为他们必然之事而呈现在他们面前的生活之能力——的最初状况，因为有了社会学的启蒙，而能够增加力量、效率和理性。自治社会的利益，能够和自主个体的利益一同增长；它们能也只能成败与共、休戚与共。

引用卡斯托里亚迪斯（Cornelius Castoriadis, *Le Délabrement de l'Occident*）书中的几句话：

> 一个自治的社会，一个真正民主的社会，是一个质疑前定（pre-given）的任何东西并同样对新的意义之创造加以解放的社会。在这样一个社会，所有的个体都可以自由地为他们的生活创造他们愿意（和能够）创造的意义。

一旦社会“知道，而且必须知道在那里没有‘确定的’意义，知道它存在于混乱的表面，知道它自己就是这样一个混乱——在寻找一种存在形式然而这种存在形式又从来没有一劳永逸地固定之混乱”，那么这个社会就真的是一个自主的社会。没有可以得到保证的意义，没有绝对的真理，没有预先规定的行为规范，没有事先划定的不再需要小心的对错界限，没有成功行为的确切准则，所有的这些东西的缺乏，同时是真正自主的社会和真正自由的个体们的前提条件；自治的社会和它的成员的自由互为条件。无论民主和个体 213
性可能激发起何种安全问题，这并不取决于与人类情况中普遍存在的偶然性和不确定性进行的斗争，而是取决于对它的认识并面对它的直截了当的结果。

如果说在固态现代性的保护之下产生和发展的正统（传统）社会学，全神贯注关注的是人类的忠顺和服从的条件，那么适合于流动现代性的社会学的首要关注，就必须是人的自主性和自由的推进提高；因而这种社会学必须集中关注个体的自我意识、理解力和**责任感**。对处于固态的和被控制阶段的现代社会的居民而言，主要的对立是服从和离经叛道之间的对立；而在现今处于液化了的和非中心化阶段的现代社会，为一个真正自主的社会铺平道路而需要勇敢地接受的主要对立，是承担责任和寻求一个避难所——在这样一个避难所中，自己行动的责任不需要行动者来承担——之间的对立。

这种对立的另一方面即寻求避难所，是一个富有魅力的选择，而且有着现实的可能性。托克维尔在《论美国的民主》一书的第二卷中指出，如果说那个在各个历史时期都困扰着人类的祸根的自私（selfishness）“把所有美德的渊源都变得干枯起来”，那么个人主义（individualism）这个有代表性的新的现代苦恼，就只是使“公共美德的源泉”变得枯竭起来；受到影响的个体们，忙于“计划建立供他们自己使用的小公司”，而对“伟大的社会”却听之任之。从托克维尔匆匆记下他的看法那个时候起，驱使人们这样做的诱惑性已经有了相当大的发展。

如果没有一个确保正确性的坚定可靠的保障，那么生活在许多相互抗衡的价值、规范和生活方式之间就是危险的，也是需要付出高昂的心理和精神代价的。难怪这第二个反应的诱惑性和躲避这一需负责任的选择的诱惑性，在大量地增加。正如克里斯特娃（Kristeva）在《没有民族主义的民族》（*Nations without Nationalism*）一书中会这样论述说：“只有古怪的人才不会求助于根本的避难所以弥补个体的混乱。”而且，我们都程度不等地、时多时少地发现，我们自己处于一种“个体的混乱”状态之中。我们一再梦想着一种“伟大的简单化”；我们自发地从事着倒退的幻想，
214 在这些幻想中，对产前子宫和封闭的家的幻想是其首要的灵感。对一个根本性的避难所的寻找，是责任的“他者”，就像偏离和反抗是服从的“他者”一样。在这些日子里，对一个根本性的避难所的渴望和向往，已经取代了反抗，反抗现在已经不再是一个理性的合理选择了。正如皮埃尔·罗桑沃伦（Pierre Rosanvallon）在他重要著作《资本主义乌托邦》（*Le Capitalisme utopique*）一书的前言中指出的，不再有一个“可以罢免和取代的支配性的权威了。就像关于失业现象的社会宿命论所表明的，看来好像没有反抗的空间了”。

人们不安（满）意识（malaise）的迹象是显著的、大量存在

的，然而，正如布迪厄反复地评述的，它们徒劳无益地在这个政治世界中寻找一个合法的表达。因为缺乏清楚的表达，为了间接地阻止恐外症的爆发和种族主义的狂热——这是对“根本性的避难所”之怀念的最普遍表现——它们需要被大声地表达出来。这一寻找替罪羊和好斗性偏执（不容忍）等新的种族情绪的可行的、同样受欢迎的替代性办法——从政治中退出并撤退到私人的防护工事后面——不再能够打动别人，并且首要的是，它不再是对痛苦的真正源泉作出的足够充分的反应。因而在这一时刻，社会学因为有着解释那些推动理解的东西的可能和潜力，比它在历史上的任何时期都要更为繁荣昌盛，前途光明。

按照古代的然而从来没有改进的希波克拉底（Hippocrates）[①]传统，正如布迪厄提醒他的《世界的苦难》一书的读者的，真正的医学，是从对无形的疾病——“病人还没有显示出病象或忘了说出来的事实”——之认识开始的。至于社会学来说，需要做的是“揭示这些结构性的原因”——明显的迹象和谈话，只是通过扭曲它们而显露出来。人们需要去洞察——阐释和理解——社会秩序特有的苦难，尽管这一社会秩序如平常所说的一样，“确实阻止了巨大的灾难和痛苦，然而与此同时，它又使社会空间成倍地增加……并为各种各样微不足道的苦难之前所未有的增长提供了有利条件”。

诊断疾病，并不意味着同样地去治愈这一疾病——这种一般性的原则和它适用于医学诊断一样，也同样程度地适用于社会诊断。

① 希波克拉底（前460—前377？），古希腊医师，被称为“医学之父”，现存《希波克拉底论文集》，内容涉及解剖、临床、妇儿疾病等，但经研究，该论文集并非一人一时之作。——译注

但是我们应该注意到，在一个非常重要的方面，社会疾病不同于身
215 体疾病：对于一种身患疾病的社会秩序来说，缺乏充分的分析诊断（这是因为由贝克发现的“把风险理解为不存在”的倾向所挤压或压制的结果）恰恰是其中一个关键性的或许也是决定性的病症。正如卡斯托里亚迪斯极好地提出的，如果一个社会不再怀疑本身，那么这个社会就不是健康的；而且考虑到——不管社会是否清楚——社会是自主的（它的制度只不过是人造的，并因而从潜在的意义上来说，是人们尚未建设好的），考虑到自我质疑的暂时中止会因它的不可避免的宿命论结果，而阻碍自治意识的发展却促进他治的错误观念，那么社会就不可能会是其他的情况。重新开始怀疑自身，却意味着要治愈社会的疾病需要经历一段漫长的旅途。要是在人类状况的历史中，发现等同于创造，要是在思考人类的状况时，阐释和理解是同一件事情——那么在推动和改善人类的状况的努力中，诊断和治疗也就融为一体了。

在其著作的结论中，布迪厄对这点有着很好的表达：“明白使得生活充满痛苦甚至是难以继续的机理，并不意味着要使这些机理变得失效；发现了矛盾和对立，也并不意味着要去解决这些矛盾与对立。”而且，尽管某些人可能会对社会教训的效能产生怀疑，但是允许那些遭受痛苦的人，去把他们的痛苦与社会原因联系起来的结果和影响，却是不容否认的；对于这一结果——意识到了自己不幸（“各式各样的包括最为秘密的不幸在内”的不幸）的社会根源的结果——所产生的影响，我们也无法去加以拒绝。

布迪厄提醒我们，没有任何东西会比自由放任主义（*laissez-*

faire）更为有害。平和地看待人类的痛苦，而通过惯常的“别无选择”（“there is no alternative”，TINA）这一口头禅的信念来抚慰良心上的极度痛苦，就造成了和它的一种同谋关系。无论是谁，因为自愿或因为疏忽而有几分掩饰，甚至更糟糕的是，拒绝接受这个具有人为的、不可回避的、人类自由选择的但又可以变动的性质的社会秩序，尤其是拒绝接受那种对人们的不幸负有责任的秩序，都会因为不道德——拒绝帮助一个处于危险中的人——而成为罪人。

从事社会学研究和撰写社会学的著述，其目标是要以不同的方式揭示，少些痛苦或没有痛苦地生活在一起的可能性：这一可能性每天都在被压制着，被忽视着或是被怀疑着。不喜欢、不追求并因而去压制这一可能性，这正是人类在其自身的延续中可悲情况的一部分和一个主要因素。对它的揭示，并不自动地就预先决定了它的价值；而且在认识到这种可能性之时，这些可能性也可能不会被人们足够信任以让它们接受现实的检验。这些可能性 216
的揭示只是人类同人类痛苦进行斗争的开始，而不是这种斗争的结束。但是，那一场战争不可能被坚定不移地进行下去，更不用说在至少是不完全成功的机会下会坚定地进行下去，除非衡量人类自由的标准被揭示出来并得到承认，以至在和所有的包括最为个体性的私人不幸在内的不幸之社会根源进行斗争的过程中，自由能得到充分的、完全的发展。

在进行社会学研究时的研究方法上，在“参与性”（engaged）方法和“中立性”（neutral）方法之间并不存在任何选择。非介入式（non-committal）的社会学没有任何存在的可能性。在今天实践着的许多种——这些种类从坦率的自由主义一直向坚定的共产主义扩展——社会学中，追求一个道德上中立的态度，将会是一个徒劳无功的努力。社会学家可能会忘记或者否认“世界观”对他们工作的影响，可能会忘记或否认世界观对人们单独或联合行动的影响，而其代价仅仅是丧失其他的每一个人每天都要面对的对选择担负的责任。社会学的任务就是，为了人类的延续而务必保证这些选择是真正自由的选择，并使得这些选择继续是且越来越是自由的选择。

索　引

索　引

Liquid Modernity by Zygmunt Bauman

This edition is published by arrangement with Polity Press Ltd., Cambridge

图书在版编目（CIP）数据

流动的现代性 /（英）齐格蒙特・鲍曼著；欧阳景根译 .-- 北京：中国人民大学出版社，2017.12

ISBN 978-7-300-25263-6

Ⅰ. ①流… Ⅱ. ①齐… ②欧… Ⅲ. ①社会学—研究 Ⅳ. ① C91

中国版本图书馆 CIP 数据核字（2017）第 307331 号

流动的现代性

[英] 齐格蒙特 · 鲍曼　著

欧阳景根　译

Liudong de Xiandaixing

出版发行	中国人民大学出版社		
社　　址	北京中关村大街 31 号	邮政编码	100080
电　　话	010–62511242（总编室）		010–62511770（质管部）
	010–82501766（邮购部）		010–62514148（门市部）
	010–62515195（发行公司）		010–62515275（盗版举报）
网　　址	http://www.crup.com.cn		
	http://www.ttrnet.com（人大教研网）		
经　　销	新华书店		
印　　刷	北京联兴盛业印刷股份有限公司		
开　　本	890 mm × 1240 mm　1/32	**版　　次**	2018 年 1 月第 1 版
印　　张	11.625 插页 2	**印　　次**	2025 年 7 月第 8 次印刷
字　　数	237 000	**定　　价**	79.00 元